무역창업경영론

무역창업경영론

INTERNATIONAL TRADE STARTUP MANAGEMENT

박복재 · 문영수
저

전남대학교출판문화원

지난해 우리나라는 수출 6천억 달러를 넘어섰고, 무역 1조 달러를 달성하여 우리 무역의 저력을 국내외에 과시하였다. 그러나 최근 대외적으로는 신보호무역주의 확산에 따른 미·중 무역분쟁의 장기화와 주력품목의 글로벌 경쟁 심화 등으로 무역분야에 많은 어려움이 예상된다. 그뿐 아니라 인공지능(AI), 사물인터넷(IoT), 빅데이터(Big Data) 등을 기존의 산업에 융·복합하는 제4차 산업혁명시대에 격화되고 있는 국가간, 기업간의 경쟁이 우리 무역에 미칠 영향에 대한 우려의 목소리가 있다.

이러한 상황 하에서 창업은 청년들의 일자리 창출과 우리나라 경제성장의 핵심 동력이다. 그러나 우리나라는 경제협력개발기구(OECD) 회원국 중 창업에 대한 인식도와 창업역량 분야에서 최하위권 수준을 면치 못하고 있다. 이에 대한 원인으로서 실패에 대한 두려움으로 창업에 나서기 어려운 환경을 들 수가 있다. 이러한 모습은 대학에서도 여실히 드러난다. 학생들은 공무원 시험을 준비하거나, 안정적인 직업을 얻기 위한 준비에 바쁘고, 창업 동아리를 하는 학생들도 취직을 위한 스펙 쌓기로 하는 경우를 많이 본다. 기업가정신 연구 분야에서도 실패에 대한 두려움은 주요 연구 주제이다. 따라서 창업 활성화를 위해서는 실패한 창업자들이 재창업을 하거나 다른 창업 기업에 가서 일할 수 있는 환경을 만들어 실패에 대한 두려움이 없도록 해야 한다.

그동안 기술창업, 벤처창업, 소상공인, 프랜차이즈 창업 등 다양한 창업 안내 지침서 등이 발간되어 왔으나, 무역업 창업에 대한 자료는 매우 부족한 상황이었다. 무역은 1인 창업이 가능하고 소자본으로도 시작 할 수 있어 실패에 따른 리스크가 크지 않은 업종이다. 또한 전 세계를 목표 시장으로 두기 때문에 성장 가능성이 매우 커서 1인 무역회사로 창업하여 연매출 수천억원의 기업으로 성장하기도 한다. 최근 개인의 해외직구가 활성화 되어 있는데, 이것도 무역업 창업의 한 분야이기도 하다.

따라서 저자들은 무역업 창업을 위한 청년 예비 창업가에게 유용한 지침서가 될 수 있도록 『무역창업경영론』을 준비하게 되었다. 무역업 창업을 위해서는 회사 설립부터, 창업절차, 사업타당성 분석, 사업계획서 작성, 파트너쉽 구축, 협력관계 유지, FTA 활용, 무역계약과 실행에 이르기까지 무역업 창업 전반에 다양한 지식을 쌓아야 한다. 특히 무역 업무에 대한 기초 지식 함양과, 실무에 대한 지식을 올바르게 파악하는 것이 필요하다. 이를 위해 본서에서는 무역과 창업에 대한 이해를 토대로, 무역업 창업론과 무역실무를 체계적으로 정리하였다. 본서의 집필은 대학에서 무역실무와 창업분야를 오랫동안 연구하고 근무하면서 쌓은 지식과 경험을 토대로 구성하였다.

본서의 제1편은 무역업 창업실무로서 "제4차 산업혁명시대의 벤처창업전략(2017)"에서 창업실무 분야를 보완하였고, 제2편 무역경영은 "무역상무론(2014)"을 토대로 무역업 창업과 관련된 부분을 정리하였다.

제1편 '무역업 창업실무'에서는 창업의 이해를 돕기 위해 회사설립과 무역업 창업 절차, 사업타당성 분석 및 사업계획서 작성요령 및 내용을 제시하고, 창업 준비를 위해 사업타당성 분석과 사업계획서 작성 요령에 대해 전반에 대해 의 개요 및 회사 설립, 사업자등록 벤처창업 기업이 4차 산업혁명 시대에 도전할 수 있는 산업 분야를 제시하고 창업자 스스로가 기업가정신 지수를 확인해 볼 수 있도록 내용을 구성하였다.

제2편 '무역경영' 분야에서는 무역관리제도와 수출입절차, 정형거래조건(Incoterms, 2010), 전자무역, 무역대금결제방식, 무역운송과 해상보험, 수입통관에서 클레임 해결 단계까지를 다루고 있다.

마지막으로 부록에서는 창업자가 무역실무에 바로 사용할 수 있는 무역서류 양식을 제시하였다.

본서는 무역업 창업을 준비하는 예비 창업자와 초기창업자들에게 조금이나마 도움이 될 수 있도록 집필하였으나, 미흡한 점을 보완하고 유용성을 증대하기 위하여 향후 지속적인 개정이 필요할 것으로 생각된다.

성공적인 창업을 위해서는 기업경영 전반에 대한 다양한 이해는 물론이고 시대 흐름을 정확히 읽는 것이 중요하다. 특히 무역업 창업은 글로벌 시장을 대상으로 하기에, 국제관계와 국제 무역의 흐름을 이해하고, 현장경험 및 지식 습득을 위해 관련 기업에서의 인턴십 및 근무경험 등도 필요하다. 그리고 경영과 기술, 마케팅 등 각 분야를 담당한 우수 인력의 확보도 중요하다.

저자들은 본서를 통해 독자들이 무역업 창업에 대한 깊은 이해를 바탕으로 창업에 대한 전문적 지식을 습득하고 향후 무역업 창업 현장에서 본격적으로 활약하기를 진심으로 기원한다. 현재에도 각 창업 분야에서 활동하는 창업자 및 지원기관 관계자들의 열정과 노력에 깊은 경의를 표한다. 그리고 본서의 출판에 각별한 정성을 보여주신 전남대학교출판문화원 관계자분들께 깊은 감사를 드린다.

2019년 立春
저자 일동

차례 CONTENTS

제1편 무역업 창업실무

Chapter 1. 창업의 이해 10

제1장 창업의 개요 10
제2장 회사 설립 14
제3장 사업자 등록 30
제4장 무역업 창업 37

Chapter 2. 창업의 준비 46

제1장 사업타당성 분석 46
제2장 사업계획서 54

Chapter 3. 무역창업 기업의 운영 63

제1장 창업기업의 파트너십 63
제2장 창업기업의 협력관계 74
제3장 FTA와 무역업의 기회 85
제4장 FTA 활용 무역 비즈니스 97

제2편 무역경영

Chapter 1. 무역거래의 기초 102

- 제1장 무역관리제도 102
- 제2장 무역의 형태 114
- 제3장 전자무역 117
- 제4장 무역거래의 절차 122
- 제5장 무역의 사전준비 130

Chapter 2. 무역거래의 계약체결 136

- 제1장 해외시장조사와 거래상대방의 발굴 136
- 제2장 무역계약의 성립과 체결 138
- 제3장 무역계약의 기본조건 144
- 제4장 무역계약과 인코텀즈(Incoterms) 153

Chapter 3. 무역거래의 계약실행 168

- 제1장 무역대금 결제방식 168
- 제2장 신용장 175
- 제3장 무역운송 191
- 제4장 선적서류 201
- 제5장 해상보험 213
- 제6장 클레임과 중재 220

부록. 비즈니스 모범 양식(무역서류 양식) 231

참고문헌 251

색인 253

제1편

무역업 창업실무

Chapter 1. 창업의 이해

Chapter 2. 창업의 준비

Chapter 3. 무역창업 기업의 운영

Chapter 1

창업의 이해

제1장 창업의 개요

1. 창업의 정의

창업이란 기업을 새롭게 설립하여 재화와 서비스를 생산하고 판매하는 것으로, 창업자가 사업의 기회를 포착하여 사업 목표를 설정하고, 자본, 인력, 설비 등 각종 자원을 확보하여 사업을 시작하는 것이다.

우리나라의 「중소기업기본법」 제2조의 규정에 의하면, 창업은 중소기업을 새로이 설립하여 사업을 개시하는 것을 말하며, 사업의 승계, 기업형태의 변경, 폐업 후 사업재개 등은 창업에 해당되지 않는다. 창업에 대한 법률적 용어 정의는 중소기업창업 지원법(이하 「창업지원법」)에서 규정하고 있고 기타 법규에서는 창업지원을 위해 업종, 설립기간, 지원내용 등의 적용범위에 대하여 규정하고 있다.

표 1-1 창업의 정의 및 범위

중소기업창업 지원법
【법】 제2조(정의) 1. "창업"이란 중소기업을 새로 설립하는 것을 말한다. 이 경우 창업의 범위는 대통령령으로 정한다.
【시행령】 제2조(창업의 범위) ① 「중소기업창업 지원법」 (이하 "법"이라 한다) 제2조제1호에 따른 창업은 다음 각 호의 어느 하나에 해당하지 아니하는 것으로서 중소기업을 새로 설립하여 사업을 개시하는 것을 말한다. 1. 타인으로부터 사업을 승계하여 승계 전의 사업과 같은 종류의 사업을 계속하는 경우. 다만, 사업의 일부를 분리하여 해당 기업의 임직원이나 그 외의 자가 사업을 개시하는 경우로서 산업통상자원부령으로 정하는 요건에 해당하는 경우는 제외한다. 2. 개인사업자인 중소기업자가 법인으로 전환하거나 법인의 조직변경 등 기업형태를 변경하여 변경 전의 사업과 같은 종류의 사업을 계속하는 경우 3. 폐업 후 사업을 개시하여 폐업 전의 사업과 같은 종류의 사업을 계속하는 경우

「창업지원법」은 중소기업의 설립을 촉진하고 성장 기반을 조성하여 중소기업의 건전한 발전을 통한 건실한 산업구조의 구축에 기여함을 목적으로 하며 사업 계획 승인, 창업기업의 부담금 감면 규정을 포함하고 있다.

2. 창업자와 사업개시일

창업자라 함은 중소기업을 창업하는 자와 중소기업을 창업하여 사업을 개시한 날부터 7년이 지나지 아니한 자를 말한다.(창업지원법 제2조 제2호)

표 1-2 창업자와 사업개시일

중소기업창업 지원법
【법】 제2조(정의) 2. "창업자"란 중소기업을 창업하는 자와 중소기업을 창업하여 사업을 개시한 날부터 7년이 지나지 아니한 자를 말한다. 이 경우 사업 개시에 관한 세부 사항은 대통령령으로 정한다.
【시행령】 3조(사업의 개시일) 법 제2조제2호, 제2호의2 및 제2호의3에 따른 사업을 개시한 날은 각각 다음 각 호와 같다. 1. 창업자 또는 재창업자가 법인이면 법인설립등기일 2. 창업자 또는 재창업자가 개인이면 「부가가치세법」 제8조제1항에 따른 사업개시일. 다만, 법 제33조에 따른 사업계획의 승인을 받아 사업을 개시하는 경우에는 「부가가치세법」 제8조제1항에 따른 사업자등록일

3. 창업 중소기업과 창업일

창업 중소기업은 중소기업기본법 제2조의 규정에 의한 중소기업을 새로이 설립하여 사업을 개시한 기업으로써 「창업지원법」 상 창업의 범위(창업지원법 시행령 제2조)에 해당 되고 창업에서 제외되는 업종(창업지원법 시행령 제4조)을 주 업종으로 영위하지 않은 기업을 말한다.

창업일이란 창업중소기업을 설립한 날을 말하며 법인은 법인설립등기일, 개인사업자는 사업자등록일을 기준으로 한다.

| 표 1-3 | 창업의 정의 요약

창업 정의 요약
• '창업'의 정의(창업지원법 제2조 및 시행령 제2조) · 중소기업을 새로 설립하여 사업을 개시(개인은 사업자등록, 법인은 법인등록)하는 것을 의미하지만, 다음의 경우는 제외 ① 타인으로부터 사업을 승계하여 동종 사업을 계속하는 경우 ② 기업형태를 변경하여 동종 사업을 계속 ③ 폐업 후 동종의 사업을 다시 시작하는 경우 • '창업자'의 정의(창업지원법 제2조 및 시행령 3 · 창업 후 7년 이내인 자 • '제조업을 창업하는 자'(창업지원법 제39조의3제2항) · 사업을 개시하더라도 승계일 경우 '창업하는 자'에 해당하지 않음 • 창업여부 확인 서류 : 창업여부 확인 참고사례 참조 · 사업분리의 경우 분리계약서, 주식변동 상황명세서

4. 창업 해당여부 확인 요령

창업지원법 제2조, 같은 법 시행령 제2조에 따라 창업에 해당 하는지 여부의 확인을 위해 보충적으로는 ①창업을 하려는 자에 대한 정보와 ② 사업장(장소)에 대한 정보가 필요하다.

1) 신규사업자 또는 폐업 후 사업재개

다음의 1, 2 단계 모두 "창업"에 해당될 때를 말한다.

| 표 1-4 | 창업 여부 확인 요령

1단계(창업을 하려는 자에 대한 정보)		2단계(사업장)
신규사업자	○ 2단계로 이동	창업을 하려는 자의 사업장이 ① 신규사업장 ⇒ 창업 ② 기존사업장 ⇒ 기존 사업장 영위업종과 이종 업종을 영위하는 경우에 창업
폐업 후 사업 재개	○ 폐업전의 사업과 동종업종 또는 이종업종의 기업을 설립하는지 여부를 파악 후 이종업종 설립 시 ➡ 2 단계로 이동 – 동종업종을 영위하기 위해 설립하는 경우는 창업에 해당하지 않음	

* 신규사업자가 창업지원법(시행령) 제2조제1항1호에 의하여 승계할 경우, 사업개시일은 정할 수 있으나 창업으로 볼 수 없음(조세감면에 제한이 있을 수 있음)

2) 기존 사업자

기존 사업자가 창업에 해당하는 경우는 다음과 같은 사항을 고려하여 판단한다. 자세한 사항은 표 1-5를 참고하면 된다.

- 사업장 소재지 (동일 장소 또는 다른 장소)
- 기존사업장을 유지 또는 폐업
- 개인사업자 또는 법인사업자 등의 기업형태 변경
- 동종업종 또는 이종업종

| 표 1-5 | 창업여부 확인 참고사례

주체	사업장소	사례		창업여부
A개인이	갑 장소에서	갑 장소에서의 기존 산업을 폐업 하고	B법인을 설립하여 동종업종 제품을 생산	조직변경
			B법인을 설립하여 이종업종 제품을 생산	창 업
		갑 장소에서의 기존 산업을 폐업 않고	B법인을 설립하여 동종업종 제품을 생산	형태변경
			B법인을 설립하여 이종업종 제품을 생산	창 업
A법인이	갑 장소에서	갑 장소에서의 기존 산업을 폐업 하고	B법인을 설립하여 동종업종 제품을 생산	위장창업
			B법인을 설립하여 이종업종 제품을 생산	창 업
		갑 장소에서의 기존 산업을 폐업 않고	B법인을 설립하여 동종업종 제품을 생산	형태변경
			B법인을 설립하여 이종업종 제품을 생산	창 업
A개인이	을 장소에서	갑 장소에서의 기존 산업을 폐업 하고	B법인을 설립하여 동종업종 제품을 생산	법인전환
			B법인을 설립하여 이종업종 제품을 생산	창 업
		갑 장소에서의 기존 산업을 폐업 않고	B법인을 설립하여 동종업종 제품을 생산	창 업
			B법인을 설립하여 이종업종 제품을 생산	창 업
A법인이	을 장소에서	갑 장소에서의 기존 산업을 폐업 하고	B법인을 설립하여 동종업종 제품을 생산	사업승계
			B법인을 설립하여 이종업종 제품을 생산	창 업
		갑 장소에서의 기존 산업을 폐업 않고	B법인을 설립하여 동종업종 제품을 생산	창 업
			B법인을 설립하여 이종업종 제품을 생산	창 업
A가 (개인)	을 장소에서	갑 장소에서의 기존 산업을 폐업하고	다시 A명의로 동종업종 제품을 생산	사업이전
			다시 A명의로 이종업종 제품을 생산	창 업
		갑 장소에서의 기존 산업을 폐업 않고	다시 A명의로 동종업종 제품을 생산	사업확장
			다시 A명의로 이종업종 제품을 생산	업종추가

주) 1. 업종구분은 한국표준산업분류의 세분류(4자리)를 기준으로 함(한국표준산업분류 5자리 중 앞에서 4자리까지 일치하면 "동종업종"에 해당)
2. "갑" 장소는 기존사업장, "을" 장소는 신규사업장(사업장이 기존사업장과 접하고 있더라도 별도의 경계(담, 출입문, 도로 등)를 두고 있어 공정의 연속성이 없는 경우는 신규사업장에 해당)
3. "A명의"란 개인사업자로서 대표자가 동일한 경우를 말함.
4. 창업자라 함은 중소기업을 창업하는 자와 중소기업을 창업하여 사업을 개시한 날부터 7년이 지나지 아니한 자를 말한다. (예시) 2014년 6월 사업을 개시하고 2015년 5월 법인 전환시 창업일은 2014년 6월

제2장 회사 설립

1. 개인기업과 법인기업

창업 과정에서 기업의 형태를 결정하는 것도 중요한 과정이다. 기업의 형태는 개인기업과 법인기업으로 나눌 수 있다. 개인 기업은 사업 자체가 개인에게 귀속되는 형태의 기업으로 경영의 모든 책임을 등록된 대표가 진다. 법인기업은 사업에 대한 독립적인 경제주체에 법인격을 부여한 형태의 기업으로 사업과 관련한 모든 책임은 법인이 지게 된다. 따라서 법인기업의 경우 대표이사 1인이 100% 지분을 소유하여 실질내용이 개인기업과 동일하더라도 법인의 재산과 대표이사의 재산은 엄격히 구분된다.

개인기업과 법인기업은 설립 과정부터 운영까지 다양한 차이가 있다. 따라서 회사 설립 시 기업의 목적 및 규모 등에 맞게 기업 형태를 결정할 필요가 있다. 개인기업 또는 법인기업으로 창업할 것인지 결정이 어려울 경우 일단 개인기업 창업 후 사업규모가 커지면 법인기업으로 전환도 가능하다.

표 1-6 개인기업과 법인기업 비교

구 분	개인기업	법인기업
설립절차	사업자등록만으로 가능	개인에 비해 복잡
기업영속성	대표가 바뀌면 신규사업자	대표가 바뀌어도 계속성 유지
대표자책임	무한책임	유한책임(지분한도 내)
대외신인도	대체로 낮음	대체로 높음
설립비용	거의 없음	일정 비용 필요
자금조달	자금조달 한계, 대자본 불가능	자금조달 용이, 대자본 가능
이익금사용	제약 없음(개인 자금 사용)	제약 있음(사적 유용 금지 등)
관리비용	비교적 적음	비교적 많음
외부감사	적용 대상 아님	· 자산 120억 원 이상인 주식회사 · 주권상장법인과 주권상장법인이 되려는 주식회사 · 부채가 70억 원 이상이고 자산이 70억 원 이상인 주식회사 · 종업원수가 300명 이상이고 자산이 70억 원 이상인 주식회사
세금부담	과세표준 2,400만 원 이하 시 개인사업자가 유리	과세표준 2,400만원 초과 시 법인사업자가 유리
과세체계	소득세, 대표 급여의 비용 불안정	법인세, 대표 급여의 비용 인정
복식부기의무	요건에 따라 다름	있음

| 표 1-7 | 개인기업과 법인기업의 장단점

구분	개 인 기 업	법 인 기 업
장점	· 설립등기가 필요 없고 사업자등록 만으로 사업개시가 가능하므로 기업설립이 용이 · 기업이윤 전부를 기업주가 독점할 수 있음 · 창업자금이 비교적 적게 소요되어 소자본을 가진 창업자도 창업가능 · 일정규모 이상으로는 성장하지 않는 중소규모의 사업에 안정적이고 적합 · 기업 활동에 있어 자유롭고, 신속한 계획수립, 계획변경 등이 용이 · 개인기업은 인적조직체로서 제조방법, 자금운용상의 비밀유지가 가능	· 대표자는 회사운영에 대해 일정한 책임을 지며, 무한책임사원을 제외한 출자자는 주금납입을 한도로 채무자에 대해 유한책임을 짐 · 사업양도 시에는 지분을 양도하면 되므로 지분양도에 대하여 원칙적으로 낮은 세율의 양도소득세가 부과됨. 또한 주식을 상장 후에 양도하면 양도소득에 대한 세금이 없음 · 일정규모 이상으로 성장 가능한 유망사업의 경우에 적합 · 주식회사는 신주발행 및 회사채 발행 등을 통한 다수인으로부터 자본조달이 용이 · 대외공신력과 신용도, 영업수행과 관공서, 금융기관 등과의 거래에 있어서 개인보다 유리
단점	· 대표자는 채무자에 대하여 무한책임을 져야 하며, 대표자가 바뀌는 경우에는 폐업을 하고, 신규로 사업자등록을 해야 하므로 기업의 계속성이 단절된다. · 사업 양도시에는 양도된 영업권 또는 부동산에 대하여 높은 양도소득세가 부과된다.	· 설립절차가 복잡하고 일정규모 이상의 자본금이 있어야 설립이 가능하다.(소기업에 해당하는 경우에는 자본금의 제한이 없다.) · 대표자가 기업자금을 개인용도로 사용하면 회사는 대표자로부터 이자를 받아야 하는 등 세제상의 불이익이 있음

1) 세제상의 특징

개인기업은 소득세법의 적용을 받으므로 과세기간은 매년 1월 1일부터 12월 31일까지이며, 과세소득은 총수입금액에서 필요경비를 공제한 금액이 된다.

법인기업은 법인세법의 적용을 받고, 그 과세기간은 정관과 규칙에서 정하는 회계기간에 따라 달라지며 과세소득은 익금총액에서 손금총액을 공제한 금액이다.

기업의 세 부담은 상황에 따라 차이가 있을 수 있다. 세율측면만 보자면 개인기업(6~38%)보다 법인기업(10~22%)이 유리하다.

| 표 1-8 | 개인기업과 법인기업의 세제상 특징

내 용	개 인 기 업	법 인 기 업
과세근거법	소득세법	법인세법
과세기간	매년 1월1일부터 12월 31일까지	정관에 정하는 회계기간
과세소득	총수입금액 - 필요경비	익금의 총액 - 손금의 총액
과세범위	특정소득에 대해서는 종합과세를 하지 않고 원천징수만으로 분리과세	분리과세가 인정되지 않음
이중과세 여부	하나의 원천소득에 대해 이중과세가 되지 않음	법인에게 법인세 과세 후, 주주의 배당에 대해 소득세 과세
세율구조	세 율 : 6~38% 주민세 : 소득세의 10%	세 율 : 10~22% 주민세 : 법인세의 10%
납세지	개인기업의 주소지	법인등기부등본상의 본점/주사무소
기장의 의무	수입금액에 따라 간편장부 대상자, 복식부기의무자로 구분	수입금액에 관계없이 복식부기의무자
외부감사제도	적용되지 않음	자산총액이 120억 원 이상인 경우, 공인회계사의 감사를 받음

2) 회계 처리상 특징

(1) 대표자의 인건비

법인의 대표이사는 고용관계에 의하여 근로를 제공하므로 그 대가인 임원보수와 상여금을 손금에 산입한다. 그러나 개인기업의 대표는 사업의 경영주체로서 고용관계에 있지 아니하므로 급여를 지급 받을 수 없다. 급여를 지급 받아도 그것은 출자금의 인출에 불과하므로 필요경비에 산입할 수 없다.

(2) 퇴직급여 충당금 설정

법인세법은 1년 이상 근속한 모든 임직원에 대해 퇴직급여충당금을 설정할 수 있다. 따라서 대표이사도 퇴직급여충당금 설정의 대상이 될 수 있으나 개인기업의 대표는 소득세법상 퇴직급여충당금 설정 대상이 아니다.

(3) 대손충당금 설정대상

법인세법은 대손충당금 설정대상 채권을 소비대차 계약에 의한 대여금과 미수금을 포함하고 있으나, 소득세법은 사업과 관련된 채권만 대손충당금 설정대상으로 규정하고 있으므로 소비대차계약에 의한 대여금과 정상적인 사업거래에서 발생하지 않는 투자자산, 유형자산 처분미수금은 대손충당금을 설정할 수 없다.

(4) 기타의 차이

출자금의 자금인출에 대한 인정이자 익금산입, 시설개체 기술낙후로 인한 생산설비의 폐기손실 손금산입, 양도자산 상각부인액 손금산입, 이자비용 손금불산입 부인규정, 일시상각 충당금 설정 등에 있어서 회계처리상에 상당한 차이가 있다.

2. 개인기업 설립

1) 설립 절차

개인기업을 설립하려면 그 규모나 업종에 관계없이 관할세무서에 사업자등록을 해야 한다. 사업자등록은 사업을 시작한 날로부터 20일 이내에 구비서류를 갖추어 사업장 관할 세무서장에게 등록해야 한다. 그리고 사업자등록은 사업개시일 전이라도 등록할 수 있다. 창업자가 세무서에서 사업자등록증을 발급 받으면 개인기업은 새로운 기업으로 성립된다.

2) 사업자 등록시 유의사항

(1) 사업장단위로 사업자등록

사업장이란 기업의 구성원이 상시 주재하여 거래의 전부 또는 일부를 행하는 장소를 말하는데, 사업장이 여러 지역에 있을 경우에는 사업장마다 사업자등록을 해야 한다. 다만 보관·관리시설만 갖춘 하치장은 설치한 날로부터 10일 안에 하치장 소관세무서장에게 하치장설치 신고서를 제출한다.

(2) 여러 가지 사업을 겸업할 경우

부가가치세가 과세되는 사업을 하는 경우(면제되는 업종이 함께 하는 경우도 포함)에는 부가가치세법에 의한 사업자등록을 하여야 하고, 면제되는 사업만 하는 경우에는 소득세법에 의한 부가가치세 면세 사업자등록을 하면 된다. 부가가치세의 과세, 면세 여부는 사업하고자 하는 품목에 따라 결정된다.

(3) 공동사업자의 경우

2인 이상이 공동으로 사업을 하는 경우는 사업자등록신청은 공동사업자중 1인을 대표자로 하고 공동사업을 증명할 수 있는 동업계약서 등의 서류를 함께 제출한다.

(4) 사업자등록 미이행시 가산세 부과

사업자등록을 하지 않고 사업을 하면 사업개시일로부터 등록한 날이 속하는 예정신고기간(예정신고 시간이 지난 경우에는 그 과세기간) 까지의 공급가액에 대하여 100분의 1(간이과세자는 0.5%)에 해당하는 금액을 가산세로 물어야 한다.

(5) 개별법에 따라 인·허가가 필요한 업종은 사업자등록 신청시 인·허가서의 사본을 제출하여야 한다.

3. 법인기업 설립 전 준비 사항

법인은 법에 의하여 인격을 부여받았기 때문에 경제적으로는 자연인과 같은 권리와 의무를 가지며 주주들의 변동과는 관계없이 존속한다.

법인회사는 본점에 설립등기를 함으로써 성립되고 법인격은 해산이나 청산이라 는 법률적 절차에 의하여 소멸되며, 등기사항의 변경이 있는 경우 변경등기를 하여야 하므로 법인회사를 설립시 아래 요소들을 충분히 검토하고 계획하여 추진해야 한다.

1) 법인 형태 결정

일반적으로 주식회사의 형태가 보편화 되어 있으나 경영특성과 자본규모 등에 따라 유한회사나 합자회사와 같은 형태도 고려할 필요가 있다.

2) 목적 사업

목적 사업은 회사가 영위하고자 하는 주된 사업내용을 우선하여 작성하되 향후 요구되는 연관사업 범위까지 검토하여 정관에 포함여부를 결정해야 한다. 신고 및 인·허가가 필요한 업종의 경우 정관 및 등기부등본 목적사업에 해당사업에 대한 표시를 요구함으로 반드시 확인하여 기재한다.

3) 자본금 규모

인허가업종의 경우 법정자본금 규모가 규정되어 있어 확인이 선행되어야 한다. 자본금 증자에 따른 변경등기 이행 등의 요인이 되지 않도록 자금조달시기 및 사업계획 일정을 고려하여 자본금 규모를 결정한다.

4) 발기인 및 임원구성

발기인 수는 제한되어 있지 않으나 1주 이상의 주식을 인수하여야 하고 정관에 서명날인과 회사설립에 책임이 부여되는 만큼 이해 당사자로 선임한다. 설립경과 조사보고는 발기인이 아닌 이사 또는 감사가 수행 하는 만큼 발기인 구성 시 이를 고려하여 선임한다.

대표이사 및 이사 또는 사외이사 등 임원구성에 대하여는 정관과 상법 등에서 요건과 결격사유를 규정하고 있으므로 적절성을 고려하여 구성한다.

발 기 인

발기인이란 정관을 작성하고 기명날인 또는 서명한 자로서 실질적으로 주식회사의 설립을 기획하고 그 설립사무를 집행하는 사람을 말하며, 발기인은 내·외국인, 법인이건 자연인이건 관계없으며 미성년자도 법정대리인의 동의가 있으면 발기인이 될 수 있으나 1주 이상의 주식을 인수하여야 한다.

또한, 발기인은 정관에 서명날인 하여야 한다. 주식회사의 설립에 관여정도의 다소 여부를 떠나 정관에 기명날인 또는 서명한 자는 발기인이고 정관에 서명 등을 하지 않은 자는 발기인이 아니다.

5) 상호결정

등기신청 시점에 대법원 홈페이지[1]에서 상호를 검색해 보고 관할 등기소 등기관에게 사용가능 여부를 확인 받는 절차가 필요하다.

6) 본점 소재지

기존 사업자가 별도 법인회사를 설립하고자 하는 경우는 조세특례제한법과 중소기업창업 지원법에서 규정하고 있는 창업자 요건에 부합한지 여부를 사전에 검토해야 한다.

4. 법인기업 설립절차

주식회사는 1인 이상의 발기인이 발기인조합을 구성하여 상법이 정하는 바에 따라 정관작성, 주식인수 및 주금납입 등 일정한 절차를 거쳐 법원에 설립등기를 함으로써 설립된다.

1) 발기인 구성

발기인은 정관을 작성하고 기명날인 또는 서명한 자로서 실질적으로 주식회사의 설립을 기획하고, 그 설립 사무를 집행하는 사람이다.

- 발기인 자격 : 내·국인 및 법인 또는 자연인과 관계가 없으며, 미성년자도 법정대리인의 동의가 있으면 가능

1 http://www.iros.go.kr

- 발기인의 수 : 최소 1인 이상(상법상 발기인의 수에 대한 규정은 없음)
- 발기인의 주식인수 : 발기인은 1주 이상의 주식을 인수(인수주식에 대한 자금출처를 입증)

그림 1-1 법인설립 절차도

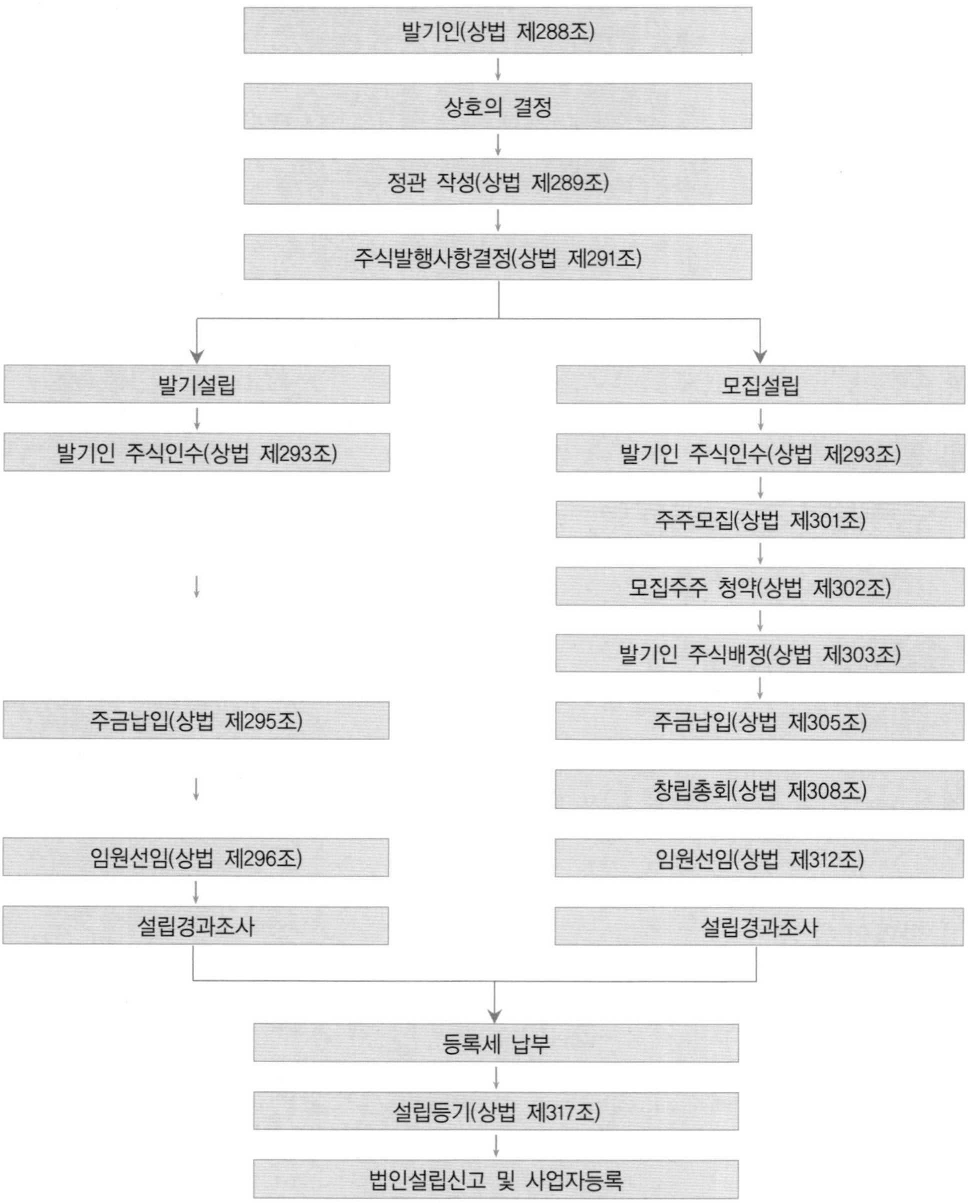

| 표 1-9 | 법인의 발기설립과 모집설립의 비교

구분	발기설립	모집설립
기능	소규모 회사설립에 용이	대규모 자본 조달에 유리
주식의 인수	주식의 총수를 발기인이 인수	발기인과 모집주주가 함께 주식 인수
인수 방식	단순한 서면주의	법정기재사항이 있는 주식청약서에 의함
주식의 납입	발기인이 지정한 은행 기타 금융기관에 납입	주식청약서에 기재한 은행 기타 금융기관에 납입
납입의 해태	민법의 일반원칙에 따름	실권절차(상법 제307조)가 있음
창립총회	불필요	필요
기관구성	발기인의 의결권의 과반수로 선임	창립총회에 출석한 주식인수인의 의결권의 3분의 2 이상이고 인수된 주식의 총수의 과반수에 해당하는 다수로 선임
설립경과조사	이사와 감사가 조사하여 발기인에게 보고	이사와 감사가 조사하여 창립총회에 보고
변태설립사항	이사가 법원에 검사인 선임 청구, 검사인은 조사하여 법원에 보고	발기인은 법원에 검사인 선임 청구, 검사인은 조사하여 창립총회에 보고

또한 회사의 설립 방법을 발기설립 또는 모집설립 중 어떤 것으로 할 것인가는 발기인들의 합의에 의하여 임의로 결정할 수 있다. 발기설립은 발기인이 발행주식 총수를 인수하는 방법으로 자본금 10억 미만의 경우 정관 및 의사록 공증의무를 면제하고, 주금납입증명서 대신 잔고증명서로 대체가 가능하다.

2) 상호 결정

사용하고자 하는 상호는 법령에 특별한 규정이 없는 한 "주식회사" 등과 같이 회사형태를 반드시 표기하여야 하며 로마자 등의 표기를 사용하고자 하는 경우 반드시 정관에 기재되어 있어야 한다.

사용하고자 하는 상호를 여러 개 준비하여 대법원 홈페이지(www.iros.go.kr)의 법인상호 찾기 메뉴를 통하여 관할등기소 내 동일한 상호를 사용하는 법인의 유무를 조회할 수 있다. 결정한 상호라도 등기가 완료되기 이전에 제3자가 먼저 사용등기를 할 수 있으므로 등기절차를 신속히 처리하거나 필요한 경우 상호의 가등기를 해야 한다.

3) 정관 작성

발기인은 상호, 본점 소재지, 자본금규모 등 회사의 조직과 활동에 관한 기본규칙을 기

재한 정관을 작성하고 발기인 전원이 기명날인 또는 서명을 해야 한다.

(1) 절대적 기재사항

정관에 기재하지 않으면 정관 자체의 효력을 무효화 시키는 사항으로 다음과 같다.

가. 목 적 : 구체적인 사업내용을 기재해야한다. 즉 "제조업", "도매업" 등과 같이 포괄적이고 불분명한 작성은 안 된다.

나. 상 호 : 주식회사라는 문자를 사용하며, 로마자 등의 표기를 하고자 하는 경우 괄호를 사용하여 표기할 수 있다. 주식회사라는 문자는 상호의 앞이나 뒤 어느 곳에 사용할 것인지도 결정해야 한다.

다. 회사가 발행할 주식의 총수 : 회사가 발행할 수 있는 주식 수의 한도로서 장래에 발행하기로 예정하고 있는 주식의 총수

라. 1주의 금액 : 1주의 금액은 균일하여야 하고 1백원 이상이어야 함

마. 회사의 설립 시에 발행하는 주식의 총수 : 납입자본으로서 동 주식의 인수와 납입이 이루어져야 회사가 성립됨. 설립 자본을 주식으로 분할하여야 함

바. 본점의 소재지 : 최소행정구역까지 표시

사. 회사가 공고를 하는 방법 : 관보 또는 일간신문에 공고해야 하며 1개 또는 수 개의 신문을 기재하되 추상적, 선택적(a신문 또는 b신문)으로 기재하여서는 안 된다. 2010년 5월 28일 이후부터 전자적 방법에 의한 공고도 가능하게 되었다.

아. 발기인의 성명·주민등록번호 및 주소 : 주민등록번호가 없는 재외국민 또는 외국인의 경우에는 생년월일을 기재하고 외국인의 성명은 국적과 원지음을 한글 등으로 기재한 후, 괄호를 사용하여 본국에서의 표기를 병기(예, 사내이사 미합중국인 존리(John. Lee)

(2) 상대적 기재사항(변태설립사항)과 임의적 기재사항

상대적 기재사항은 기재하지 않아도 정관의 효력에는 영향이 없지만 이를 정관에 기재하지 않으면 그 효력이 발생하지 않는 사항을 말한다.

4) 주식발행 사항의 결정

정관을 작성할 때 회사 설립 시 발행 하는 주식의 종류와 총수를 결정 하여야 하지만, 주식발행에 관한 나머지 사항은 정관에서 특별히 정한 사항이 없으면 발기인 전원의 동의로 이를 정할 수 있다.

5) 정관의 인증

회사를 설립할 때 처음 작성하는 정관을 원시정관이라 하고, 원시정관은 공증인의 인증을 받아야 그 효력이 생긴다. 다만, 자본금 10억 미만인 회사를 발기설립 하는 경우는 발기인들의 기명날인 또는 서명함으로써 효력이 인정된다. 공증인의 인증을 받은 정관이 창립총회에서 변경되더라도 창립총회에 기재된 것이 증거가 되므로 다시 공증을 받을 필요는 없다.

6) 발기 설립

(1) 발기인의 주식인수

발행주식과 발행가액이 결정되면, 발기인은 서면으로 1주 이상의 주식을 인수하여 발총주식 총수를 인수하여야 하며, 구두에 의한 인수는 효력이 없고 인수 시기는 제한이 없으나 주금의 납입 전까지 인수해야 한다.

(2) 출자의 이행

각 발기인은 발행하는 주식을 서면에 의하여 전부 인수하고, 지체 없이 발기인조합(발기인)에서 지정한 납입 은행, 기타 금융기관의 납입 장소에 그 인수금액 전액을 납입해야 한다. 현물 출자를 하는 발기인은 납입 기일에 재산을 인도하고 등기 및 등록 기타 권리의 설정 또는 이전을 필요로 하는 경우에는 서류를 완비해 제출해야 하며 현행 상법에서는 현물 출자를 정관의 상대적 기재사항(변태설립)으로 규정하고 검사인의 검사를 받도록 하고 있다.

(3) 이사 및 감사선임

주금의 납입과 현물 출자의 이행이 끝나면 발기인들은 지체 없이 발기인 총회를 개최하여 의결권의 과반수의 결의로 이사와 감사를 선임하되 이사는 사내이사, 사외이사, 기타 비상무이사 등으로 명확하게 구분하여 선출하여야 한다.

- 이사는 3인 이상, 감사는 1인 이상을 선임하되 자본총액이 10억원 미만인 회사는 이사 선임을 1인 또는 2인으로 할 수 있고, 감사를 선임하지 않을 수 있다.
- 사외이사와 기타 비상무이사는 필요에 따라 둘 수 있으나 사내이사는 반드시 1명 이상을 두어야 한다.
- 설립경과 조사를 감사 또는 이사로 하여금 수행 하게 하고자 하는 경우 발기인이 아닌자로 선출해야 한다.

(4) 설립경과조사

이사와 감사는 취임 후 지체 없이 회사의 설립에 관한 모든 사항이 법령 또는 정관의 규정에 위반되지 아니하는지 여부를 조사하여 발기인에게 보고하여야 한다.

① 이사와 감사 중 발기인이었던 자, 현물 출자자 또는 회사성립 후 양수할 재산의 계약 당사자는 동 조사에 참여 하지 못한다. 만일 이사와 감사가 전부 단서에 해당하는 경우, 이사는 공증인으로 하여금 조사를 하여 보고하게 하여야 한다.

② 정관에 현물 출자 등 변태설립사항이 규정되어 있는 경우에는 이에 관한 조사를 하도록 하기 위하여 관할소재지의 지방법원에 검사인의 선임을 청구하여야 하고 검사인의 선임신청은 이사전원의 연서로 작성한다.

③ 변태설립사항이 없는 경우에는 변태설립사항 조사를 생략하고 창립총회를 개최하여 대표이사 선임 등의 절차를 수행한다.

7) 모집 설립

(1) 발기인의 주식인수

발행주식과 발행가액이 결정되면 발기인이 주식 일부를 인수하고, 나머지는 응모주주를 대상으로 모집하고 각 발기인은 반드시 1주 이상을 인수해야 하며, 인수 시기는 제한이 없으나 주금의 납입 전까지 인수해야 한다.

(2) 주주의 모집 및 주식의 청약

현행 상법은 주식청약서 주의를 채택하고 있으므로 발기인은 정관의 절대적 기재사항과 변태설립사항, 회사조직의 대강과 청약조건 등 회사설립 개요를 응모주주가 알 수 있도록 기재한 주식 청약서를 작성하여야 한다.

(3) 주식의 배정과 인수

발기인 조합은 응모한 주식 청약인에 대하여 사전에 정한 방법에 따라 총 발행주식수 중 인수해야 할 주식을 배정하면 이것에 의하여 주식인수가 확정된다.

① 주식인수인 또는 주식 청약인에 대한 통지나 최고(催告)는 주식인수증 또는 주식청약서에 기재한 주소 또는 주식 청약인이 요구하는 주소로 통지

② 주식의 인수를 청약하고자 하는 자는 주식청약서에 법정사항을 기재, 날인하고 발기인에게 제출하여 회사로부터 주식을 배정 받으면 납입기일에 인수가액의 전액을 납입

(4) 주식대금의 납입

발행하는 주식의 총수가 인수된 때에는 발기인과 주식인수인은 주식인수가액(주금)을

납입 할 의무를 지며, 주식청약서에 기재된 은행, 기타 금융기관에서만 납입 하여야하며 만일 납입금의 보관 및 납입장소를 변경할 때에는 법원의 허가를 얻어야 한다.

현물 출자를 하는 발기인은 발기 설립 시와 동일하게 납입 기일에 출자의 목적인 재산을 인도하고 등기·등록 기타 권리의 설정 또는 이전이 필요할 경우 서류를 완비하여 제출한다.

(5) 창립총회

창립총회는 주식 인수인들로 구성되는 설립중인 회사의 의결기관으로 주금의 납입 과 현물 출자의 이행이 완료되면 발기인은 지체 없이 창립총회를 소집하고 이사 및 감사의 선임 등을 결의하며 총회의 결의는 출석한 주식인수인 의결권의 2/3이상이며 인수된 주식총수의 과반수에 해당하는 다수로 한다.

① 발기인은 회사 창립에 관한 사항인 주식인수와 납입에 관한 제반 상황과 변태설립사항에 관한 실태를 서면을 기재하여 보고.
② 이사와 감사 등 주식회사의 임원을 선임.
③ 정관의 변경 또는 설립폐지의 결의를 할 수 있으며 소집통지서에 이러한 뜻의 기재가 없는 경우에도 결의 할 수 있음.
④ 창립총회에서 변태설립 사항이 부당하다고 인정한 때에는 이를 변경할 수 있고, 이에 불복하는 발기인은 주식인수를 취소할 수 있으며 정관을 변경할 때에는 공증이 없이도 설립절차를 속행할 수 있음.

(6) 설립경과조사

이사와 감사는 취임 후 지체 없이 회사의 설립에 관한 모든 사항이 법령 또는 정관에 위반되지 아니하는지 여부를 조사하여 창립총회에 보고하여야 한다.

발기인 및 재산인수의 당사자인 이사와 감사는 이 조사·보고에 참여하지 못하며, 이사와 감사 전원이 제척사유에 해당하는 경우에는 이사는 공증인으로 하여금 조사보고를 하도록 하여야 한다.

8) 등록면허세 납부

법인설립등기신청을 하기 위하여 등록면허세를 납부하고 영수증 또는 감면받은 사항을 첨부하도록 되어 있어 관할 시·군·구에 등록면허세 납부서를 발급받아 은행에 납부한다.

9) 법인설립등기

(1) 법인설립등기 시기

법인 설립등기는 아래와 같으며, 이 기간 내에 등기신청을 하지 않는 경우 과태료가 부과된다.

- 발기설립 등기시기 : 검사인 등의 설립경과 조사 종료일 또는 창립총회 종료한 날로부터 2주 이내
- 모집설립 등기시기 : 창립총회 종료한 날로부터 2주 이내

(2) 신청 장소 및 신청자

대표이사 또는 대리인이 본점 소재지를 관할하는 등기소에 설립등기를 신청

(3) 등기신청 첨부서류

가. 정관

나. 주식의 인수를 증명하는 서면

다. 주식청약서

라. 발기인이 정한 주식발행에 관한 사항

마. 이사와 감사 또는 검사인이 나 공증인의 조사보고서와 그 부속서류 또는 감정인의 감정서와 그 부속서류

바. 검사인의 보고에 관한 재판이 있을 때에는 그 재판의 등본

사. 발기인이 이사와 감사를 선임한 때에는 그에 관한 서면(발기인 회의 록)

아. 창립총회의 의사록

자. 이사, 대표이사와 감사의 취임승낙을 증명하는 서면

차. 명의개서 대리인을 둔 때에는 명의개서 대리인과의 계약을 증명하는 서면

카. 주금의 납입을 맡은 은행 기타 금융기관의 납입금 보관에 관한 증명서

타. 벤처기업확인서(창업 중인 기업이 벤처기업 확인을 받은 경우)

(4) 대법원 인터넷 등기소를 통한 온라인 신청서 작성

대법원 인터넷 등기소(www.iros.go.kr)에서 전자신청을 통한 등기가 가능하나 공인인증서 발급, 접근번호 발급 등의 절차가 필요함으로 등기신청서 작성만 이용하고 직접 제출하는 경우가 많다.

(5) 재택창업시스템을 이용한 법인설립등기[2]

회사설립을 위한 창업가이드, 사업인허가, 회사설립 절차 정보를 종합적으로 제공하고 다수의 신청서 및 기타 제출서류를 작성하여 회사설립 업무를 온라인으로 쉽고 빠르게 처리 하는 회사설립 시스템이다.

5. 개인기업의 법인전환

개인이 기업경영에 관한 권리·의무의 주체가 되어 운영하던 기업을 개인 기업주와는 독립된 법인이 기업경영에 관한 권리·의무의 주체가 되도록 기업의 조직 형태를 전환하는 것을 말한다.

이러한 법인전환의 유형에는 현물 출자에 의한 법인전환과, 사업 양도·양수에 의한 법인전환이 있다.

1) 법인전환 방법

(1) 현물 출자에 의한 법인전환

현물 출자라 함은 금전이 아닌 재산으로 하는 출자를 말하며 현물 출자에 의한 법인전환이란 개인이 경영하던 기업의 자산과 부채를 모두 새로이 설립되는 법인기업에 현물 출자를 하여 법인기업을 설립하는 것이다.

(2) 사업 양도·양수에 의한 법인전환

개인 사업을 영위하던 자가 발기인이 되어 법인을 설립하고 그 법인의 설립일 부터 3개월 이내에 당해 법인에게 사업에 관한 모든 권리와 의무를 포괄적으로 양도하는 것이다.

법인전환 방법 선택 시 고려할 사항

법인전환방법 중 가장 적합한 방법을 선택하기 위해서는 다음 사항을 고려해야 한다.

- 조세특례제한법상 조세지원의 가능성
- 법인전환을 통한 경제적인 이익 및 효과
- 법인전환 절차상의 복잡성
- 법인설립 자금의 크기와 준비 여부
- 보유 자산과 부채의 유형 및 규모

2 http://www.startbiz.go.kr

2) 법인전환의 요건

① 새로이 설립되는 법인의 자본금이 개인기업의 순자산가액 이상이어야 한다.

② 개인사업장의 중소기업자가 당해 법인전환으로 인하여 취득하는 주식 또는 지분의 가액이 법인전환으로 인하여 소멸하는 사업장의 순자산가액이상이어야 한다.

③ 순자산가액이란 법인전환일 현재의 시가로 평가한 자산의 합계액에서 충당금을 포함한 부채의 합계액을 공제한 금액을 말한다.

3) 법인전환에 따른 조세의 감면 및 승계

법인(소비성서비스업을 영위하는 법인을 제외)으로 전환하는 경우 고정자산에 대한 이월과세 적용, 취득세 감면 등의 혜택을 부여하고 있다.

(1) 사업용 고정자산에 대한 이월과세의 적용

현물 출자 또는 사업 양수도를 한 날이 속하는 과세연도의 과세표준신고(예정신고를 포함)시 새로이 설립되는 법인과 함께 이월과세 적용을 신청한다.

(2) 취득세의 면제

현물 출자 또는 사업 양수도에 따라 취득하는 사업용 재산에 대하여는 취득세를 면제하지만 취득일부터 2년 이내에 정당한 사유 없이 당해 사업을 폐지하거나 당해 재산을 처분(임대를 포함)하는 경우에는 감면받은 세액을 추징한다.

(3) 법인전환으로 인한 감면의 승계

개인기업이 법인으로 전환하는 경우 개인기업에 적용되던 다음의 감면에 대하여는 잔존감면기간에 대하여 법인으로 전환된 기업에 적용받을 수 있다.

- 창업중소기업 및 창업벤처기업에 대한 법인세의 감면과 재산세의 감면(재산세의 경우에는 법인전환 전 취득한 재산에 한하여 적용)
- 농공단지 입주기업에 대한 법인세의 감면
- 수도권과밀억제권외의 지역으로 이전하는 중소기업에 대한 감면
- 농업회사법인에 대한 법인세의 변제
- 최저한세로 인한 세액공제의 이월공제

4) 법인전환 절차

법인전환은 다음과 같은 절차에 의하되 법인 전환일을 기준으로 적절한 시기에 거래처 등에 상호변경에 대한 공지와 관련 서류 및 명칭변경이 필요한 사항을 이행한다.

(1) 현물 출자에 의한 법인전환

1. 법인전환에 대한 타당성 검토 및 의사결정
2. 법인전환 기준일의 결정
3. 현물 출자를 위한 계약서의 작성
4. 법인전환 기준일 이전에 사업자 등록의 신청
5. 법인전환일을 기준으로 한 결산
6. 법인전환기준일에 의한 폐업신고 및 부가가치세의 신고
7. 자산 부채의 감정
8. 법인설립 서류의 작성
9. 법인설립 등기 및 설립신고
10. 이전자산 및 관련 권리에 대한 명의변경

(2) 사업 양도·양수에 의한 법인전환

1. 법인전환에 대한 타당성 검토 및 의사결정
2. 법인전환 기준일의 결정
3. 법인설립 서류의 작성
4. 법인설립 등기
5. 법인사업자 등록의 신청 및 설립신고
6. 사업포괄양도·양수 계약서의 작성
7. 법인전환기준일을 기준으로 한 결산
8. 자산부채의 감정
9. 이전자산 및 관련 권리에 대한 명의변경
10. 법인전환기준일에 의한 폐업신고 및 부가가치세 신고

제3장 사업자 등록

1. 개인사업자 등록

소유자와 경영자가 일치하는 개인 기업은 사업자등록을 함으로써 개인기업의 설립이 완료된다.

개인사업자 등록 절차
① 인·허가 및 신고 업종여부 검토 ② 시군구 등 관련기관에 인·허가 및 신고 이행 ※ 허가(등록, 신고) 전에 등록하는 경우 허가(등록) 신청서 사본 또는 사업계획서 제출 ③ 사업개시일로부터 20일 이내 사업자등록 신서에 신고인 제출서류를 첨부하여 제출

신고인 제출 서류	
구분	첨부서류
① 법령에 따라 허가를 받거나 등록 또는 신고를 하여야 하는 사업의 경우	사업허가증 사본, 사업등록증 사본 또는 신고확인증 사본
② 사업장을 임차한 경우	임대차계약서 사본
③ 「상가건물 임대차보호법」 제2조제1항에 따른 상가건물의 일부분만 임차한 경우	해당 부분의 도면
④ 「조세특례제한법」 제106조의3제31항에 따른 금지금(이하 '금지금'이라 함)도매 및 소매업	사업자금 명세 또는 재무상황 등을 확인할 수 있는 서류로서 기획재정부령으로 정하는 서류
⑤ 「개별소비세법」 제1조 제4항에 따른 과세유흥장소에서 영업을 경영하는 경우	사업자금 명세 또는 재무상황 등을 확인할 수 있는 서류로서 기획재정부령으로 정하는 서류
⑥ 「부가가치세법」 제8조 제3항 및 제4항에 따라 사업자 단위로 등록하려는 사업자	사업자 단위 과제 적용 사업장 외의 사업장(이하 "종된 사업장"이라 함)에 대한 이 표 제1호부터 제5호까지의 규정에 따른 서류 및 사업장 소재지·업태·종목 등이 적힌 기획재정부령으로 정하는 서류
⑦ 액체연료 및 관련제품 도매업, 기체연료 및 관련제품 도매업, 차량용 주유소 운영업, 차량용 가스 충전업, 가정용 액체연료 소매업과 가정용 가스연료 소매업	사업자금 명세 또는 재무상황 등을 확인할 수 있는 서류로서 기획재정부령으로 정하는 서류
⑧ 재생용 재료 수집 및 판매업	사업자금 명세 또는 재무상황 등을 확인할 수 있는 서류로서 기획재정부령으로 정하는 서류

서식 1-1 사업자등록 신청서(개인사업자용)

■ 부가가치세법 시행규칙 [별지 제4호서식] <개정 2015.3.6.>

홈택스(www.hometax.go.kr)
에서도 신청할 수 있습니다.

사업자등록 신청서(개인사업자용)

(법인이 아닌 단체의 고유번호 신청서)

※ 사업자등록의 신청 내용은 영구히 관리되며, 납세 성실도를 검증하는 기초자료로 활용됩니다.
아래 해당 사항을 사실대로 작성하시기 바라며, 신청서에 본인이 자필로 서명해 주시기 바랍니다.

※ [ ]에는 해당되는 곳에 √표를 합니다. (앞쪽)

접수번호		처리기간	3일(보정기간은 불산입)

1. 인적사항

상호(단체명)		전화번호	(사업장)
성명(대표자)			(자택)
			(휴대전화)
주민등록번호		FAX번호	
사업장(단체) 소재지		층	호

2. 사업장 현황

업 종									
	주업태		주종목		주생산 요소		주업종 코드	개업일	종업원 수
	부업태		부종목		부생산 요소		부업종 코드		

사이버몰 명칭		사이버몰 도메인	

사업장 구분	자가 면적	타가 면적	사업장을 빌려준 사람 (임 대 인)			임대차 명세		
			성 명 (법인명)	사업자 등록번호	주민(법인) 등록번호	임대차 계약기간	(전세) 보증금	월 세
	㎡	㎡					원	원

허 가 등 사업 여부	[ ]신고 [ ]등록 [ ]허가 [ ]해당 없음	주류면허	면허번호	면허신청
				[ ]여 [ ]부
개별소비세 해당 여부	[ ]제조 [ ]판매 [ ]입장 [ ]유흥			
사업자금 명세 (전세보증금 포함)	자기자금 원	타인자금	원	
사업자 단위 과세 적용 신고 여부	[ ]여 [ ]부	간이과세 적용 신고 여부	[ ]여 [ ]부	
전자우편주소		국세청이 제공하는 국세정보 수신동의 여부	[ ]동의함 [ ]동의하지 않음	

그 밖의 신청사항	확정일자 신청 여부	공동사업자 신청 여부	사업장소 외 송달장소 신청 여부	양도자의 사업자등록번호 (사업양수의 경우에만 해당함)
	[ ]여 [ ]부	[ ]여 [ ]부	[ ]여 [ ]부	

210mm×297mm[백상지 80g/㎡ 또는 중질지 80g/㎡]

(뒤쪽)

3. 사업자등록 신청 및 사업 시 유의사항 (아래 사항을 반드시 읽고 확인하시기 바랍니다)

가. 다른 사람에게 사업자명의를 빌려주는 경우 사업과 관련된 각종 세금이 명의를 빌려준 사람에게 나오게 되어 다음과 같은 불이익이 있을 수 있습니다.

1) 조세의 회피 및 강제집행의 면탈을 목적으로 자신의 성명을 사용하여 타인에게 사업자등록을 할 것을 허락한 사람은 「조세범 처벌법」 제11조제2항에 따라 1년 이하의 징역 또는 1천만원 이하의 벌금에 처해집니다.

2) 소득이 늘어나 국민연금과 건강보험료를 더 낼 수 있습니다.

3) 명의를 빌려간 사람이 세금을 못 내게 되면 체납자가 되어 소유재산의 압류·공매처분, 체납명세의 금융회사 등 통보, 출국규제 등의 불이익을 받을 수 있습니다.

나. 다른 사람의 명의로 사업자등록을 하고 실제 사업을 하는 것으로 확인되는 경우 다음과 같은 불이익이 있습니다.

1) 조세의 회피 또는 강제집행의 면탈을 목적으로 타인의 성명을 사용하여 사업자등록을 한 사람은 「조세범 처벌법」 제11조제1항에 따라 2년 이하의 징역 또는 2천만원 이하의 벌금에 처해집니다.

2) 「부가가치세법」 제60조제1항제2호에 따라 사업 개시일부터 실제 사업을 하는 것으로 확인되는 날의 직전일까지의 공급가액에 대하여 100분의 1에 해당하는 금액을 납부세액에 가산하여 납부해야 합니다.

3) 「주민등록법」 제37조제10호에 따라 다른 사람의 주민등록번호를 부정하게 사용한 자는 3년 이하의 징역 또는 1천만원 이하의 벌금에 처해집니다.

다. 귀하가 실물거래 없이 세금계산서 또는 계산서를 발급하거나 발급받은 경우 또는 이와 같은 행위를 알선·중개한 경우에는 「조세범 처벌법」 제10조제3항 또는 제4항에 따라 해당 법인 및 대표자 또는 관련인은 3년 이하의 징역이나 공급가액 및 그 부가가치세액의 3배 이하에 상당하는 벌금에 처해집니다.

라. 신용카드 가맹 및 이용은 반드시 사업자 본인 명의로 해야 하며 사업상 결제목적 외의 용도로 신용카드를 이용할 경우 「여신전문금융업법」 제70조제2항에 따라 3년 이하의 징역 또는 2천만원 이하의 벌금에 처해집니다.

대리인이 사업자등록신청을 하는 경우에는 아래의 **위임장을 작성하시기 바랍니다.**

위 임 장	본인은 사업자등록 신청과 관련한 모든 사항을 아래의 대리인에게 위임합니다. 본 인: (서명 또는 인)			
대리인 인적사항	성명	주민등록번호	전화번호	신청인과의 관계

위에서 작성한 내용과 실제 사업자 및 사업내용 등이 일치함을 확인하며, 「부가가치세법」 제8조제1항, 제61조제3항, 같은 법 시행령 제11조제1항·제2항, 제109조제4항, 같은 법 시행규칙 제9조제1항·제2항 및 「상가건물 임대차보호법」 제5조제2항에 따라 사업자등록 ([ ]일반과세자[ ]간이과세자[ ]면세사업자[ ]그 밖의 단체) 및 확정일자를 신청합니다.

년 월 일

신청인: (서명 또는 인)

위 대리인: (서명 또는 인)

세 무 서 장 귀하

신고인 제출서류	1. 사업허가증 사본, 사업등록증 사본 또는 신고확인증 사본 중 1부(법령에 따라 허가를 받거나 등록 또는 신고를 해야 하는 사업의 경우에만 제출합니다) 2. 임대차계약서 사본(사업장을 임차한 경우에만 제출합니다) 1부 3. 「상가건물 임대차보호법」이 적용되는 상가건물의 일부분을 임차한 경우에는 해당 부분의 도면 1부 4. 자금출처명세서(금지금 도·소매업, 액체연료 및 관련제품 도매업, 기체연료 및 관련제품 도매업, 차량용 주유소 운영업, 차량용 가스 충전업, 가정용 액체연료 소매업, 가정용 가스연료 소매업, 재생용 재료 수집 및 판매업 및 과세유흥장소에서 영업을 하려는 경우에만 제출합니다) 1부	수수료 없음

유의사항

사업자등록을 신청할 때 다음과 같은 사유에 해당하는 경우 붙임의 서식 부표에 추가로 적습니다.

① 공동사업자에 해당하는 경우

② 종업원을 1명 이상 고용한 경우

③ 사업장 외의 장소에서 서류를 송달받으려는 경우

④ 사업자 단위 과세 적용을 신청한 경우(2010년 이후부터 적용)

2. 법인사업자 등록

법인설립등기가 완료되면 회사는 법인설립 등기를 한 날로부터 20일 이내에 관할 세무서에 법인설립신고 및 사업자등록 신청서를 제출한다.

법인사업자 등록 절차
① 법인설립등기 완료 ② 인·허가 및 신고 업종여부 검토 ③ 시군구 등 관련기관에 인·허가 및 신고 이행 ※ 허가(등록, 신고) 전에 등록하는 경우 허가(등록) 신청서 사본 또는 사업계획서 제출 ④ 사업개시일로부터 20일 이내 사업자등록 신서에 신고인 제출서류를 첨부하여 제출

첨부서류
① 정관 1부(외국법인만 해당) ② 임대차계약서 사본(사업장을 임차한 경우만 해당) 1부 ③ 「상가건물 임대차보호법」의 적용을 받는 상가건물의 일부를 임차한 경우에는 해당 부분의 도면 1부 ④ 주주 또는 출자자명세서 1부 ⑤ 사업허가·등록·신고필증 사본(해당 법인만 해당) 또는 설립허가증사본(비영리법인만 해당) 1부 ⑥ 현물 출자명세서(현물 출자법인의 경우만 해당) 1부 ⑦ 자금출처소명서('08년 7월부터 금지금 도·소매업 및 과세유흥장소에의 영업을 영위하려는 경우만 해당) 1부 ⑧ 본점 등의 등기에 관한 서류(외국법인만 해당) 1부 ⑨ 국내사업장의 사업영위내용을 입증할 수 있는 서류(외국법인만 해당하며, 담당 공무원 확인사항에 의하여 확인할 수 없는 경우만 해당) 1부 ⑩ 사업자단위과세 적용 신고자의 종된 사업장 명세서(법인사업자용),(사업자단위과세 적용을 신청한 경우만 해당) 1부

서식 1-2 사업자등록 신청서(법인사업자용)

■ 법인세법 시행규칙 [별지 제73호서식] <개정 2015.3.13.>

홈택스(www.hometax.go.kr)에서도 신고할 수 있습니다. (앞쪽)

접수번호	[ ] 법인설립신고 및 사업자등록신청서 [ ] 국내사업장설치신고서(외국법인)	처리기간
		3일 (보정기간은 불산입)

귀 법인의 사업자등록신청서상의 내용은 사업내용을 정확하게 파악하여 근거과세의 실현 및 사업자등록 관리업무의 효율화를 위한 자료로 활용됩니다. 아래의 사항에 대하여 사실대로 작성하시기 바라며 신청서에 서명 또는 인감(직인)날인하시기 바랍니다

1. 인적사항

법인명(단체명)		승인법인고유번호 (폐업당시 사업자등록번호)	
대표자		주민등록번호	-
사업장(단체)소재지		층 호	
전화번호	(사업장)	(휴대전화)	

2. 법인현황

법인등록번호	-	자본금	천원	사업연도	

법 인 성 격 (해당란에 ○표)

내 국 법 인						외 국 법 인			지점(내국법인의 경우)			분할신설법인	
영리 일반	영리 외투	비영리	국가 지방 자치	법인으로 보는 단체		지점 (국내사업장)	연 락 사무소	기타	여	부	본점 사업자 등록번호	분할전 사업자 등록번호	분할 연월일
				승인 법인	기타								

조합법인 해당 여부		사업자 단위 과세 여부		공 익 법 인						외국·외투 법인	국 적	투자 비율
여	부	여	부	해당여부		사업유형	주무부처명	출연자산여부				
				여	부			여	부			

3. 외국법인 내용 및 관리책임자 (외국법인에 한함)

외 국 법 인 내 용

	상 호	대 표 자	설 치 년 월 일	소 재 지
본점				

관 리 책 임 자

성 명 (상 호)	주민등록번호 (사업자등록번호)	주 소 (사업장소재지)	전 화 번 호

4. 사업장현황

사 업 의 종 류						사업(수익사업) 개 시 일
주업태	주 종 목	주업종코드	부업태	부 종 목	부업종코드	
						년 월 일

사이버몰 명칭		사이버몰 도메인	

사업장 구분 및 면적		도면첨부		사업장을 빌려준 사람(임대인)			
자가	타가	여	부	성 명(법인명)	사업자등록번호	주민(법인)등록번호	전화번호
㎡	㎡						

임 대 차 계 약 기 간	(전세)보증금	월 세(부가세 포함)
20 . . . ~ 20 . . .	원	원

개 별 소 비 세				주 류 면 허			부가가치세 과세사업		인·허가 사업 여부			
제 조	판 매	장 소	유 흥	면 허 번 호	면 허 신 청		여	부	신고	등록	인·허가	기타
					여	부						

설립등기일 현재 기본 재무상황 등

자산 계	유동자산	고정자산	부채 계	유동부채	고정부채	종업원수
천원	천원	천원	천원	천원	천원	명

전자우편주소		국세청이 제공하는 국세정보 수신동의 여부	[ ]동의함 [ ]동의하지않음

210mm×297mm[백상지 80g/m³ 또는 중질지 80g/m²]

(뒤쪽)

5. 사업자등록신청 및 사업시 유의사항(아래 사항을 반드시 읽고 확인하시기 바랍니다)

가. 사업자등록 상에 자신의 **명의를 빌려주는 경우 해당** 법인에게 부과되는 각종 세금과 과세자료에 대하여 소명 등을 하여야 하며, 부과된 세금의 체납시 **소유재산의 압류·공매처분, 체납내역 금융회사 통보, 여권발급제한, 출국규제 등**의 불이익을 받을 수 있습니다.

나. 내국법인은 주주(사원)명부를 작성하여 비치하여야 합니다. 주주(사원)명부는 사업자등록신청 및 법인세 신고시 제출되어 지속적으로 관리되므로 사실대로 작성하여야 하며, 주주명의 대여시는 **양도소득세 또는 증여세**가 과세될 수 있습니다.

다. 사업자등록 후 정당한 사유 없이 **6개월이 경과할 때까지 사업을 개시**하지 아니하거나 **부가가치세 및 법인세를 신고하지 아니하거나 사업장을 무단 이전**하여 실지사업여부의 확인이 어려울 경우에는 **사업자등록이 직권으로 말소**될 수 있습니다.

라. **실물거래 없이 세금계산서 또는 계산서를 발급하거나 수취하는 경우** 「조세범처벌법」 제10조제3항 또는 제4항에 따라 해당 법인 및 대표자 또는 관련인은 **3년 이하의 징역 또는 공급가액 및 그 부가가치세액의 3배 이하에 상당하는 벌금에 처하는 처벌**을 받을 수 있습니다.

마. 신용카드 가맹 및 이용은 반드시 사업자 본인 명의로 하여야 하며 **사업상 결제목적 이외의 용도로 신용카드를 이용할 경우** 「여신전문금융업법」 제70조제2항에 따라 **3년 이하의 징역 또는 2천만원 이하의 벌금에 처하는 처벌을 받을 수 있습니다.**

신청인의 위임을 받아 대리인이 사업자등록신청을 하는 경우 아래 사항을 적어 주시기 바랍니다.

대리인 인적사항	성 명		주민등록번호	
	주 소 지			
	전화 번호		신청인과의 관계	

신청 구분	[ ] 사업자등록만 신청 [ ] 사업자등록신청과 확정일자를 동시에 신청 [ ] 확정일자를 이미 받은 자로서 사업자등록신청 (확정일자 번호:)

신 청서에 적은 내용과 실제 사업내용이 일치함을 확인하고, 「법인세법」 제109조·제111조, 같은 법 시행령 제152조부터 제154조까지, 같은 법 시행규칙 제82조제3항제11호 및 「상가건물 임대차보호법」 제5조제2항에 따라 법인설립 및 국내사업장설치 신고와 사업자등록 및 확정일자를 신청합니다.

년 월 일

신 청 인 (인)

위 대리인 (서명 또는 인)

세무서장 귀하

첨부서류	1. 정관 1부(외국법인만 해당합니다) 2. 임대차계약서 사본(사업장을 임차한 경우만 해당합니다) 1부 3. 「상가건물 임대차보호법」의 적용을 받는 상가건물의 일부를 임차한 경우에는 해당 부분의 도면 1부 4. 주주 또는 출자자명세서 1부 5. 사업허가·등록·신고필증 사본(해당 법인만 해당합니다) 또는 설립허가증사본(비영리법인만 해당합니다) 1부 6. 현물 출자명세서(현물 출자법인의 경우만 해당합니다) 1부 7. 자금출처명세서(금지금 도·소매업, 액체·기체연료 도·소매업, 재생용 재료 수집 및 판매업, 과세유흥장소에서 영업을 하려는 경우에만 제출합니다) 1부 8. 본점 등의 등기에 관한 서류(외국법인만 해당합니다) 1부 9. 국내사업장의 사업영위내용을 입증할 수 있는 서류(외국법인만 해당하며, 담당 공무원 확인사항에 의하여 확인할 수 없는 경우만 해당합니다) 1부 10. 사업자단위과세 적용 신고자의 종된 사업장 명세서(법인사업자용)(사업자단위과세 적용을 신청한 경우만 해당합니다) 1부

작성방법

사업장을 임차한 경우 「상가건물 임대차보호법」의 적용을 받기 위하여서는 사업장 소재지를 임대차계약서 및 건축물관리대장 등 공부상의 소재지와 일치되도록 구체적으로 적어야 합니다.

(작성 예) ㅇㅇ동 ㅇㅇㅇㅇ번지 ㅇㅇ호 ㅇㅇ상가(빌딩) ㅇㅇ동 ㅇㅇ층 ㅇㅇㅇㅇ호

3. 4대 사회보험 가입

4대 사회보험은 고용보험, 산업재해 보상보험, 국민연금, 의료보험을 말하며 근로자를 사용하는 모든 사업장은 반드시 가입해야 한다. 국민연금과 국민건강보험의 근로자는 법인의 임원 및 대표자를 포함하며, 고용 및 산재보험의 근로자는 법인의 대표자를 포함하지 않고 근로기준법 제2조1항1호에 따른 근로자를 말한다.

신청과 각종 변경 및 탈퇴에 관련한 신고는 4대 보험 공통서식으로 모든 행정절차를 수행 할 수 있으며, 사업장에서 가까운 기관들 중 한 곳에만 신고하거나 인터넷[3]으로 신고하면 원스톱으로 해결 가능하다.

표 1-10 4대 사회보험 비교

구분	국민연금	건강보험	고용보험	산재보험
적용사업장	상시근로자 1인 이상 법인 및 전문직종 개인사업장과 상시근로자 5인 이상 일반사업장	상시근로자 1인 이상	1998년 10월 1일부터 1인 이상근로자 의무 가입	상시근로자 1인 이상
신고기한	근로자를 사용하는 사업장이 된 때에서부터 14일 이내		가입사유가 발생한 날 즉 근로자를 채용한 날로부터 그 다음달 15일 까지	
부과소득 상한선	360만원(45등급)	548만원(등급 없음)	상한선 없음	상한선 없음
보험료 부담	사용자와 근로자가 각각 1/2씩 부담	사용자와 근로자가 각각 1/2씩 부담	실업급여는 사용자와 근로자가 각 50%씩 부담, 기타사업은 사업주가 전액부담	사업주가 전액부담
납부방법	월납	월납	연납 (분할납부 가능)	연납 (분할납부 가능)
납부마감일	다음달 10일 (신고마감일은 15일)	다음달 10일 (신고마감일은 15일)	당해 연도의 3.31까지 (연도 중 성립의 경우 성립일로부터 70일)	당해 연도의 3.31까지 (연도 중 성립의 경우 성립일로부터 70일)
납부의무자	사용자	사용자	사업주	사업주

3 http://www.4insure.or.kr

제4장 무역업 창업

1. 무역업

무역(international trade)이란 물품, 용역, 전자적 형태의 무체물 등을 수출 및 수입하는 것[4]이라 정의할 수 있다. 즉 국가와 국가 간에 무역이라는 수단을 통해서 서로에게 이익이 되도록 교환하는 행위라고 볼 수 있다.

일반적으로 무역업이라고 하면 체계화된 회사를 설립해서 무역업 등록을 해야하며, 많은 자금이 필요하다고 생각하기 쉽다. 그러나 인터넷으로 해외 사이트에 들어가서 책을 구입하거나, 컴퓨터 소프트웨어를 구입하여 다운로드 하거나, 전자제품 등을 구입하는 행위도 무역이라 할 수 있다[5]. 또한 일본, 중국, 동남아 등지로 소규모 무역상들이 한국의 물건을 가지고 가서 현지거래를 하는 것도 무역에 속한다고 볼 수 있다.

개인이 하는 무역 활동 외에 대형종합상사에서 대규모의 상품을 취급하는 무역형태와 개인적으로 무역업을 하는 소위 오퍼상 형태인 소규모 무역과 인터넷을 통한 무역도 활성화되고 있다. 또한 기업이 생산하는 제품을 회사 내 무역사업부에서 해외에 직접 수출하는 경우도 있다.

2. 무역거래의 방법

무역 업무에 필요한 용어나 절차는 그리 복잡하지 않으며, 기본적인 용어만 알아도 시작하는데 별 문제가 없다. 해외유명 포털사이트에 접속해서 물건을 주문하는 것도 국내에서 운영하는 쇼핑사이트와 별로 다를 것이 없다. 그러나 이것은 개인적인 쇼핑에 불과하며, 본격적인 회사의 거래가 아니므로 진정한 의미의 무역거래라고 부르기에는 미흡하다.

무역업을 창업하여 기업 차원의 무역거래를 하려면 무역 전반에 대해서 상당한 지식이 필요하지 않느냐는 지적이 있을 수 있다. 하지만, 비록 기업 차원의 무역일지라도 무역에 대한 깊은 지식이나 경험이 없이도 할 수 있다. 이를 위해서는 무역 업무를 대행해주는 무역대행업체의 서비스를 이용하는 것도 하나의 방법이다. 무역대행업체에서 제공하는 서

4 「대외무역법」 제2조제1호

5 최근에는 해외직구(해외 직접구매)가 활성화 되어 있는데, 이는 해외에서 판매중인 상품을 국내 고객이 온라인으로 직접 주문하여 국제 배송을 통해 받는 것을 말한다.

비스 내역은 다음과 같다.

무역대행업의 서비스 내역

① 수출 및 수입 시 필요한 모든 서류작성 대행
② 수출입 통관 대행
③ 국내외 운송업무 대행
④ 수출입 상품 보험 서비스
⑤ 대금회수 및 대금지급(신용장 개설 및 전신환 송금) 업무
⑥ 사후관리 서비스
⑦ 해외시장 업무 대행 서비스
⑧ 국가별 시장조사
⑨ 무역컨설팅
⑩ 수출입관련 업무 상담
⑪ 특수무역 대행
⑫ 통역 및 번역 서비스
⑬ 민원서류 및 기타 서류작성 대행 서비스

무역대행업체를 통해 위와 같은 서비스를 이용하려면, 서비스 이용 수수료를 지급해야 하고 상호간의 신뢰에 입각한 기밀유지 약속 등이 따라야 하지만, 무역대행업체를 통해 무역에 대한 전문적인 지식이 없어도 본격적인 무역을 할 수 있다. 이 밖에도 한국무역협회, 대한무역진흥공사 등과 같은 무역 관련기관에서 제공하는 각종 무역지원 서비스를 활용하면 해외시장 개척에서부터 무역서류 작성에 이르기까지 다양한 도움을 받을 수 있다.

3. 국내 거래와 무역업

국가간에 이루어지는 무역은 국내 거래와 비교할 때 다음과 같은 차이가 있다.

첫째, 나라마다 언어가 다르다. 따라서 무역 당사자 간의 의사소통에 필요한 언어를 구사할 수 있어야 한다. 대부분의 무역은 국제 공용어인 영어로 이루어진다.

둘째, 나라마다 상관습이 다르다. 따라서 무역의 시작부터 종료까지 상대국의 상관습을 잘 알아야 한다. 무역관습의 차이로 인해 발생하는 오해와 분쟁을 사전에 예방하기 위해 민간과 국가 차원에서 국제무역에 관련된 여러 가지 규칙과 협약을 제정하고 있다.

셋째, 나라마다 법제도가 다르다. 따라서 상대국의 법제도를 정확하게 파악해야 한다. 이를 위해서는 상대국의 법체계를 비롯한 상행위에 관련된 법규를 알아둘 필요가 있다.

넷째, 물품은 일정한 운송 및 통관절차를 거쳐야 한다. 서로 다른 국가로 물건이 이동하

는데 따른 운송 및 통관절차는 복합운송주선업자, 즉 포워더(forwarder)가 업무를 대신해 주므로 세세한 사항을 알 필요 없이 무역에 대한 기초적인 이해만 하여도 업무처리 하는데 큰 지장이 없다. 따라서 무역거래와 국내거래와의 다른 점은 조금만 노력하면 얼마든지 극복해 나갈 수 있다.

4. 무역업 창업의 유형

1) 개인의 무역업 창업

개인에 의해 이뤄지는 소규모의 무역은 무역 대리점 등과 같이 안정적이고, 전문화된 무역은 아니지만, 자본 투입이 적게 시작할 수 있는 장점이 있다. 소규모 무역업을 시작으로 고정 거래처가 확보되면 수출을 잘하는 오퍼상으로 성장하기도 한다. 그리고 이처럼 개인에 의해 설립된 소규모 무역상이 오퍼상을 거쳐 명실상부한 무역회사로 성장하기도 한다.

따라서 초기 개인에 의한 설립된 소규모 무역업 창업을 무역회사의 전초 단계로 보는 시각도 있으며, 이는 성공한 무역상인들의 상당수가 소규모 무역을 통해 익힌 경험과 실무 지식, 그리고 정보를 바탕으로 소호 사업 형태의 무역이나 무역 대리점, 일반 무역엽 등으로 전환하여, 보다 많은 이익 창출을 도모하고 있는 사례에서 찾아볼 수 있다.

2) 무역업 창업의 형태

(1) 직접 운영 방식

직접 운영 방식은 개인 무역업 창업자가 본인만의 전문 취급상품을 정하고 상품 샘플과 전단을 만들어 현지의 개인 및 업자에게 주문을 받아 진행하는 형태이다. 소규모 무역의 특성상 초기 거래 시작은 어려우나 거래성사가 이뤄진 후에는 지속 가능한 거래처가 될 수 있다. 본인 취급 상품에 대한 지식과 해당 상품의 품질이나 가격에 대한 자신감이 필수이며, 전단이나 명함 자체가 자선과 상품을 홍보하는 수단이므로 제품 사진과 정확한 가격, 수량기재, 취급품목의 전문화, 단일화가 우선되어야 한다.

(2) 전문 운반인 방식

화주의 부탁으로 물건을 운반하고 일정액의 운반비용을 받는 사람을 말한다. 소규모 물품의 운반업은 진입이 상당히 까다로운데, 이는 기존에 운반업을 하는 업자들에 의한 시장진입 장벽이 존재하기 때문이다. 업자들은 각자의 품목과 현지 영업 내용을 비밀로 하고 있으며, 신규 업자의 진입에 상당한 배타성을 가지고 있다. 업종 특성상 장기간의 거래를 통한 신용 없이는 물건의 인수와 수탁 자체가 불가능하다. 따라서 비즈니스 초보자에겐 일반 무역에 비해 진입자체가 어려운 시장이다. 전문 운반 업무는 최근 개인에 의한 소규모 형태에서 점점 기업화 되는 추세이다.

(3) 구매대행 방식

수출의 경우 외국 현지의 무역도매상, 일반도매상, 소매상들이나 교포상인들이 한국에 와서 상품을 구매하는 경우이다. 일반적으로 첫 거래 시에는 해당품목 시장에 대한 가이드 역할을 하며 이후 2차~3차 주문부터 e-mail이나 FAX, 전화주문을 받고 물품을 EMS(국제특급우편), 선박, 항공을 통한 탁송을 진행한다. 기본적으로 전문화된 업종과 시장 생산업자 확보가 필수이다.

3) 개인 창업 무역업의 특성

(1) 신속한 업무처리가 가능하다

소규모의 무역에서는 첫 거래시에 매도자와 매수자가 대면하여 가격을 협상하고 물품을 인도할 때에 대금을 현금으로 지급하거나 외상 거래를 한다. 일반적인 무역에 비해 의사결정이 빠르고 또한 소량의 물량을 직접 운송하므로 신속한 업무 처리가 가능하다.

(2) 재고부담이 없다

고객의 요구에 따라 원하는 아이템을 필요한 만큼만 구매하여 즉시 판매하므로 재고의 부담이 없다

(3) 소자본으로 쉽게 시작할 수 있다

자본 없이도 인적 네트워크 형성으로 바로 전문 운반인 형태의 소규모 무역을 시작할 수 있으며, 이윤증대를 위하여 본인이 경험이 쌓이면 소자본으로도 바로 시작을 할 수가 있다.

(4) 전문 무역회사로의 전환도 가능하다

소규모 무역으로 어느 정도 아이템에 대한 자신감과 함께 좋은 바이어가 구축이 되면 수출 또는 수입을 잘하는 오퍼상이 될 수도 있다.

4) 무역 바이어 발굴

신규 창업한 무역업의 경우 바이어 발굴 방법은 일반적인 무역 업무에서의 바이어 확보 방법과 차이가 있다. 즉, 초기 창업자의 바이어 발굴은 일반무역에서의 바이어 발굴방법

중 다음과 같이 극히 초보적인 단계로 진행한다.

신규 무역업 창업자의 바이어 발굴 방법

- 소규모 무역과 관련이 있는 무역회사나 도매업자로부터 소개받아 방문하여 직접 상담한다.
- 국내 전문여행사로부터 현지의 통역을 소개받아 관련 조합이나 협회를 방문하여 회원명부를 입수하여 활용 한다.
- 해당국 재래시장에서 도매상을 찾아 직접 상담한다.
- 여행사나 단체 등에서 주관하는 시장조사단에 참가한다.
- 한국을 찾은 외국 무역상이 머물고 있는 호텔 등에 찾아가 직접 만나 상담한다.
- 남대문시장이나 동대문시장의 도매업자나 상인들로부터 외국 거래업체를 소개받는다.
- 해당국에 있는 생활정보지 등의 광고매체를 활용한다.
- 인터넷의 e마켓플레이스를 활용한다.
- 대한무역투자진흥공사(KOTRA) 의 자료실을 활용하거나 KOTRA 해당국 무역관을 찾아 바이어 리스트를 입수하여 활용한다.
- 우리나라 주재 해당국의 무역관련 사무소를 방문하여 자료를 입수하여 활용한다.
- 일본의 경우 우리나라 주재 일본대사관의 상무관실이나 일본무역진흥공사(JETRO) 서울사무소를 활용하여 바이어 리스트를 입수하여 거래제의 서선을 보내든가 아니면 직접 방문하여 상담할 수 있다.

5. 무역업 창업의 아이템 선정

1) 무역업 창업 아이템 선정

무역업 창업 아이템은 따로 정해져 있는 것이 아니다. 신규 창업자들이 무역을 할 수 있는 상품과 수량은 우선 우리나라의 관세법상 외국에 수출 할 수 있는 상품이어야 하며, 또한 허용 범위내의 수량이어야 한다. 따라서 무역업을 창업 하려면 사전에 이와 같은 요건을 거래 상대방과 확인한 후 상품 및 수량을 결정해야 한다. 따라서 세관의 통제를 받을 수 있거나, 해당 국가 세관으로부터도 압수 내지는 고율의 관세가 부과될 수 있는지 확인도 필요하다. 이처럼 무역업 창업 이후에는 무역이 가능한 상품 및 수량을 사전에 세관에 문의하여 반드시 확인해야 한다.

2) 무역업 창업가가 되는 길

무역에 대한 지식 축적을 위해서는 해외시장에 상품을 갖고 나가 직접 판매하는 경험을 갖는 것이 최상의 방법이다. 특히 최근에는 내수불황 및 명예 퇴직자의 증가로 인해 자의반 타의반으로 해외시장에 진출하기 위하여, 중국, 일본, 러시아 등을 상대로 무역업을 시작하는 사람들이 많다. 무역상이 되는 방법은 여러 가지가 있으나 다음과 같은 방법으로 시작을 하면 사행착오를 줄일 수 있다.

무역업 창업 아이템 고려사항

- 무조건 싼 것은 절대 피한다.
- 초기에는 재고가 남지 않도록 다품종 소량으로 구입한다.
- 국내 유명브랜드 의류는 정장보다는 캐주얼이 좋다
- 의류의 경우 다양한 사이즈를 확보하여야 한다.
- 가능하면 포장이 되어 있는 것이 좋다.
- 혼자 결정하기보다는 여자의 안목을 참고하여 결정한다.
- 같은 값이면 부피가 작은 물건이 좋다.
- 귀금속 제품은 표면 처리 상태를 반드시 확인한다.
- 한국적인 유행 감각보다는 상대 국가의 유행을 고려한다.
- 장사 물건이라기보다는 수출을 위한 차원의 구입이라고 생각하는 것이 유리하다.
- 샘플 구입 후에는 반드시 영수증을 확보한다.

(1) 외국인 소규모 무역상의 심부름꾼이 되라

일본, 중국, 러시아 등의 소규모 무역상으로부터 상품 운반 일을 하며, 무역상들의 장사하는 방법을 터득하여 소규모 무역상으로 발전하는 경우가 있다. 이들은 짐을 옮겨주고 돈을 받는 대가로 상품을 통관 시키며, 최신 제품의 샘플과 생산동향에 관한 정보 등을 전해주고 추가 오더를 받아오기도 한다.

(2) 도매시장을 찾아오는 외국인 무역상의 중개인이 되라

한류 영향 등으로 우리나라의 제품에 대한 외국의 선호도가 높아짐에 따라 중국, 러시아, 일본 등의 현지 유통업자와 도매상 그리고 소매상인들이 우리나라를 직접 방문하여 동대문, 남대문시장 등에서 대규모 상품을 구매하는 경우가 있다. 이들을 대상으로 우리나라 상품을 구매하는 대리인 역할을 한다. 그리고 그들은 대리인 역할을 통해 배운 경험을 바탕으로 무역 대리점으로의 전환도 꾀할 수 있다.

(3) 해외에 직접 진출하여 독자적인 방법으로 신시장을 개척하라

주변인들에게 도움을 받지 못할 경우 한국무역협회, 대한무역투자진흥공사 등 관련기관을 통하여 무역 관련 교육을 받고, 시장 조사를 한 후 진출 상대국과 지역을 선정, 해당국을 방문하거나 인터넷을 통해 현지 바이어를 발굴해야 한다. 또한 현지의 상공회의소나 무역협회 그리고 대한무역투자진흥공사 해외지사를 통하여 바이어를 발굴해내야 한다.

이 방법은 초기에는 어려움이 많이 있지만 신규 창업자들이 무역상으로 가장 빨리 자리매김 할 수 있다.

(4) 고부가가치 상품을 개발하라

개인에 의한 소규모의 무역업 초기에는 값싼 상품을 박리다매로 판매하는 것이 하나의 방법이었으나, 갈수록 심해지고 있는 무역경쟁 환경에서는 저마진의 제품보다는 고부가가치 상품 개발을 통해 이윤 확보가 필요하다.

6. 무역업 창업 절차

1) 무역업 사업자등록

사업자등록이란 부가가치세 납세의무자에 해당하는 사업자 및 그에 관계된 사업내용을 관할 세무서에 신고하는 것을 말한다. 사업자는 사업장마다 사업 개시일부터 20일 이내에 사업장 관할 세무서에 사업자등록을 신청해야 한다. 다만, 신규로 사업을 시작하려는 자는 사업개시일 전이라도 사업자등록을 신청할 수 있다. 만일 둘 이상의 사업장이 있는 사업자는 사업자 단위로 해당 사업자의 본점 또는 주사무소 관할 세무서장에게 등록을 신청할 수 있다. 개인사업자들의 경우에는 보통 사업자를 처음 낼 경우에는 간이과세 사업자로 등록을 하는 경우가 많은데 수출의 경우는 최종 소비하는 자가 해외에 있는 외국인이기 때문에 부가가치세를 과세할 수 없어 영세율이 적용되기 때문에 부가가치세 환급받기 위해서는 일반과세자 등록이 유리하다.

2) KITA(한국무역협회) 가입

과거에는 모든 수출입회사는 KITA에 의무적으로 가입해야 했지만 지금은 선택사항이 되었다. 그러나 국내의 모든 수출입통계가 동 협회에서 만들어지고, 수출실적 증명도 여기서 발급받게 된다. 그리고 아이템별 수출입 실적은 무역회사가 현재의 우리나라 대내외 무역현황을 알 수 있는 빅데이터라 할 수 있으며 이를 이용하여 회사의 경영전략을 세울 수 있다. 따라서 가입하는 것이 좋으나, 연회비가 20만원 이므로 초창기 기업이 부담스러우면 가입을 미루어도 수출입하는데는 지장이 없다. KITA에서 운영하는 EC21이나 EC Plaza는 해외 바이어가 한국상품을 찾기 위해 방문하는 포털 사이트이므로 둘 중 하나에는 필히 가입하하여 자신의 제품을 소개하는 것이 좋다.

3) KORCHAM (대한상공회의소) 가입

KORCHAM은 FTA시대가 도래함에 따라 그 중요성이 확대되었다. FTA에서는 WTO체제에서 있는 다자간 협정이 아니라 해당 국가 간의 협정이므로 해당 국가에서 제조를 했는지 여부가 가장 중요하다. 원산지 증명서가 Certificate of Origin에서 Country of Origin으로 바꾸어서 부를 정도로 되었으며, 우리나라와 FTA가 체결된 국가와 무역을 한다면 KORCHAM에 가입하는 것은 필수라고 할 수 있다.

4) KOTRA(대한무역투자진흥공사) 가입

무역분쟁시는 KOTRA내 상사중재원을 통하여 해결할 수도 있어 소규모 수출입회사는 필히 가입하여 이용해야 한다. KOTRA와 삼성 ALL AT PAY가 합작하여 만든 BUYER의 CREDIT CARD PAYMENT SYSTEM은 소규모 수출에서 매우 유용한 대금회수 방법이다. 건당 1만불 이하 수출대금이나 샘플비를 안전하게 회수할 수 있다. 동 시스템을 이용하면 자동으로 수출보험에 가입되기 때문에 수출대금이나 샘플비를 떼일 염려도 없다.

5) 관세사 지정

수출입을 하기 위해서는 관세청에 어떤 물품을 수출입을 할 것인지를 신고하여야 한다. 신고할 때 물품의 HS Code를 정하여 신고하여야 하며, 관세청은 이를 토대로 동 코드와 실제물건이 동일한지를 확인하고 하자가 없으면 수출신고서나 수입신고서를 발급한다.

관세사를 통하지 않고 수출입회사가 직접 관세청에 신고할 수 있으나, 관세사 수수료가 그리 비싸지 않으므로 관세사를 통하여 신고하는 것이 효율적이다. 그리고 관세청의 데이터가 국세청과 연결이 되어 부가가치세 신고시에 수출신고서 번호를 입력해야 환급이 가능하다. 특정물품에 대해서는 관세 환급이 이루어지는데, 여기에는 정액환급과 개별환급이 있다. 정액환급의 경우는 수출자가 사업자 등록증상에 '제조자'로 되어 있어야 한다. 관세환급 업무는 복잡하므로 관세사를 통하여 하는 것이 좋다.

6) 선박회사 지정

수출회사는 물품을 배에 신고 최종적으로 수출신고서를 선박회사에 제출해야 수출이 마무리 된다. 각 선박회사마다 특징이 있고 어느 특정 노선에 경쟁력이 있는 선박회사가 존재한다. 물품이 어느 국가 어느 항구로 가는지를 파악해서 그 노선에 경쟁력 있는 선박회사를 선택하는 것이 좋다. 물량이 FCL이 아니라 LCL일 경우나 벌크선, Ro Ro선일 경우 포워딩업체를 통해야 하는 경우가 있다. 그렇지 않을 경우 가능한 선박회사와 직접 접촉하여 선적하는 것이 좋다.

7) 거래은행 지정

무역업에서 가장 중요한 것은 수출대금 회수 단계이다. 수출대금의 회수는 은행을 통해 이뤄지므로 외환 거래 경험이 많은 은행을 거래은행으로 지정하는 것이 좋다. 특히 신용장 거래의 경우 Opening Bank와 Nego Bank와 사이에 대금지급에 있어서 자주 마찰이 있을 수 있으므로 이를 잘 처리할 수 있는 거래은행을 지정하는 것이 중요하다.

Chapter 2
창업의 준비

제1장 사업타당성 분석

1. 사업타당성 분석절차

사업 아이디어는 기존 상품이 '소비자들의 욕구를 충족시키지 못하는 것'이 무엇인지를 탐구하는 과정에서 창출된다. 따라서 사업 아이디어를 토대로 하여 창업을 계획할 경우 사업타당성 분석이 선행되어야 한다.

사업타당성 분석이란 창업 아이템에 대한 시장성, 기술성, 수익성, 경제성 등에 대하여 객관적이고 체계적인 분석을 통해 창업에 있어서의 문제점과 위험 요소 등을 사전에 파악하여 이에 대한 적절한 대응책 및 해결방안을 마련하는 것이다.

이를 통해 시장의 요구를 감지하고 그 요구(제품 또는 서비스)의 공급이 기술적으로 가능한지를 검토하거나, 또는 이미 개발된 기술을 응용하여 제품 또는 서비스를 개발할 경우에 시장성이 존재하는지를 검토하는 방법이다.

사업성 타당성분석은 크게 예비 사업성 분석과 본 사업성 분석으로 나눌 수 있다.

예비 타당성 분석이란, 여러 개의 사업아이디어 중에서 소수의 사업 아이디어로 압축시키는 과정이다. 즉, 사업 아이디어를 탐색하고 몇 개의 사업 가능한 아이디어를 발견하는 과정이다.

본 사업타당성 분석은 예비적 분석과정에서 압축된 몇 개의 사업 아이디어를 심층적으로 비교하여 우선순위를 정하고 최종적으로 하나를 선택하는 과정이다. 즉, 각 대안별 시장성, 기술성, 수익성, 공공성 등의 분석을 통하여 사업 성공가능성을 확인하는 과정이다.

사업타당성 분석시 필수 고려사항

- 사업타당성 분석 절차와 내용은 표준화된 방법이 없으므로 분석 방법과 형식에 지나치게 얽매이지 말아야 한다.
- 사업타당성 분석은 분석자료를 활용할 사람이 누구냐에 분석 포인트를 맞춰야 한다.
- 사업타당성 분석을 단순히 사업계획서를 작성하기 위해 할 것인가, 투자를 받기 위해 할 것인가 등 사용 목적과 용도를 고려해야 한다.
- 사업타당성 분석 시 정보의 범위와 분석방법은 계획사업의 규모, 복잡성, 위험도 등의 특성에 따라 신축적으로 결정해야 한다.

1) 사업아이디어 탐색

창업자는 그동안의 경험과 지식을 가지고 평소 관심 있는 분야의 아이템에 대한 정보수집 및 전문가 상담을 통해 사업 아이템을 발굴한다.

표 2-1 사업아이디어 정보수집 방법

구 분	정보수집 경로	정보수집 방법
정보수집 및 검토	인적 네트워크	창업자가 보유한 인맥을 활용한 정보수집
	인터넷 및 미디어	창업정보 및 정책정보 사이트와 신문 등 활용
	박람회 및 전문기관	전시회나 박람회 및 창업상담회사 등 활용
사업자 및 전문가상담	사업경험자 상담	창업관련 업종 사업경험자 및 실소비자 면담
	전문가 상담	창업컨설턴트 등 전문가 상담

자료 : 한국창업보육협회(2014), 기술창업가이드

2) 사업아이디어 발견

아이템 탐색 및 정보수집 과정을 통해 다수의 사업 아이템에서 아래 사항을 검토하여 3~5종의 예비사업 아이템을 발굴하고 그 중에서 가장 적합한 아이템을 최종 선정한다.

① 창업자 특성 분석으로 자신의 적성과 사업 조건에 맞는 업종과 사업규모 선택
② 경쟁업체보다 유리한 업종으로 자신이 따라 잡을 수 있는 업종
③ 생산기술 및 능력을 확보할 수 있는 업종
④ 지속적인 시장성이 있는 업종
⑤ 충분한 수익성이 확보되는 업종
⑥ 시대 변화에 따른 성장성이 있는 업종 선택
⑦ 자신의 사업조건에 맞는 업종 선택

그림 2-1 사업타당성 분석절차 및 평가요소

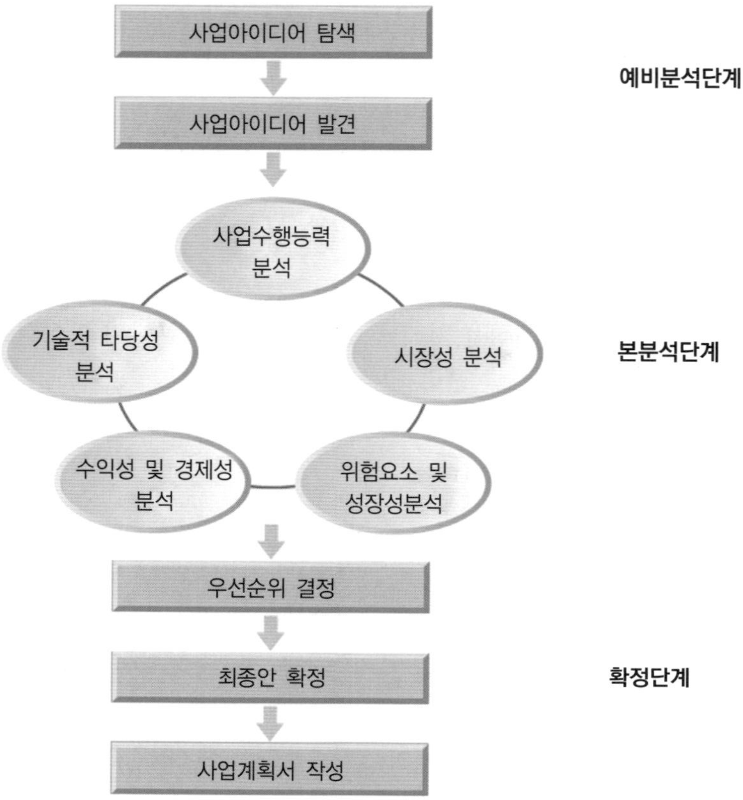

2. 사업타당성 평가요소

사업타당성 평가요소는 사안별 또는 분석목적별로 평가요소의 가중치가 달라질 수는 있지만, 일반적으로 다음의 5가지를 주요 평가요소로 한다.

① 새로운 사업에 대한 경영자(또는 창업자)의 수행능력 평가
② 계획된 제품의 생산에 필요한 기술의 해결가능성을 검토하는 기술성분석
③ 판매시장의 환경, 경쟁상태, 시장진입 가능성 및 중장기 수급전망 등을 검토하는 시장성 분석
④ 적정수익률 확보가능성을 검토하는 수익성(또는 경제성)분석
⑤ 위험 요소 분석과 성장 가능성 분석

1) 경영자의 사업수행능력 및 적합성 평가

개인이든 기업이든 새로운 사업의 성공과 실패는 그 일을 추진하는 참여인력의 자질에

달려 있다. 특히 참여인력의 중심이 되는 경영자의 적성과 자질, 사업수행능력 및 해당 업종에 대한 적합성 등은 사업의 성패를 좌우한다.

그러면 경영자(특히, 창업자)의 사업수행능력 및 적합성을 누가 판정할 것인가? 사업이란 혼자서 영위하는 것이 아니기 때문에 주변의 아는 사람들이나 전문컨설턴트 등과 충분한 토론과 검토를 거쳐 최종 결론을 내리는 것이 바람직하다.

아래 표는 창업자가 갖추어야 할 능력 및 적합성을 평가하는 요소들을 요약한 것이다. 예를 들어, 도표상의 13개 세부평가항목을 종합적으로 평가하여 일정 수준 이하이면 창업자로 직접 나서는 것은 자제할 필요가 있다.

| 표 2-2 | 창업자가 갖추어야 할 능력 및 적합성

평가요소	세부 평가 항목
적성 및 자질	1. 모험심 2. 신념 및 의지 3. 스케일 4. 리더십 5. 체력
경험 및 지식	1. 창업관련 분야에서의 경험 2. 지식 3. 사회적 지위 및 신용 4. 인간관계
업무수행 능력	1. 창업멤버의 구성 및 통제능력 2. 서비스 및 기술혁신 능력 3. 환경적응능력 4. 경영분석 및 판단능력

2) 기술성 분석

창업자는 자기가 만들 제품의 개념과 그것을 생산할 기술을 확보해야 비로소 상품을 내놓을 수 있다.

기술성 분석은 충분한 시장을 가진 좋은 아이템일 경우에도 시장이 원하는 가격과 창업자가 기대하는 수익이 확보되는 가격의 제품을 합리적인 기술로서 생산할 수 있는지의 여부를 검토하는 과정이다. 즉, 계획제품의 특성, 생산시스템, 공장입지, 생산시설 규모, 원재료 조달, 인력 조달 등에 대한 종합적 분석을 말한다.

특히 이미 개발된 기술을 응용하여 제품을 생산하는 경우에는 이론과 실제의 격차는 어느 정도인지, 예상되는 불량률은 어느 정도인지를 세밀하게 검토하여야 한다. 특허나 실용신안권 등에 의존하여 창업한 경우, 예상 외로 사업실패 확률이 높다는 의견이 많다.

| 표 2-3 | 기술성 분석 주요 검토 내용

기술성 분석 절차	주요 검토 내용
계획제품의 특성 분석	• 제품의 용도와 주요 소비처 • 제품의 주요 기능과 물리적, 화학적 특성 • 표준제품 및 요구제품의 품질 수준 • 경쟁제품과의 비교우위성 및 가격경쟁력
기술적 타당성 분석	• 생산기술의 존재여부 및 도입가능성 • 요구제품의 품질 수준에 대한 기술의 적정성과 기술적 대안 및 지식재산권의 확보 여부 • 대체기술의 출현가능성과 기술의 수명주기 • 환경성의 검토 및 공해방지시설 • 안정성의 확보 방안
생산시설의 입지검토	• 자연적, 경제적, 사회적, 정치적 입지인자 분석 • 업종(생산자원)의 입지인자 • 법규상의 제약요인과 정부시책 상의 촉진 요인
생산자원의 검토	• 원, 부재료의 수급가능성 • 필요한 인적자원의 조달 가능성 • 동력, 가스, 용수 등의 조달가능성
시설계획의 검토	• 필요시설의 검토 및 계획 시설의 적정성 • 계획시설의 효율성과 공사 진행 계획의 분석 • 계획시설의 유지가능성과 장래성
생산방법 및 공정의 검토	• 생산설비의 적합성 및 경제성 • 시설배치 및 작업환경의 합리성 • 생산방식과 공정의 효율성
생산능력의 검토	• 생산능력 및 가동률 • 생산조직 및 생산인력의 효율성 • 안전재고의 확보와 재고유지비용의 최적화

3) 시장성 분석

아무리 훌륭한 기술이라도 소비자를 위하여 상품화되지 않으면 많은 판매를 기대할 수 없다. 사업성 평가의 1차적 관문은 계획된 제품 또는 서비스를 소비자들이 얼마나 많이 사줄 것인지를 평가하는 것이다.

그러나 새로운 사업일 경우에는 대체로 소비자들에게 낯선 상표이거나 낯선 제품이 기 때문에 시장성 평가가 쉽지 않다.

그럼에도 불구하고 시장성과 판매전망 요소의 정확한 분석은 사업타당성 검토의 핵심요소이다. 시장성과 판매전망에 관련되는 핵심요소는 국내외 수급동향(예를 들어, 중장기 수급전망, 시장특성 및 구조, 유사제품과의 경쟁상태, 향후 경쟁제품의 출현가능성, 해외시장에의 수출가능성 등), 국내외 가격구조 및 가격변화 동향, 판매처 및 유통경로, 목표시장의 선정 및 판매전략 등이다. 시장성분석은 전문가에게 의뢰하여 진행시키는 것이 유리한 경우가 많다.

표 2-4 시장성 분석 주요 검토 내용

구분	분석 목적	평가 요소
시장성 분석	• 고객 정보 확인 • 시장구조 및 경쟁 현황 • 시장규모 및 판매예측	• 고객 특성 분석 • 시장규모 분석 • 경쟁제품 분석 • 수요예측 및 판매전략

4) 수익성 분석

수익성 분석의 평가 항목은 크게 수익성 전망, 투자수익률 분석, 손익분기점 분석, 민감도 분석, 계획사업의 경제성 분석 등으로 분류할 수 있다.

표 2-5 수익성 분석 주요 검토 내용

구분	분석 목적	평가 요소
수익성 분석	• 예상 매출 파악 • 사업의 추정손익 검토 • 손익분기점 파악	• 매출액 추정 • 투자수익률 분석 • 손익분기점 분석 • 민감도 분석 • 경제성 분석

(1) 매출액 추정

연도별 매출액 및 증가율을 분석하며, 세부 평가 요소는 아래와 같다.

- 연도별 매출액 및 매출규모 적정성
- 경쟁사 대비 매출 증가율
- 매출액 대비 매출원가 규모

(2) 투자수익률 분석

창업을 위한 투자액의 수익률을 분석하는 것으로 세부 평가 요소는 아래와 같다.

- 투자수익률 수준 및 목표수익률의 실현 가능성
- 최소 금융수익 수준 이상의 수익실현 가능성

(3) 손익분기점 분석

손익분기점은 일정기간의 총수익과 총비월고정비, 변동비)이 일치하므로 이익도 손실도 발생하지 않는 매출액을 달성하는 점으로써 매출목표 수립과 이익관리에 필요하다.

그림 2-2 손익분기점 분석방법

- 매출액이 BEP점보다 많으면 이익, 적으면 손실 발생
- BEP점의 위치가 높을수록 수익성이 낮고, 낮을수록 수익성이 높음
- 매출액이 전혀 없으면 고정비만큼 손실 발생

손익분기점 도표

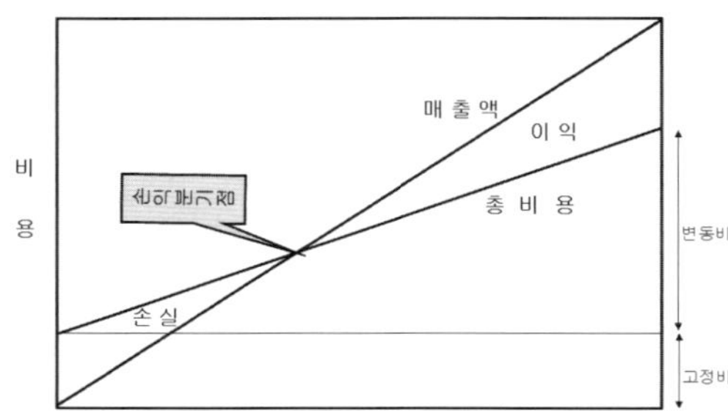

등식법에 의한 손익분기점 분석

- 단위당 공헌이익 = 단위당판매가격 − 단위당 변동비
- 공헌이익율 = $\frac{\text{단위당 공헌이익}}{\text{단위당 판매가격}} = \frac{\text{총 공헌이익}}{\text{총 매출액}}$
- 손익분기점 판매량 = $\frac{\text{총고정비}}{\text{단위당 공헌이익}}$
- 손익분기점 매출액 = 손익분기점판매량 × 가격 = $\frac{\text{총고정비}}{\text{공헌이익율}}$

등식법 적용사례

단위당판매가격 1,000원, 단위당 변동비 300원, 고정비 7백만원

- 단위당 공헌이익 = 1,000 − 300 = 700
- 공헌이익율 = $\frac{700}{1,000}$ = 0.7
- 손익분기점 판매량 = $\frac{7,000,000}{700}$ = 10,000개
- 손익분기점 매출액 = 10,000개 × 1,000 = 1천만원 또는 7,000,000 ÷ 0.7 = 1천만원

자료 : 한국창업보육협회(2014), 기술창업가이드

창업자가 창업에 있어 반드시 손익분기점분석을 하여야 하나 대부분의 창업자는 계산이 복잡하여 이를 중요시 하지 않는 경우가 많다. 간단히 손익분기점 분석을 쉽게 할 수 있는 방법을 설명하면 아래와 같다.

- 먼저 창업 후 매월 소요되는 고정비(임차료, 급여 등)를 계산(예, 7백만원)

- 제품 1단위당 변동비(원재료 비, 부품 비 등)를 계산(예, 300원)
- 이때 본제품의 1단위당 판매 가격 1,000원이라고 하면 변동비를 공제한 700원이 공헌이익
- 본 사업의 경우 매월 7백만원의 고정비가 발생하므로 제품 1단위를 팔면 700원의 공헌이익이 발생하므로 매월 10,000단위를 팔아야 고정비 7백만원을 보전할 수 있어 수익과 비용이 일치하게 되는 것을 손익분기점매출이라고 한다.

(4) 민감도 분석

민감도 분석은 기업의 경영환경에서 악조건으로 발생할 수 있는 제반 상황을 설정하여 계획사업의 결과의 변화여부를 분석, 검토하는 것으로 아래와 같다.

- 설정 1 : 시장점유율 하락, 경쟁사의 출현 등으로 매출액이 10% 감소된 경우
- 설정 2 : 물가상승의 제 요인으로 계획보다 인건비가 10% 증가 되었을 경우
- 설정 3 : 설정 1과 설정 2가 동시에 발생하는 경우

(5) 경제성 분석

계획사업의 경제적 타당성을 분석하는 것으로써 순현재가치법, 회수기간법, 내부수익률법 등의 기법을 활용하며 돈의 가치는 시간의 흐름에 따라 변화함에 유의 하여 분석을 진행한다.

5) 위험요소 및 성장성 분석

위험요소 및 성장성 분석 평가 항목은 기업의 위험요소 분석과 장기적인 기업 경영측면에서 지속적인 성장발전이 가능한지를 분석하는 것이다.

표 2-6 위험요소 및 성장성 분석 주요 검토 내용

구분	분석목적	평가요소
위험요소 및 성장성 분석	• 사업의 위험요소 파악 • 기업의 성장가능성 파악	• 위험요소 분석 • 업종 성장성 분석

표 2-7 환경변화에 따른 위험요소

위험의 종류	위험 요소
정부정책 변화	• 조세, 관세정책 및 금융지원제도의 변화 • 금리 및 환율의 변동 • 중소기업 고유업종의 제한 해제 및 수입개방 • 환경규제
시장경쟁의 변화	• 경쟁기업의 진입 • 판매가격의 변화
생산요소의 변동	• 주요 원자재 파동 • 인건비 상승
기 타	• 노사분규 • 공장건설의 지연 • 시설자금 또는 운전자금의 조달 실패 • 공장 주변지역의 환경악화

제2장 사업계획서

1. 사업계획서의 의의

사업계획서란 사업에 대한 밑그림으로 성공적인 사업 추진을 위해 사업전반에 대한 내용을 문서화한 것이다. 즉, 사업의 목적 달성을 위해 기업 활동 범위, 자원의 활용 방법, 경영전략 등 사업에 관한 제반사항을 체계적으로 작성한 것이다. 따라서 정확한 목적을 가지고 체계적으로 잘 작성한 사업계획서는 사업 성공의 첫걸음이 된다.

사업계획서 작성은 말로 표현할 수 없을 만큼 중요하며, 사업추진 주체가 사업 추진 과정에서 발생 가능한 시행착오를 줄이는 길잡이 역할을 하고, 사업추진을 위한 세부계획 작성의 기본이 되는 틀로서의 역할을 한다.

또한, 사업계획서는 금융기관, 투자자 등 외부관계자에게 계획사업의 내용 및 성공가능성을 제시하여, 이들로부터 투·융자를 유도해 내는 목적으로도 사용하는 투·융자 제안서적인 성격이 강조되고 있다.

따라서 사업계획서는 사업 추진주체가 보유하고 있는 사업 아이디어를 투자, 생산, 판매 활동을 통해 구체화 해가는 과정을 나타내게 된다.

이렇듯 사업계획서는 자체 사업성 평가과정을 통해 계획사업의 성공가능성을 확인하고 사업성 평가 결과를 기초로 하여 계획사업의 성공가능성을 본인이 판단할 수 있는 자료로 삼을 뿐 만 아니라 이해관계자들을 설득할 수 있는 자료로도 활용할 수 있다.

| 표 2-8 | 사업계획서 작성 필요성

체계적 사업추진을 위한 설계	계획 사업을 위한 시뮬레이션 과정	이해관계자에 대한 설득자료	사업추진을 위한 소개자료
· 단순한 아이디어 또는 경험에 의한 주관적인 사업계획을 방지 · 인사·구매·생산·마케팅·재무 등의 기업 경영활동 전반에 대해 사전에 검토	· 사업수행을 사전에 연습함으로써 시행착오를 예방하고 사업기간과 비용 절약 · 계획 사업의 사전 점검을 통한 실패확률의 감소로 사업자에게 사업성공의 가능성 상승	· 이해관계자(투자자, 금융기관, 정부 및 지자체 등)를 위한 설득자료로 활용 · 사업자의 신뢰도를 증진시켜 자금조달이나 각종 정책지원을 받는데 활용	· 기업간의 사업제휴, 납품 또는 입점 계약, 대리점 또는 가맹점모집, 공공기관 입찰 서류제출, 인허가 신청, 기술 및 품질 인증 등 사업 추진을 위한 회사 소개 자료로 활용

2. 사업계획서의 작성 원칙

1) 신뢰성

- 사업계획서가 외부 투·융자 관련자를 설득하기 위해서는 신뢰성을 확보해야 한다.
- 사업계획서에 대한 신뢰성은 객관적인 자료에 근거하여 전문가적인 분석과정을 통해 사업계획서가 작성되었음을 제시함으로써 확보할 수 있다.
- 사업계획서를 작성하기 위해서는 시장 수급자료, 경쟁업체 생산 판매자료, 동 업계 정보 등 다양한 객관적 자료의 입수가 요구되며 입수된 정보 및 자료를 과학적으로 해석하여 계획사업의 실현 가능성을 기술하여야 한다.

2) 일관성

- 사업계획서를 작성함에 있어 각 부문 계획 간의 논리적 일관성이 유지되어야 하며 생산계획과 판매계획, 투자계획과 재무계획 등 각 부문 계획 간의 논리적 불일치가 존재할 경우 사업계획 전반에 대한 불신감을 증대시키게 되므로 사업계획서 전반에 걸친 일관성 유지는 사업계획서 작성 시 요구되는 가장 중요한 원칙이다.

3) 이해가능성

- 사업계획서는 자기가 판단할 자료로 삼기도 하지만 외부 투자자나 금융기관에 제출하여 투·융자를 요청하는 자료로 사용되므로 외부 투자자나 금융기관이 이를 이해할 수 있도록 작성해야 한다.
- 최근의 계획사업은 기술의 중요성 때문에 기술적으로 비전문가인 금융기관 관계자가 계획사업을 이해하는 데는 어려움이 있다. 따라서 제조업의 사업계획서의 경우 제품생산 공정, 공법설비 등을 비전문가도 쉽게 이해할 수 있도록 작성하여야 한다.

4) 독창성

- 사업계획서를 작성하는 경우에는 기존사업 또는 타 경쟁업체와는 품질·원가·용도·제법 등에서 어떤 특징을 갖고 있으며 그 특징으로 인해 계획사업의 성공가능성에 어떠한 영향을 주는지를 명확히 할 필요가 있다.
- 계획사업이 타 업체에 비해 독창성이 없을 경우 후발업체로서 성공할 가능성이 높지 못하므로 외부 투·융자 관련기관에서 관심을 갖지 않을 수 있으므로 계획사업이 갖는 특수성을 강조하여 사업계획서에 나타낼 필요가 있다.

5) 낙관성

- 계획사업을 추진하는 주체는 계획사업의 대·내외 여건을 낙관적으로 보는 경향이 있다. 사업계획서도 낙관적으로 작성되는 경우가 많으며 비관적인 입장에서 보는 것보다는 낙관적인 경우가 설득력이 있다.
- 경우에 따라서는 지나치게 대내외 여건을 낙관적으로 인식하여 현재 또는 잠재적 문제점을 간과하는 경우에는 오히려 사업계획서의 신뢰성을 크게 저하시킬 수 있으므로 낙관적인 입장에서 사업계획서를 작성하되 발생 가능한 문제점을 지적하고 이에 대한 대응책을 제시하는 것이 신뢰성을 제고하는 방법이 될 수 있다.

3. 사업계획서 작성 절차

1) 전체 목차 구성

- 목적 사업 내용에 맞는 전체적인 목차를 구성하여 나열
- 제품내용, 서비스 흐름, 사업모델 등에 관한 자료를 점검

- 목적에 따라 양식이 정해진 경우에는 작성에 필요한 내용을 확인

2) 시장분석 및 계획수립

- 시장, 기술, 경쟁사 등의 동향 및 특징 조사를 실시
- 조사된 내용을 분석하고 사업의 방향 및 실행계획을 수립
- 사업내용과 유사한 참조할 수 있는 사업계획서를 확보

3) 계량분석

- 투자계획, 매출 및 비용계획, 손익분석 등의 분석 실시
- 내용상 문제점 점검 및 피드백(실행계획 수정)
- 목표로 하는 수치가 나올 때까지 반복하여 분석 실시

4) 내용작성 및 편집

- 목차순서에 상관없이 쉬운 항목부터 세부내용을 입력
- 유사 아이템의 사업계획서를 참고하여 내용 작성
- 내용 작성 후 서체, 글자크기, 색상 등을 통일하여 편집

4. 부문별 사업계획서 작성

1) 표지 및 목차

표지는 밝고 깨끗하게 하여 처음부터 좋은 인상을 갖도록 하고 목차의 경우 검토자의 입장에서 목차를 개괄함으로써 사업계획서가 담고 있는 전반적인 내용을 짐작할 수 있게 하고, 사업계획을 작성한 기업의 준비성과 치밀성을 유추할 수 있는 좋은 기회이므로 일목요연하게 작성한다.

2) 요약문

계획사업의 핵심내용과 그 가치를 집약해서 설명하는 페이지로 창업 아이템이 왜 존재해야 하고 누가 어떻게 실행하여 사업을 성공시킬 수 있다는 것을 간결하고 설득력 있게 기술한다.

요약 문서를 작성할 때 중점적으로 기술해야 할 부분
• 기업의 제품과 목표시장을 설명 : 투자자가 투자할 것이 무엇인지 한 눈에 알 수 있게 함 • 기업이 성공할 수 있는 이유와 방법을 설명: 왜 경쟁기업보다 성공할 수 있는지 설명 • 과거 재무자료 및 미래 추정치를 요약: 미래 추정치는 사업계획 전체의 매력을 축약시킨 부분 • 경영진의 이력사항을 기술: 사업추진에 현 경영진이 얼마나 적합한지 인식시킬 수 있어야 함

3) 기업현황 및 사업개요

기업현황은 기업의 전반적인 상태를 요약한 정보를 전달하는 기능으로 회사의 주주, 주요 인력, 업종, 위치 등에 대한 전반적인 내용을 포함하고 있으며, 기업의 사업목적과 현황을 빠르게 파악하고 비전 및 경영이념을 볼 수 있다.

표 2-9 기업현황 및 사업개요 작성 세부 내용

구분	세부 내용
창업 초기기업	• 창업자와 주요 경영진의 비중이 크므로, 학력 및 경력 등 상세한 인물 정보를 제공. • 추진 사업에 적격자임을 객관적인 자료로 제시 • 사업계획의 미래 전망을 추정치를 근거로 요약하여 제공
계속기업	• 사업추진 성과와 목적사업 주요 내용에 대해 기술 • 요약된 재무상태를 대차대조표와 손익계산서 기준으로 3~5년 정도 요약 작성 • 이러한 실적은 기업 가치를 나타내는 가장 좋은 지표가 됨
가장 중요한 항목	• 주요 인력에 관한 사항 : 모든 기업의 경쟁력은 창업자와 경영진 등 인적자원에 의해 결정된다는 것을 명심 • 경영진 및 기술진에 대한 과거 업계 경험과 전공, 전문 분야를 반드시 기술 • 상세한 프로필 첨부

4) 경영조직 및 인력

창업 조직은 부문별로 강력하고 짜임새 있도록 구성한다.

(1) 경영조직

• 회사의 예상 경영 조직도를 제시하고 부분의 역할 및 그 책임자를 소개

(2) 창업핵심인력

• 주요 핵심 관리자의 이력, 노하우, 직무능력 과거의 실적 등을 상세하게 기술

5) 제품 및 서비스

상대방에게 제품을 알리는 것이므로 쉬운 용어로 이해를 쉽게 하여 제품과 서비스가 현재 어느 단계까지 개발되어 있는지를 설명한다. 제품과 서비스가 고객에게 전달되기 위해서는 해결해야 할 기술적, 제도적, 관습적, 문화적 장애요인들이 있는 경우 이를 명확히 하고 해결 방안을 제시한다.

6) 시장 및 경쟁자

시장 및 경쟁자 분석은 가장 어려운 부문인 동시에 가장 중요한 부문 중의 하나로서, 다른 부문에 앞서 작성하는 것이 효과적이며 시장규모와 성장성, 시장세분화, 경쟁자에 대한 내용을 작성한다.

(1) 시장규모와 성장성

시장규모는 고객의 수, 단위 당 판매, 매출액 등의 숫자로 표시되어야 한다.

회사가치의 급격한 증가는 시장이 큰 잠재력을 가진 경우에만 가능하고, 시장의 성장에 대한 예측은 매우 중요하며 어떤 요소가 시장의 성장에 영향을 미치는지를 분석하여 제시한다.(예, 기술, 법적인 제약 등)

(2) 시장세분화

어떻게 시장이 세분화 되어 있으며 어떤 시장을 대상으로 하고 있는지를 분명히 제시하여야 하며 시장을 세분화하는 방법은 여러 가지가 있을 수 있으나, 아래 3가지는 지켜져야 한다.

- 각 세분화된 시장의 고객 수 및 구매력을 측정할 수 있어야 함
- 각 세분화된 고객의 행동 양식을 측정할 수 있어야 함
- 각 세분화된 고객은 동일한 마케팅 전략으로 공략할 수 있어야 함

표 2-10 시장세분화 방법

구분	내용
소비재 시장에서 가능한 시장세분화 방법	• 인구통계적 변수 : 나이, 성별, 라이프사이클, 소득, 직업, 종교, 교육수준 등 • 일반적 행동변수 : 라이프스타일(관심, 의견), 사회적계층, 관심사 • 제품관련 행동변수 : 제품사용 경험, 충성도, 구매성향, 혁신성, 현재고객 • 고객욕구변수
산업재 시장에서 가능한 시장세분화 방법	• 인구통계적 변수 : 지역, 기업규모, 산업종류 등 • 일반적 행동변수 : 구매구조, 구매상황 • 제품관련 행동변수 : 제품사용 경험, 충성도, 현재고객 • 고객욕구변수

(3) 경쟁자

- 핵심가치, 목표 고객, 매출액, 가격, 시장점유, cost위치, 제품 수, 유통채널 등 비교
- 경쟁사의 강점과 약점을 비교하여 분석
- 경쟁우위의 요소, 무형의 자산 검토, 포지셔닝 점검

7) 마케팅 전략

마케팅 계획에서 잠재고객이 누구며 그들과 어떻게 접촉하고 품질, 가격, 서비스 수준을 어느 정도로 책정할 것인지, 광고 및 홍보계획 등 4P요소를 중심으로 작성한다.

표 2-11 마케팅 4P요소 작성 방법

제품(Product) 및 서비스(Service)	가격(Price)
• 시장에 출시하고자 하는 제품 및 서비스에 대해 구체적으로 기술 • 소비자의 욕구 충족을 통한 만족도 확대를 위해 차별화 요소 작성 • 투자자들이 이해하기 쉽도록 알기 쉬운 용어를 사용	• 제품이나 서비스에 대해 고객이 지불할 의사가 있는 금액 수준 결정 • 기업이 제공한 가치와 고객이 느끼는 가치 사이에서 결정 • 사전에 고객과의 접촉을 통해 가격수준을 확인해 결정
유통경로(Place)	**판매촉진(Promotion)**
• 제품, 서비스를 최종 소비자에게 전달하는 지점 또는 조직 [주요 고려 요소] 고객의 잠재적인 숫자, 제품이나 서비스의 종류, 고객이 구매하는 장소, 제품에 대한 설명의 필요 정도, 가격의 수준, 구매빈도, 제도적법적 제약 등	• 제품, 서비스를 사게 하는 다양한 방식으로 고객의 주목(attention)을 끌고, 알리고, 설득하고, 확신을 심어주는 과정이 필요 • 고전적인 광고 : 신문, 잡지, TV, 라디오 • PR : 보도자료, 출판, 기사 등 • 인적판매 : 영업 • 다이렉트 마케팅 : 카달로그, 우편, 전화, email

8) 연구개발 계획

연구개발 목표, 자체개발·산학연협력·기술이전·아웃소싱 등 연구개발방법, 연구개발 인력, 연구개발 실적 등을 간략하게 기술하고 향후 연구개발 전략과 연구개발 계획 및 예산은 보다 구체적으로 작성 하여 제시한다.

9) 시설 및 생산계획

시설 및 생산계획에 대해서는 공장입지, 설비투자계획, 생산계획 등에 대해 작성한다.

| 표 2-12 | 시설 및 생산계획 작성 방법

구분	세부 내용
공장입지	• 노동력을 이용할 수 있는 정도 및 질, 고객이나 공급자의 접근 용이성 • 교통편의, 물류비용, 원부자재 조달, 해당지역의 세금과 법규 등의 관점에서 점검
설비투자계획	• 생산에 필요한 설비를 언제 어떻게 도입할 것인가의 문제 • 설비도입 규모와 향후 3년간 설비투자계획 등을 제시
생산전략과 계획	• 제품의 생산과 관련된 제조과정의 설명으로 생산비용, 생산능력 등의 문제 • 자금조달, 이용 가능한 노동력, 기술적인 문제의 관점에서 제조 및 운영계획 설명 • 이용가능한 원자재, 노동력, 부품, 제경비 등에 대한 분석과 생산비 및 생산량에 관한 정보를 제시 • 품질관리, 생산관리, 재고관리 방법 및 서비스 불만의 최소화 방안

10) 자금조달 및 운용

계획사업을 추진함에 있어 가장 중요한 부분의 하나인 자금조달계획은 우선 사업계획에 대한 총 소요자금을 추정하여 부족한 자금에 대한 조달계획을 수립하여 창업자 투자금과 투자자 투자금 등의 자기자본과 정책자금, 금융기관자금, 사 금융 등의 타인자금으로 구분하여 작성한다.

11) 추진일정

계획사업의 실행일정으로 간트 차트(Gantt Chart) 등으로 현실성 있는 계획을 수립하여 지나치게 낙관적인 계획을 수립함으로써 발생할 수 있는 위험을 회피하고 일정지연 등 차질을 예방할 수 있게 하여야 한다.

12) 추정재무제표 작성

재무계획은 사업계획서의 다른 모든 요소를 종합하여 사업이 어느 정도의 수익성을 갖고 있는지를 계수적으로 나타낸 것으로써 사업추진에 필요한 자금조달 규모를 예측하는데 기본 자료로 활용되며 이러한 재무계획은 아래의 5가지 요소를 반드시 갖추어야 한다.

① 추정재무제표(손익계산서, 대차대조표, 현금흐름표)의 작성

② 예측기간 5년 정도 작성(현금흐름이 플러스가 되는 시점 이후 1년까지 작성)

③ 최초 2년간의 상세한 재무계획(월별 혹은 분기별)을 작성하고 이후는 연간기준으로 작성

④ 모든 숫자는 합리적인 가정(assumption)에 근거해야 한다. (모든 가정은 사업계획 내에서 근거가 제시되어 있어야 함)

⑤ 경제성 분석결과 (NPV, IRR, Payback 기간) 및 주요 변수 변화에 따른 민감도 분석을 하여야 한다.

5. 용도별 사업계획서 작성 항목

사업계획서는 용도에 따라 내부용, 금융기관 등에 대한 자금신청용, 벤처캐피탈을 대상으로 하는 투자유치용, 사업제휴용, IR용, 입찰용 등으로 구분될 수 있다. 각 용도별 사업계획서 작성 항목에 대해서는 다음 표로 정리하였다.

표 2-13 용도별 사업계획서 작성항목

주요작성항목	내부운영용	자금신청용	투자유치용	사업제휴용	IR용	입찰제한용
회사개요		◎	◎	◎	◎	◎
사업개요		△		◎	◎	
제품 및 기술현황		◎	◎	◎	◎	◎
시장환경	◎	△	◎	△		
개발계획	◎	◎	◎		△	◎
투자계획	◎	◎	◎			◎
마케팅계획	◎	◎	△	◎		△
생산계획	◎					
조직 및 인원계획	◎	△		△		
이익 및 재무계획	◎	◎	◎	◎	◎	◎
투자제안			◎			

◎ 필수항목 △ 권장항목

Chapter 3

무역창업 기업의 운영

제1장 창업기업의 파트너십

1. 파트너십 전략

1) 파트너십 개념

창업기업의 경우 전문 인력, 기술개발 능력, 자금, 마케팅 등 기업경영의 핵심 자원이 부족하다. 따라서 부족한 경영자원과 노하우(know-how)를 도와줄 수 있는 파트너를 선정하는 것은 매우 중요한 성공전략이다.

파트너십(partnership)은 고객에게 제품 및 서비스를 제공하는 기업이 제품 및 서비스를 생산하기 위한 과정에서 발생하는 기업과의 관계 또는 제품 및 서비스를 고객에게 제공하는 과정에서 발생하는 기업과의 관계를 의미한다. 즉, 비즈니스 파트너 또는 동업자들이 상호 이익 증대를 목적으로 협력하기로 한 합의이며, 동업자, 동반자 관계, 동업, 조합 등이 그 형태이다.

이러한 파트너십은 두 개 이상의 기업 당사자 간 공통된 목표를 가지고 작업을 공유하는 것을 말하며 목표를 수행하기 위하여 과정, 위험, 결과물 등을 공유하게 된다. 두 개의 기업이 파트너가 되었다면 두 기업은 고객에게 제품 및 서비스를 제공하는 과정에서 발생하는 의사결정, 위험, 수익 문제 등을 공유하며, 이러한 상호 공유는 각각의 파트너가 보유하고 있는 제품 및 서비스에 가치를 추가하는 활동이라 할 수 있다.

파트너십은 단순히 같이 일하는 것만으로는 형성될 수 없으며, 일방적인 관계에 의해서도 형성될 수 없다. 공동의 목표를 수립하고 상호간의 양보를 통하여 상호간의 발전된 형태로 나아가고자 할 때 성공적인 파트너십이 형성될 수 있다.

2) 파트너십 장점

파트너십을 구축하는 것은 매우 어려운 일이다. 하지만 파트너십을 구축하는 것만으로도 기업은 많은 기회를 가질 수 있으며, 기업 단독으로 할 수 없는 것을 이룰 수 있기에 파트너십 구축은 매우 중요한 과제이다. 파트너십의 장점을 요약하면 다음과 같다.

(1) 변화를 위화 기회를 제공한다

현재 기업에서 겪고 있는 상황을 이해하고 향후 변화를 위해 기업이 찾아야 할 기회를 제공해 준다는 것이다. 또한 파트너와의 창조적인 해결책을 모색함으로써 상호간 관점 차이로 인해 발생하는 기회를 발견할 수 있다.

(2) 다양화 그룹간의 관계를 개선하고 파트너십 참여자의 주인의식을 확장시킬 수 있다

파트너십은 다수의 기업과 관계를 형성하는 것으로 상호간의 관계를 개선하게 된다. 이 과정에서 파트너십 주체간의 주인의식을 고취시키고 이를 확장시키는 역할을 한다.

(3) 자원 활용을 효율적으로 할 수 있다

파트너십 주체간의 제한된 자원을 효과적으로 이용하기 위해 자사에서 보유한 자원을 파트너십 형태에 맞게 설계하고 상호간의 요구를 반영하게 되어 기존 자원 활용보다 효율적인 지원활용이 가능해진다.

(4) 조직운영을 효율적으로 할 수 있다

파트너십은 위험부담이나 보상, 해결책을 공유함으로써 파트너간 존재하던 조직 문제에 대한 종합적인 해결책을 제시하여, 효율적인 조직운영 형태로 개선해준다.

(5) 조직의 커뮤니케이션 능력을 향상시켜 준다

파트너십은 자원 활용, 위험 부담, 보상, 해결책 공유를 위하여 상호간의 커뮤니케이션을 촉진하는 역할을 수행하여 기존 보유하고 있던 커뮤니케이션 활동보다 더 나은 형태의 커뮤니케이션 관계를 형성시켜주고 이를 강화 시켜주는 역할을 한다.

(6) 파트너십이 아니면 참여하지 않을 사업주체를 파트너십으로 끌어들이는 역할을 한다. 상호간의 관계개선 및 위험, 수익공유를 바탕으로 개별적 사업주체로서는 얻을 수 없는 성과를 제시함으로써 파트너십에 참여를 유도하는 역할을 수행하는 것이다.

3) 파트너십의 중요성

기존 기업의 비즈니스 모델을 추진했던 AT&T, Ford, GE, Xerox 등은 비용절감; 제품개발, 시장진입에 초점을 맞추었다. 기술변화/ 규제완화1 글로벌화/ 고객변화 등의 영향으로 인하여 기존 비즈니스 모델 기반으로는 제품(서비스)개발 및 수익 성 확보에 한계가 있으며1 시장에 서 경쟁력을 확보하는데 한계가 있었다. 이에 기업에서는 기존 비즈니스 모델

을 개선하고 경쟁력을 강화하기 위한 방법을 모색하게 되었다.

이와 같은 기업환경 변화는 개별기업 중심의 비즈니스 모델에서 가상 네트워크구축, 협력 관계 구축, 컨소시엄, 아웃소싱, 해외생산, 파트너십 형태로 기업의 비즈니스 모델을 변화시켰다. 기존 비즈니스모델이 비용절감, 제품개발, 시장진입에 초점을 맞춘 것 이라면, 새로운 비즈니스 모델은 기업의 경쟁력 강화, 기업 간 관계, 자원의 효율적 활용 측면에 초점을 맞추어 변화시켰다.

개별기업의 운영효율화 측면에서 기업 간 네트워크 및 파트너십 구축을 통한 경쟁력 강화 측면으로 초점이 변화한 것이다. 비즈니스모델의 초점 변화의 가장 큰 특징은 하나의 기업에서 다수의 기업으로 비즈니스모델 구성이 변화했다는 것이다.

그림 3-1 비즈니스모델 변화에 따른 관점 변화

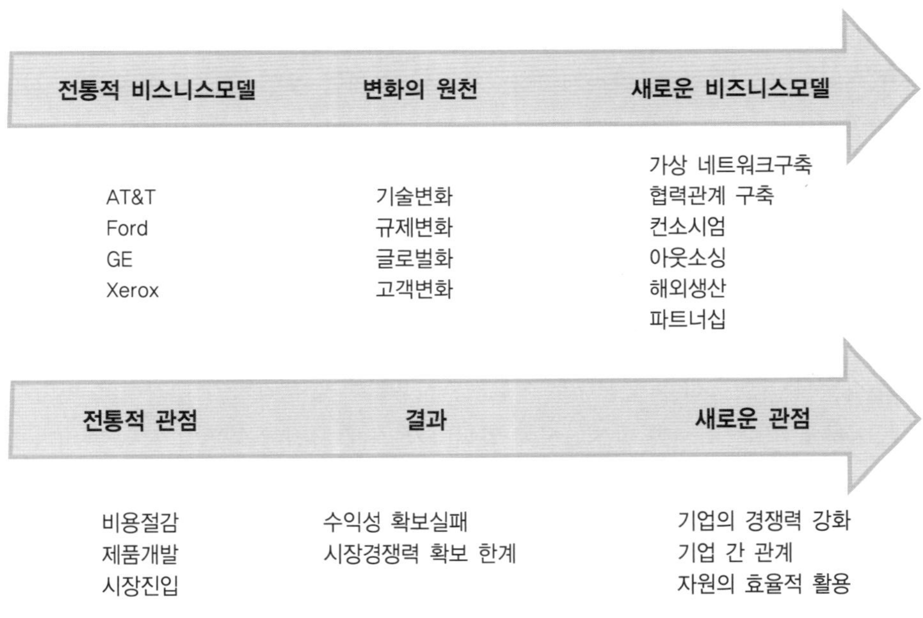

자료 : Strategic Alliance & Marketing Partnership(2009)

새로운 비즈니스모델에서는 다수의 기업이 참여함에 따라 기업에서는 기업 간 관계 형성에 대한 관심이 증가하였으며, 기업의 경쟁력을 향상시킬 수 있는 기업과의 연계를 강화하기 위한 노력으로 발전하였다. 이러한 기업환경의 변화는 파트너십의 중요성을 인식시키는 계기가 되었다.

2. 파트너십 구축

1) 파트너십 진단

파트너십을 성공적으로 구축하는 방법은 매우 다양하다. 성공적인 파트너십을 구축하기 위하여 많은 사람들이 특별한 방법이 있고 매우 복잡할 것이라 생각하나, 파트너십을 구축하는 방법이 매우 복잡한 것도 아니고 특별한 방법이 있는 것은 아니다. 그러나 보다 효과적인 파트너십 구축을 위해서 다음과 같은 고려사항을 검토하여 추진하는 것이 바람직하다.

파트너십을 시작하기 전에 고려하거나 갖추어야 할 것들이 몇 가지 있다. 예를 들면, 파트너십과 관련된 공동의 목표나 필요성, 함께 일하려는 사람들, 파트너십을 지속할 수 있는 지원환경과 같은 요소들을 고려할 필요가 있다. 처음에는 파트너십에 대한 관심, 참여자의 시간과 전문성, 비용과 같은 자원을 필요로 한다.

파트너십을 시작하는 단계에서는 기초를 다지는 것이 필요하다. 기초를 잘 다져야 성공 가능성이 높아지기 때문이다. 따라서 모든 조직이 참여할 것인지 개별 주체들은 참여할 준비가 되었는지, 그룹은 파트너십 그룹을 구성할 준비가 되었는지 검토해야 할 필요가 있다. 이를 위해서 조직진단, 자가진단, 그룹진단을 통하여 파트너십을 진단하게 되며, 진단 결과를 바탕으로 파트너십을 추진해도 될 것인지, 파트너십의 구성원으로 적절한지를 파악하게 된다.

(1) 조직진단

많은 조직들이 파트너십은 성공으로 가는 올바른 길이라 생각하기 시작하고 변화가 일어나면 참여하게 된다. 하지만 파트너십에 참여하기 전에 기업이 파트너가 될 준비가 되어 있는지, 의지가 있는지를 먼저 확인하는 것이 중요하다.

다음의 항목들은 파트너십에 참여하기 전에 검토해야 할 사항이다.

- 조직의 임무가 제안된 파트너십에 적합한가?
- 조직의 가치가 수행될 작업과 부합되는가?
- 조직으로부터 어떤 자원을 파트너십을 위해 사용할 수 있는가?
- 조직을 책임지고 대표할 수 있는 사람이 있으며, 그 사람은 시간적인 여유가 있는가?
- 파트너십에 참여하는 대표자를 기업은 어떻게 지원할 것인가?
- 파트너십은 기업에 어떤 이익을 줄 것인가? 기업은 파트너십에 어떤 이익을 줄 것인가?
- 파트너십에 얼마나 많은 시간이 걸릴 것이며, 그 시간을 기업의 다른 활동과 어떻게

연계할 것인가?
- 기업이 참여를 원하지 않는다면 그 이유는 무엇인가?

(2) 자가진단

파트너십 참여를 준비하면서 개인적으로 파트너십과 팀워크에 관한 자기 자신의 태도와 가치를 살펴보는 시간을 가져야 한다. 파트너십 참여 동기를 살펴보고, 니즈와 기대하는 바를 평가해야 한다. 다음에 나오는 자체 평가는 개인이 파트너십에 참여할 때 검토해야 할 항목들이다.

- 왜 이 파트너십에 관심이 있는가? 참여 동기는 무엇인가?
- 내가 생산적인 회원이 되는데 필요한 시간이 있는가?
- 나는 팀워크를 가치 있게 생각하며 책임공유에 관하여 좋은 태도를 가지고 있는가?
- 어떤 기술과 자원을 그룹에 가져갈 것인가?
- 효과를 얻기 위해서 조직에 나는 무엇을 요구할 것인가?
- 나의 파트너십 참여에 영향을 주는 개인적 이슈나 일이 있는가?
- 파트너십과 관련하여 풀리지 않는 갈등이나 부담이 있는가?
- 직업적으로 또는 개인적으로 어떤 장점과 기회를 포착하는가?
- 다른 사람들과 함께 일하는 것에 관해 어떤 두려움이나 불안함을 가지고 있는가?
- 기업 내의 어떤 특정 조직이나 개인에 대해 함께 일하는 것에 대한 불안이나 두려움을 가지고 있는가?
- 나는 내 생각이나 관심사, 느낌을 그룹 안에서 소통하고 표현할 수 있는가?
- 나는 누구를, 무엇을 대표하고 있는가? 어떤 권한으로? 내가 잘 대표할 수 있다는 데 다른 사람들도 동의하는가?

(3) 그룹진단

파트너십이 구성될 때, 해당 그룹이 앞으로 나아가기 위해 어떻게 준비하였는지, 커뮤니티의 상황을 적절하게 고려하였는지에 대해서 거의 주의를 기울이지 않는 경우가 있다.

파트너십 그룹과 주체 커뮤니티는 시작단계부터 고려할 필요가 있다. 아래의 항목들은 두 요소를 검토하기 위한 항목들이다.

- 파트너십이 무엇 때문에 필요한가? 그것이 필요함을 어떻게 이는가?
- 관심이 있거나 참여에 적합한 개인이나 그룹, 기관은 누구인가?
- 고려대상으로 보이지 않는 기관이 있는가?
- 파트너십으로 가장 큰 혜택을 얻는 커뮤니티 기관 사람들이 파트너십을 지원할 것이라

는 점을 어떻게 아는가?
- 이러한 지원은 어떻게 받을 수 있는가?
- 이 사업에 대한 정책적인 환경은 호의적인가?
- 파트너십 운영에 드는 지원은 어디에서 나오며 거기에서 나오는 것은 무엇인가?
- 위원회나 특수 임무팀 등 다른 수단이 아니고 파트너십이 올바른 선택이라는 것을 어떻게 아는가?
- 파트너십 주위에서 비슷한 일을 하는 타인들에게 이 파트너십은 어떤 의미일까?
- 모든 일이 잘 되어 얻어질 최상의 결과는 무엇일까?
- 잘 풀리지 않을 때의 최악의 결과는 무엇일까?
- 고려해야 할 여차의 초기 요인은 무엇일까?

2) 파트너십 구축 과정

파트너십 구축 과정에는 다음 그림 3-2와 같이 10단계로 구분할 수 있다.

그림 3-2 파트너십 구축 과정

단계	구분	내 용
1단계	비전	'모두가 바라는 미래'에 대한 그림
2단계	목표	원하는 결과물
3단계	멤버십	포함되는 사람들
4단계	약속	함께 일하겠다는 합의
5단계	실천계획	목표에 도달하기 위해 필요한 조치
6단계	역할과 책임	누가 무엇을 할것인가?
7단계	소통	어떻게 정보를 공유할 것인가?
8단계	자원	무엇이 필요하며 무엇이 이용 가능한가?
9단계	평가	사업이 성공적인지를 알기
10단계	비전갱신과 종결	어떻게 수정하고 계속 나아갈 것인가?

(1) 1단계(비전)

비전은 파트너십을 통해 얻을 수 있는 결과물에 대한 것을 정의하는 것을 말한다.

비전 만들기는 파트너십을 시작하기 위한 가장 적절한 방법이다. 모두가 공유하는 흥미와 관심을 제공함으로써, 긍정적이고 이상적인 것을 바라볼 수 있도록 자극을 주며 미래에 관한 꿈을 꿀 수 비전을 제시할 경우 파트너십 참여자들은 좀 더 쉽게 파트너십에 대한 노력의 결과와 어떤 미래가 펼쳐질지를 기술함으로써 파트너십을 왜 해야 하는지 필요성을 쉽게 이해할 수 있다. 비전은 성공적인 협력을 근거로 하며, 협력하는 모든 구성원들의 지지를 받아야 한다.

(2) 2단계(목표)

비전을 현실화 할 결과물이 무엇인지를 분명히 하고 알기 쉽게 작성하는 것이 필요하며, 평가가 가능한 측정가능한 성과로 구성하는 것이 좋다. 비전이 그림이라면 비전에 도달하고자 하는 방법이나 수단을 확인하는 것이다.

목표는 비전을 현실로 만들기 위한 방법이라 할 수 있다. 비전을 달성하기 위해서는 현실적인 목표를 수립하는 것이 필요하다. 너무 이상적인 목표를 수립한다면, 구성원들이 목표에 도전하기도 전에 포기해버리는 경우가 발생할 수 있다. 따라서 파트너십 구성원들이 실현 가능한 형태의 목표를 수립하여야 한다. 또한 목표는 단순한 것이 좋다. 목표가 단순할수록 목표달성을 위한 방법을 구성원들이 쉽게 이해할 수 있으며, 목표는 실천 계획과 연계되기 때문에 구성원들이 실천계획을 수립하기가 용이해진다.

(3) 3단계(멤버십)

파트너십은 이해관계나 목표 달성에 관한 관심을 근거로 신중하게 구성원을 선택해야 한다. 구성원들이 어떤 기술이, 자원이나 전문성을 제공할 수 있는지 파악하는 것이 중요하다. 이 과정에서는 파트너십에 참여하게 된 동기와 파트너십에 제공할 수 있는 능력을 바탕으로 최적의 멤버십을 구성하는 것이 좋다.

멤버십에서 중요한 것은 구성원들을 어떻게 편성하는가에 대한 것이다. 구성원을 선정할 때에는 대상이 왜 파트너십에 참여하게 되었는지, 무엇을 기대하는지 설명할 수 있어야 한다. 그리고 기술적인 측면과 더불어 신뢰성이 높고 파트너십을 강화시킬 수 있는 파트너를 선정하는 것이 필요하다. 파트너를 선정하는 과정에서 일반적으로, '우리가 아는 사람', '무엇을 아는 사람', '자원을 가진 사람'을 뽑는 경향이 있다. 그럴 경우 반드시 문제가 발생하는 것은 아니지만 지양하는 것이 필요하다. 일반적인 기준보다는 '특별한 기술을 보유'하거나, '그룹의 다양성을 유지하거나', '이해당사자들과 대표성이 있는 사람'을 포함시키는 것이다. 이러한 파트너 선정은 파트너십을 형성하는 과정에서 발생할 수 있는 파트너선정의 오류를 최소화 시켜주는 가이드라인이 될 수 있을 것이다.

(4) 4단계(약속 : 신뢰)

함께 일하겠다고 동의하는 것은 파트너십의 기초라 할 수 있다.

파트너십을 구축하는 과정에서 일부 사람들은 이와 같은 과정을 종종 생략하는데 이는 상대방이 동의했다고 생각하기 때문이다. 약속을 받아 내는 것은 두 가지 기능을 한다. 하나는 여러 멤버들로부터 참여를 공식화하는 것이며, 다른 하냐는 모든 사람들이 정해진 목표를 향해 나가겠다고 맹세하는 것이다. 따라서 파트너와 함께 일하겠다는 합의에 도달하는 것이 중요하다.

(5) 5단계(실천계획)

실천계획은 파트너십의 목표를 달성하기 위해 밟아야 할 단계를 결정하는 일과 연관된다. 대체로 이것들은 커다란 목표를 할 수 있는 부분들로 나눈 작은 단계들이 된다. 목표를 원하는 목적지로 본다면 실천계획은 당신이 거기에 도달하는 세부 지도라 할 수 있다. 각 목표들에 대하여 지금 있는 위치에서 가고자 하는 위치에 이르기 위하여 밟아야 단계를 개괄하는 것이어야 한다. 이중 반드시 포함되어야 할 것은 누가, 언제, 무엇을, 어떤 방법으로 행해야 하는 것이며, 이러한 과정들을 모니터링하거나 평가하는 것도 고려해야 한다. 계획이 복잡할 필요는 없지만 각 목표를 위한 실천계획은 하나 이상인 것이 좋다.

(6) 6단계(역할과 책임)

모든 파트너십에는 구조와 절차가 필요한데, 이것은 누가 무엇을 어떻게 할 것인지에 대한 책임을 분명히 하는데 도움을 준다. 역할과 책임소재의 확립은 실천계획을 준비하면서 발생하는 자연스러운 결과이며 파트너십의 참여자들이 무엇을 수용하고 무엇을 수용할 수 없는지에 관한 토론이 포함되어야 한다. 역할과 책임에 대한 토론은 기획 초기에 우선적으로 이루어져야하며, 실천계획에서 제시된 일을 누가 해야 할 것인가와 책임에 대한 부분이 명시되어야 한다.

역할과 책임이 분병하지 못하면 파트너십을 구축하였다 하더라도 각자의 역할에 따른 효과적인 업무 수행이 이루어지지 못하며, 파트너십 당사자 간 역할과 책임에 대한 분쟁의 소지가 있다. 따라서 파트너십 구성원에 대한 적절한 역할과 책임에 대해 정확하게 명시할 필요가 있다.

(7) 7단계(커뮤니케이션)

파트너십이 공동의 목표에 도달하기까지에는 다른 사람이나 조직과의 관계를 만들어 내기 때문에 파트너십 내외부적으로 커뮤니케이션을 잘하는 것이 매우 중요하다.

커뮤니케이션은 협력집단 내, 협력집단에서 커뮤니티로의 의사전달, 커뮤니티에서 협력집단으로의 의사전달 세 가지 측면을 모두 고려해야 한다. 파트너십에는 많은 정보를 주고받는 것이 포함될 수 있다. 적합하고 시의 적절한 정보의 공유가 바람직하지만 과거 커뮤니케이션보다 더 복잡한 면이 있다. 파트너들은 종종 자신이 알아야할 정보에 대해서 알려주기를 원한다. 하지만 많은 정보를 제공하는 것은 적합한 커뮤니케이션 방법이 아니다. 파트너십의 커뮤니케이션에서는 양보다는 질적인 측면이 중요하다. 커뮤니케이션은 명확하고, 간결하며, 시의적절하며, 유용한 것이어야 한다. 조직적인 방법으로 정보를 제공하는 것과 그 책임자를 지정하는 것은 커뮤니케이션 전략의 출발점이다. 대부분의 파트너십은 커뮤니케이션과 정보 공유를 위한 전략이나 계획을 필요로 한다. 따라서 이에 대한 부분을 감안하여 커뮤니케이션을 해야 한다.

(8) 8단계(자원)

자원은 전통적으로 인적자원 물적자원 재무자원이 전형적으로 포함되지만, 협력에서는 여러 가지 형태와 의미가 있다. 예산의 제약이 있을 경우 많은 사람들은 적은 자원을 바탕으로 많은 일을 하고 있지만 이것이 아무것도 없이 일하는 것을 의미하지는 않는다. 이것은 빌리고 공유하는 것을 의미하고 있다. 파트너십에서 무엇을 할것인가를 결정하는 것이 첫 번째라면 지원 계획을 수립하는 것은 두 번째라 할 수 있다.

자원계획은 물리적, 재무적, 인적 자원의 요구량을 제기하여야 한다. 인적 자원 소요에는 숙련된 조정자, 필요한 직원의 임명, 능력 배양을 위한 훈련 계획의 실천 방안 등이 포함된다. 파트너십에서 자원을 재배치할 때는 언제나 비용이 발생하게 된다. 충분한 자금이 필요하지만 비용이 부족하다면 이를 확보하는 계획을 수립하는 것이 파트너십 운영과 목표달성에 필요하며, 자원은 전체적인 계획에서 세부적인 형태로 계획되어야 한다.

(9) 9단계(평가)

평가는 협력사업의 진전사항과 성과의 측정을 가능하게 하는 과정이다. 이는 최종단계의 하나로 나타나지만 실제로는 첫 시작 단계에서 올바르게 고민을 하여 구축해야 한다. 평가는 참여자를 위협하는 것처럼 보여서는 안 되며 오히려 각자가 달성하고 있다는 것을 확신시키는 것으로 보여야 한다. 파트너십 목표를 개발할 때 목표가 언제 달성되었는지를 아는 방법에 대한 토의가 우선적으로 이루어져야 한다. 이것은 평가와 파트너십을 유지하기 위한 기초라 할 수 있다. 진전사항과 성공을 분명하게 정의할 수 있는 것이 파트너십뿐만 아니라 지원하는 파트너를 위해서도 매우 중요하다.

(10) 10단계(비전 갱신과 종결)

파트너십을 구축하였다 하더라도 실천에 옮겨지지 않는다면 성과나 진전사항의 평가는 의미가 없다. 파트너십의 한 측면을 수정하는 것은 언제든 발생할 수 있다. 하지만 단순히 수정으로 끝내는 것이 아니라 수정을 통하여 변화를 불러올 수 있어야 한다는 것이다. 필요할 때 실천계획의 일부분을 변경하는 것은 매우 중요한 일이며, 지속적으로 이루어져야 하는 일이라 할 수 있다. 하지만 비전이나 목표와 같은 커다란 부분에 대한 변화는 면밀한 분석이 이루어진 후에 실행되어야 하며, 구체적인 자료와 중차대한 필요성에 입각해서 이루어져야 한다.

파트너십에서도 결말이 있으며 대부분 종결은 긍정적이며 만족스러운 것이라 할 수 있다. 어떤 파트너십은 아주 오랜 시간을 소요하고 장기 목표를 가지고 있다. 그것들을 진행하는 과정 중에 종결 시점을 언제로 할 것인지를 생각할 필요가 있는데 이는 발전이 이루어졌음을 느끼기 위해서이다. 단계 또는 주기를 구분함으로써 성취감과 축하 기회를 가질 수 있다. 종결은 보통 목표가 달성되었거나 프로젝트가 목적을 완수했거나, 파트너십 목적이 만족스러울 때 일어난다.

3. 파트너십 갈등 관리

파트너십을 유지하는 과정에서 문제를 제기하지 않거나 문제를 해결하지 않는다면 문제는 계속 남아있거나 더욱 악화될 수 있다.

따라서 문제나 갈등이 발생할 경우 신속하게 해결하는 것이 필요하다. 문제나 갈등을 처리하지 않을 경우 파트너들은 그들의 주장을 밀고 나가거나 자체적인 판단으로 처리하는 경향이 있다. 또는, 심한 경우 법률적인 형태로 문제를 처리하기도 한다. 최악의 경우에는 냉소주의나 집단이기주의가 발생하여 파트너십이 해체되는 위기를 초래할 수 있다. 따라서 성공적인 파트너십을 유지하기 위해서는 파트너십에서 발생하는 문제의 유형을 파악하고 이에 선제적으로 대처할 필요가 있다.

1) 권력투쟁

권력투쟁의 원인은 보통 개인적 특성이나 개성 때문에 파트너십에서 기대가 충족되지 못할 때 발생한다.

따라서 근본적인 원인, 통제 상실, 갈등의 기존 관계와 같은 것들을 처리하고 시간을 들여 기대 수준을 이해하고 현실적으로 할 수 있는 것과 할 수 없는 것을 협의하는 것이 필요하다. 올바른 방법은 협의를 통하여 해결하는 것이지만, 파트너가 원하는 욕구가 충족되지 않을 경우 해당 파트너가 떠날 수도 있다는 것도 고려해야 한다.

2) 낮은 신뢰도

리더십 기술이 부족할 때, 자신의 이익이 반영되지 않을 때, 커뮤니케이션이 빈약할 때 발생할 수 있는 문제이다.

이의 해결을 위해서는 리더를 새로 뽑거나 리더십 기술을 활용하는 것이 필요하다. 파트너십에서 개별 파트너의 관심사항을 토론하고 커뮤니케이션을 개방화하는 것이 필요하다. 훌륭한 커뮤니케이션 습관을 익히고 신뢰를 기반으로 파트너들과 소통한다면 신뢰를 회복할 수 있다.

3) 초점 상실

조직이나 리더의 비전 및 방향이 분명하지 않을 때 발생할 수 있다.

초점을 상실할 경우 파트너십의 방향이 흔들릴 수 있으므로, 원점으로 돌아가 비전을 검토하는 것이 필요하다. 이 때 파트너십에서 원하는 것이 작은 것인 파트너도 있고, 신속한 결과를 원하는 파트너도 있으며, 큰 그림을 다시 다루자는 파트너도 있을 수 있다는 것을 염두 해두어야 한다. 초점을 상실하였을 경우 파트너십을 통하여 어떤 것을 할 것인지, 비전과는 어떠한 연관성이 있는지 연계하는 것이 필요하다.

4) 리더십이나 권위의 부재

협력이 강요되거나 요구사항을 충족하지 못하였을 때 발생한다. 또는 파트너의 잦은 교체로 인해 파트너십의 지속성이 부족하였을 때 주로 발생한다.

이러한 문제의 해결을 위해서는 리더십을 통해 파트너십을 구축하고 운영해야 하는 이유를 분명하게 제시하는 것이 필요하다. 파트너간 협력이 필요하다는 것을 확실히 인식시키고 파트너십의 기반이 공고해질 때까지는 파트너십을 구성하는 대표로서 참석할 것을 요구하여야 한다. 그렇지 않을 경우 파트너십 기반이 흔들릴 수 있다.

5) 파트너를 잘못 뽑았을 때

사람들이 잘못된 이유로 선택되거나 지원자가 될 때, 또는 파견되어 온 자가 진정으로 참여를 원하지 않았을 때 발생하게 된다.

사람을 잘못 뽑은 상황은 매우 위험한 상황이지만 꼭 다루어져야 하는 문제이다. 해당 인력이 왜 파트너십에 관여하게 되었는지, 무엇을 기대하고, 무엇을 제공할 것이며, 본인의 우선순위로는 어디가 적합한지 확인하는 것이 필요하다. 그룹의 기대치와 필요에 부합되지 않거나 끝까지 함께 허는 것을 원하지 않는 사람들은 대체하는 것이 낫다.

6) 목표와 과정에 대한 내부 분쟁

사람들이 합의에 이른 뒤에도 목표와 방법론에 대하여 논쟁이 계속될 때 발생한다. 미래의 성공여부와는 상관없이 목표와 과정을 설정하는 과정에서 빈번하게 발생한다.

해결을 위해서는 목표의 실현가능성에 대해 검토하는 것이 필요하다. 목표가 실제로 달성될 수 있는가? 필요하다면 목표를 현재보다 작은 단위로 나누는 것도 좋은 방법이다. 어떻게 실천하도록 계획되었는지 살펴보고 변경할 필요가 있다면 구체적인 투입요소를 모아야 한다. 단순히 일이 제대로 되지 않을 것이라는 것을 받아들여서는 안된다. 어떻게 하면 더 나아갈 수 있는지에 대한 제안들을 찾아보는 것이 필요하다. 만약 일이 실제로 궤도를 이탈하고 있다면 촉진을 돕도록 외부전문가를 영입하는 것도 좋은 방법이다.

제2장 창업기업의 협력관계

1. 네트워킹 전략의 개념

1) 네트워킹의 정의

네트워킹은 "함께 연계되어 소통하는 그룹"으로 정의된다. 네트워킹은 복잡한 정보화 사회에 있어 중요한 지식습득의 경로로 간주된다.

네트워킹은 사회학에서는 노드(node)와 링크(link)의 집합으로 정의된다. 네트워킹은 어떤 실체(재화, 권력 등) 교류가 되는 시설(연계 혹은 관계)에 의해 연결된 노드(행위자)들의 집합이다.

무역업 창업 기업의 예를 들면 무역업 창업가와 기업의 이해관계자들은 노드로 정보를 교환하거나 업무 연계 등으로 형성된 관계들은 링크로 표현된다.

2) 네트워킹 전략의 필요성

기업 활동에 있어 네트워킹이 과연 도움이 될 수 있을 것인가에 대한 의견을 살펴보면, 네트워킹 필요성에 대한 의견은 사람마다 다양하게 나타나지만 종합적인 측면에서는 창업기업이 살아남기 위해서는 기업 또는 조직원이 보유하고 있는 네트워킹이 무엇보다 중요하다는 의견이 대부분이다.

네트워킹의 효율적 활용이 기업 성과에 영향을 미친다고 하는 대표적인 관점으로 자원의존이론, 거래비용이론, 자원기반이론 및 네트워킹 관점이 있다.

자원의존이론 관점은 조직은 환경과 상호작용하는 주체로 이루어져 있으며, 상호작용하는 주체는 기업가와 기업 이해관계자들이다. 환경은 주체들이 상호의사결정을 하는데 있어서 얼마나 기업 환경이 이루어져 있는가를 뜻하는데, 기업이 성장하기 위해서는 무엇보다 자원을 효과적으로 활용하기 위한 네트워킹이 중요하다는 관점이다.

거래비용이론은 성공적인 기업으로 가기 위해서는 기업의 내부자원이 얼마나 있는가에 초점을 맞추어 자체적으로 보유하고 있는 역량과 외부에서 가져올 수 있는 자원 역량을 비교하여 비용 측면에서 합리적으로 의사결정을 하는 것이 바람직하다는 이론이다.

자원기반이론은 조직이 확보하고 있는 지원과 능력의 중요성을 무엇보다 강조하는 이론이다. 기업의 지속적인 경쟁우위는 다른 기업들이 모방하기 어려운 독특한 기업 특수적 자원과 능력에 기반하는데 여기서 자원은 유형의 자원 뿐만 아니라 조직 네트워킹, 기업간 네트워킹, 마케팅 노하우 등 무형의 자산이 중요하다는 이론이다.

네트워킹 관점은 조직이 발전하기 위해서는 조직이 보유하고 있는 구성원과 자원의 효과적인 활용이 조직 네트워킹의 발전을 위해 중요하다는 관점이다.

네트워킹의 효율적인 활용이 기업 성과에 영향을 미칠 것이라고 하는 관점을 요약하면, 창업 기업이 효과적인 네트워킹 전략을 수립 및 활동할 경우 기업의 위험을 감소시키고 시장거래 비용보다 낮은 비용으로 자원을 획득할 수 있으며, 유통채널 접근, 정보획득, 혁신과 같은 혜택을 얻어 기업에 긍정적인 영향을 미칠 수 있다는 것이다.

즉, 네트워킹 전략의 체계적인 수립은 기업 외부의 주식이 소유 통제 하고 있는 자원을 기업경쟁력 제고시키거나 기업이 원활한 경영활동을 수행하도록 하기 위해 활용할 수 있는 자원으로 만들어 나갈 수 있게 하는 기반 요소이다.

이러한 관점에서 기업자원은 내부적 소유권 통제권에 기반을 둔 내부보유자원과 외부 환경조직과의 신뢰협력, 후원, 지원관계에 기반을 둔 외부 자원 연계 능력으로 크게 구분할 수 있다. 따라서 기업의 네트워킹은 그 자체가 모방 불가능한 자원이며, 모방 불가능한 자원과 역량에 접근하는 수단이며, 모방 불가능하고 대체될 수 없는 가치를 창조할 수 있다.

3) 네트워킹 전략적 특성

창업 기업 경쟁력 향상 측면에서 네트워킹 전략을 수립하기 위해서는 네트워킹의 특성을 이해해야 한다. 네트워킹 특성은 네트워킹 구조(structure)와 네트워킹 지배구조

(governance)로서 이해할 수 있다.

네트워킹 구조는 네트워킹 구성원과의 관계특성을 말한다. 즉 기업의 네트워킹 구조는 네트워킹의 크기(size)와 네트워킹 강도(intensity) 등으로 표현할 수 있다. 네트워킹 크기는 네트워킹 구성원과의 연계 정도로 표현되고, 네트워킹 강도는 접촉의 빈도와 자원의 양이 얼마나 상호간에 교환을 할 수 있는가에 대한 것이다. 기술창업 기업의 네트워킹 크기는 얼마나 이해관계자와 연계가 많은지를 표현하는 것이고, 네트워킹 강도는 상호간의 정보, 인력 등의 교류가 얼마나 하나의 기업과 집중되어 있는지를 말한다.

네트워킹 지배 구조는 기술창업 기업 간 네트워킹을 결속하고 조정하는 역할을 하는데, 대표적인 네트워킹 지배 구조는 파트너와의 신뢰를 들 수 있다. 파트너들과의 신뢰가 상호간에 주고 받을 수 있는 자원의 질과 흐름을 결정할 수 있는데, 이러한 것이 네트워킹 지배 구조이다. 따라서 네트워킹 주체 간의 신뢰는 자원 흐름의 품질을 강화하는 핵심적인 요소이다.

네트워킹 전략은 창업 기업 활동 측면에서 창업 기업이 가지고 있는 내외부 역량에서 부족한 점에 대한 부분을 보완하고 강점인 부분을 강화함으로써 기업 전략적 목표 달성 측면에서 공동으로 활동할 수 있도록 지원하는 기업 간 파트너십 전략이다. 이러한 파트너십 활동을 강화하기 위한 전략적 네트워킹 접근은 다음과 같은 방향성을 띈다.

첫째, 기술 변화와 혁신을 위해서는 기업 내·외부 주체간에 효과적인 의사 소통 구조를 가지는 것이 필요하다. 즉 기업 내부적으로는 기업가를 비롯한 조직 구성원이 보유하고 있는 네트워킹 역량을 통하여 조직의 목표에 맞는 활동을 체계적으로 진행할 수 있도록 지원하는 것이 필요하다. 또한 기업 외부적으로는 자원의 효율적 공유를 위하여 기업의 네트워킹 측면에서 기업의 의사소통 방법과 구조를 명확하게 해야 한다.

둘째, 창업 기업 내외부 주체간의 상호보완적 혁신 자원을 효율적으로 운영하기 위하여 기업 경영과 관련된 모든 부분에서 전략적으로 아웃소싱의 개념처럼 상호 교류를 하는 것이 필요하다. 창업 기업의 보유 네트워킹 자원과 잠재적 보유 가능 네트워킹 자원에 대한 상호 협력 및 보완을 위하여 구성원의 자원 교류를 아웃소싱 개념으로 할 경우 기업 운영을 극대화할 수 있다.

2. 창업 네트워킹 전략 프로세스

창업 기업의 네트워킹 전략 프로세스는 창업 단계별 네트워킹 전략을 수립하는 과정으로 이루어진다. 창업 단계는 아이디어를 수립하는 기업가정신 단계, 사업화를 수행하는 시작 기업 단계, 그리고 사업을 지속적으로 영위하는 지속적 사업 단계로 구분된다. 창업 단계별 네트워킹 구성원, 자원 그리고 필요 활동에서 차이가 나타나게 된다. 본 장에서는 창업단계별 프로세스 및 네트워킹 전략을 제시한다.

1) 네트워킹 전략 통합 단계

① 창업 기업 네트워킹 전략 단계

창업 기업이 네트워킹 전략을 통하여 네트워킹 구성원과의 자원을 이용한 활동을 하는데 있어서 기업의 성장 단계별로 다른 가치를 요구하게 된다, 성장단계별 가업 개발의 각기 단계를 설명하는 모델이 네트워킹 가치모델이다.

그림 3-3 네트워킹 가치 모델

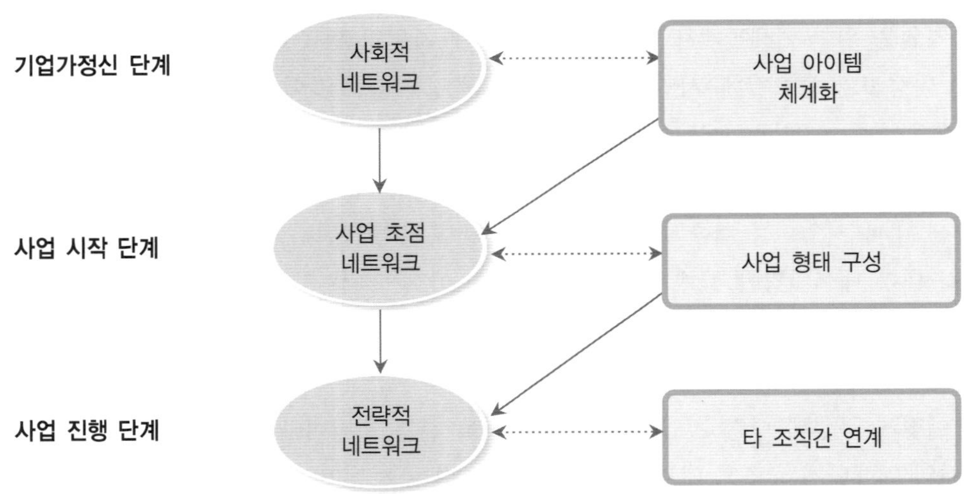

자료 : Butler and Hansen(1991)

사업 시작 전의 기업가정신 단계는 사회적 네트워킹 관계가 주를 이룬다. 즉 사업화를 위한 아이템들의 체계화를 위한 기회를 잡기 위한 프로세스를 의미한다. 예를 들어 창업을 위한 아이템을 가지고 있는 기업가가 아이템을 체계화하고 사업화를 할 것인가를 판단하는 단계이다. 아이템의 사업화를 위한 의사결정 및 정보를 얻기 위한 네트워킹 구성원은 사회적으로 다양한 측면에서 검토를 받는 과정을 거치게 된다.

사업 시작 단계는 비즈니스에 초점을 맞춘 네트워킹 관계가 핵심 요인이다. 즉 사업을 시작하기 위하여 필요한 형태를 구성하기 위하여 네트워킹을 주로 활용한다. 예를 들어 아이템을 체계화한 기업가가 사업화를 위하여 관련 기관인 대학, 연구소, 기업들과 네트워킹을 통하여 자금 지원, 인력 지원, 인프라 지원 등을 받는 단계이다.

사업 진행 단계는 내부 조직 전략적 네트워킹 단계로서 기업은 네트워킹을 전략적으로 활용하게 된다. 예를 들어 기업이 창업 후 지속적 경영을 위하여 마케팅 및 홍보 등을 수행하는데 자금 및 인력 등의 문제가 생긴다. 이러한 부분을 해결하기 위해 관련 조직과의 제휴, 라이센싱 등 기업간 네트워킹 전략을 통하여 소요 자원을 효과적으로 활용하려할 것이다. 이러한 네트워킹 전략이 사업 진행 단계에서 필요한 부분이다.

(2) 창업기업 네트워킹 전략 프로세스

창업기업 네트워킹 전략 프로세스는 기업가정신 단계, 사업 시작 단계, 지속적 사업화 단계로 구분되며, 관련 네트워킹 전략은 다음과 같다.

기업가 정신 단계에서는 사회적 네트워킹이 우선적으로 필요한 단계이며, 비즈니스 활동 지원을 위한 이해관계자 등을 통한 정보 및 자원의 획득을 추구한다. 이때 비즈니스 네트워킹 또한 필요한데, 사업 네트워킹 자원의 경우 앞으로 아이디어를 사업화할 수 있도록 지원해줄 수 있는 파트너 또는 지속적으로 거래할 수 있는 파트너들을 의미한다.

사업 시작 단계에서는 우선적으로 비즈니스 네트워킹을 통하여 사업화를 준비하는 단계이다. 이 때 사업회를 위한 네트워킹은 '사회적 초점 네트워킹' 으로서 사회적 네트워킹과 조직 내부 네트워킹이 함께 필요한 단계이다. 이 중 가장 많이 필요한 네트워킹 자원은 사업화를 위한 네트워킹 자원으로 사회적 네트워킹, 공적 네트워킹, 전문 네트워킹이 포함된다. 더불어 조직이 구성되는 시점이기 때문에 연구 인력, 재무 인력 등 조직 내부 구성원을 어떻게 구성해 나갈 것인지에 대해 고민을 하는 시점이다.

사업 진행단계는 조직 내부 네트워킹을 통하여 마케팅 및 기술개발을 설시하고 사업을 확장해나가는 단계이다. 이때 필요한 네트워킹은 '조직 내부 네트워킹'으로 비즈니스 사업화를 위해 구성 된 조직 내부 구성원이 가지고 있는 네트워킹 자원이다.

이 단계에서는 창업을 위한 필요 지원은 상대적으로 갖추어졌고 기업 규모가 상대적으로 커지는 단계이기 때문에 기업가가 가지고 있는 네트워킹 자원만으로는 한계를 가지게 된다. 이 때 필요한 부분이 조직 내부 구성원이 가지고 있는 네트워킹 자원이다.

2) 창업 단계별 네트워킹 전략 프로세스

(1) 기업가정신 단계(Entrepreneurial Phase)

기업가정신 단계는 특정 사람이 사업을 시작하기 위한 모티브를 가지거나 몇몇의 아이디어를 가질 때 발생하는 단계이며, 아직 사업을 시작하기 위하여 실질적 행동을 하는 단계는 아니다. 이 단계를 기회 상태(opportunity conditions)라고도 하는데 사업을 시작하기 위하여 기회를 표면화하는 단계이다. 이때는 가족 멤버, 친구, 친지들과 다양한 의사소통을 통하여 주요 활동을 하게 된다. 이러한 관계가 사회적 네트워킹으로 표현된다. 사회적 네트워킹은 'opportunity set'으로 불리기도 하는데, 정보, 스폰서십, 신용, 자원, 사업화를 위한 영역 등을 제공해줄 수 있다. 또한 네트워킹은 잠재적 기업가가 의사결정 프로세스를 수행하는데 있어서도 강한 영향을 줄 수 있다.

(2) 사업 시작단계(Business Start-up Phase)

사업 시작단계는 기업가가 상세하게 사업 시작을 계획하는 단계를 말한다. 이 단계에서 시작해야 할 업무는 초기 자금의 발견, 공급자와 수요자에 대한 선택이다. 1단계와 2단계 사이의 명확한 차이는 없으나, 사업 시작단계는 'motivation phase'로 표현되어 사업을 위한 전술적 단계를 명확히 할 수 있는 단계이다.

사업 시작단계에서 기업가는 초기 자금의 문제, 새로운 기업을 위한 적절한 위치 선정, 그리고 업무를 수행할 수 있는 종업원 확보 문제에 직면하게 된다. 이중 가장 중요한 것은 초기 자금을 얼마나 효과적으로 확보할 수 있느냐이다.

사업초기에 여러 개의 펀딩 프로그램을 통하여 자금을 조달할 수 있으나 가장 중요한 자금원천은 개인적 자금이다. 개인적 자금은 가족 멤버와 친구들로부터 우선적으로 나올 가능성이 매우 높다.

(3) 사업 진행단계(On-going Business Phase)

세 번째 단계는 기업가치 모델의 마지막 단계라 할 수 있는 진행단계이다. 초기 자금 확보 이후 본격적인 사업 진행단계에 진입함에 따라 원자재, 시장, 그리고 다양한 지원 체계를 찾아야 할 뿐만 아니라 재무적, 기술적, 상황적으로 많은 문제에 직면하게 된다. 이 단계에서 기업은 전략적 네트워킹으로 불리는 '기업 내부 네트워킹'을 구축하게 된다. 기업은 기업 내부 네트워킹을 통해서 기업경영에 필요한 사업관련 다양한 정보 수집, 기술자문, 재무자원 등을 얻으며, 다른 기업과도 네트워크를 구축하여 다양한 지원을 받는다.

| 표 3-1 | 기업 단계별 네트워킹

<table>
<tr><th colspan="2">기업가정신
개발 단계</th><th>단계 1
기업가정신 단계</th><th>단계 2
사업 시작 단계</th><th>단계 3
사업 진행 단계</th></tr>
<tr><td colspan="2">중요 네트워킹</td><td>사회적 네트워킹</td><td>사회적 초점 네트워킹</td><td>기업 내부 네트워킹</td></tr>
<tr><td colspan="2">영향력 있는
멤버 그룹</td><td>가족/친척/친구</td><td>가족/친척/친구
수요자 및 공급자
지원 기관</td><td>관련 소규모 기업
친척
친구
정부</td></tr>
<tr><td rowspan="2">관련
형태</td><td>빈도</td><td>높음</td><td>중간</td><td>중간</td></tr>
<tr><td>밀집도</td><td>높음</td><td>중간</td><td>중간</td></tr>
<tr><td rowspan="4">관련
콘텐츠</td><td>커뮤니케이션
관계</td><td>높음</td><td>높음</td><td>높음/중간</td></tr>
<tr><td>거래관계</td><td>중간/낮음</td><td>중간</td><td>높음</td></tr>
<tr><td>지원 관계</td><td>중간</td><td>높음</td><td>높음</td></tr>
<tr><td>감정 관계</td><td>높음</td><td>중간</td><td>낮음</td></tr>
<tr><td colspan="2">프로세스</td><td>기회 체계화</td><td>사업 형태 구성</td><td>타 조직과의 연계</td></tr>
</table>

출처 : Premaratne(2002)

3. 창업 네트워킹 전략 성공요인

네트워킹 자원을 활용한 창업기업의 효과적인 전략 수립 및 실행을 위해서는 구체적으로 기업에서 보유한 네트워킹 자원이 성과에 주는 영향과 네트워킹 자원의 활용도를 높이기 위한 조직 역량 현황에 대한 이해가 필요하다.

네트워킹 자원의 형태에 대한 이해, 기업 내·외부의 보유역량이 창업기업의 성과에 어떠한 영향을 줄 수 있는지에 대한 이해는 기업이 보유한 네트워킹 원천에 대한 효과적인 활용 및 우선적 고려요인을 파악할 수 있도록 지원할 수 있다. 또한 기업에서 보유한 네트워킹 원천을 활용한 전략 이행 결과를 역으로 모니터링 및 개선을 할 수 있는 성과로서의 체계를 가질 수 있기 때문에 기업 보유 네트워킹 자원 및 네트워킹 역량에 대한 이해 및 활용이 우선시 된다.

네트워킹 전략의 성공요인은 기업에서 보유한 네트워킹 자원이(Network Resource)과 네트워킹역량(Network Capability)으로 구분할 수 있다. 네트워킹 자원은 창업기업에서 보유한 외부의 파트너와 다양하게 주고 받는 자원 및 자원의 통로인 채널을 의미한다. 네트워킹 역량은 기업이 외부와의 지속적인 관계를 개발하고 활용할 수 있는 역량을 의미한다.

그림 3-4 네트워킹 성공 요인

1) 네트워킹 자원

(1) 활동성

기업이 가진 제휴관계의 빈도(양적 크기)를 의미한다. 부가적으로 기업이 어떠한 네트워킹 자원을 활용하며 네트워킹 자원과의 관계가 얼마나 밀접한지를 파악하는 구성요소이다. 활동성은 기업이 외부 파트너와의 제휴관계를 얼마나 활발하게 형성하고 있는 지의 양적 정도를 의미한다. 양적 정도란 기업 외부의 네트워킹 자원의 양과 네트워킹 자원간의 연결강도로 표현이 가능하다.

기업 전반의 네트워킹 파트너와의 활발한 상호작용은 기업의 고객 기반 및 혁신 역량 등의 향상으로 기업의 성과가 높아진다.

기업의 활용 가능한 외부의 네트워킹 자원은 기술과 마케팅 측면으로 구분할 수 있다. 기업의 네트워킹 자원 중 기업 성과에 영향을 주는 요소는 파트너의 평판 및 혁신 역량으로 알려져 있다. 평판의 경우 마케팅 측면 요인이 강하기 때문에 이를 확장하여 브랜드 공유, 채널 공유, 공동 물류, 사후 서비스 등으로 구분할 수 있다.

혁신 역량의 경우 기술적 측면 요인이 강하기 때문에 이를 확장하여 기술 역량, 기술 융합, 디자인 역량, 기술 인력, 기술동향, 기술표준, 외부생산, 공동설비 등으로 구분하여 혁신 역량을 제시할 수 있다.

(2) 다양성

창업 기업에서 관계를 가지는 파트너들의 다양성을 의미한다. 창업 기업의 관련 파트너는 기업을 중심으로 수평적 관계 즉 공급사슬의 형태를 띠는 다양성이 존재하고 기업의 위계를 의미하는 수직적 관계의 다양성이 존재할 수 있다.

네트워킹 다양성 문제는 누가 네트워킹에 구성원으로 되어 있는가 하는 문제로서 네트워킹의 응집성과 생존, 혁신을 위한 잠재력 및 확산에 영향을 미친다고 본다. 개별주체들이 상호 유사성이 있는 경우와 유사성이 없고 상호 거리감이 있는 주체들 사이의 관계를 놓고 볼 때 오히려 후자가 새롭고 선선한 성과를 낳을 가능성이 더 크다. 이러한 두 요소들이 적절히 혼재되도록 균형 있게 네트워킹을 구성하는 것이 유리하다. 따라서 구성원의 적정규모를 고려하여 무임승차자가 발생하지 않도록 하는 등 네트워킹 구성 시부터 고려해야 할 요인이 많다.

(3) 유사성

파트너와 자사의 지리적 접근성, 업의 유사성을 의미한다. 업종의 유사성은 기업간 파트너십을 강화시킬 수 있다. 유사성이란 기업이 파트너와 어느 정도 유사한 지를 파악하는 것을 의미한다. 유사한 파트너와 관계를 가질수록 서로 협력이 원활하게 이루어지고 이는 성과 향상으로 이루어진다.

유사성은 조직 구조 및 문화의 유사성, 기술의 유사성, 지리적 근접성, 업의 유사성 등 다양한 유사성 지표가 제시되고 있다. 서로 유사한 업종의 기업이 지리적 클러스터를 형성하고 있을 경우 지식의 전이가 용이하므로 혁신에 유리하다.

2) 네트워킹 역량

(1) 네트워킹 역량의 정의 및 구분

네트워킹 역량은 외부와의 관계를 개발하고 활용하는 역량을 의미한다. 즉, 네트워킹 역량은 잠재적으로 기업 네트워킹 파트너를 효과적으로 찾는 역할과 네트워킹 자원과 성과 간의 관계를 조절하는 역할을 수행한다.

네트워킹 역량은 외부의 네트워킹 자원을 탐색, 흡수, 자신의 자원을 외부로 확산하는 역량이며, 탐색력, 흡수력, 확산력으로 구분된다. 탐색력은 네트워킹 자원을 확보하기 위해 외부 파트너를 탐색하는 역량을 말한다. 기업에게 필요한 자원에 대한 검토역량과 관련 기관이 무엇이 있는지를 파악하여 파트너가 될 수 있는지를 검토할 수 있는 능력이다.

흡수력은 네트워킹 자원을 인지하고 습득하고 활용하는 역량을 말한다. 기업간 네트워킹 자원을 공유하기로 결정하였다면, 타사의 네트워킹 자원의 역량을 최소한 자사의 특성과 비슷한 형태로의 구성을 할 수 있는 것이 필요하다. 확산력은 기업의 자원을 외부로 확산하는 역량을 말한다. 기업에서 보유하게 된 네트워킹자원을 타 기업과 공유하기 위해서 대외적으로 확산시킬 수 있는 능력을 보유하는 것을 말한다.

(2) 네트워킹 역량의 구성 체계

① 탐색력

탐색력이란 특정 목적으로 네트워킹 자원을 활용할 때 적절한 파트너를 찾는 역량을 말한다.

네트워킹 자원을 활용함에 있어서 핵심은 잠재적 파트너를 찾는 것과 잠재적 파트너의 신뢰성 정보를 획득하는 것이다. 잠재적 파트너의 신뢰성 정보를 획득하는 것은 정보력에 의해 좌우된다. 국제화 사회로의 변화는 탐색범위의 확장을 가져오기 때문에 더 많은 제휴를 추진하는 것이 바람직하다.

② 흡수력

흡수력은 외부의 새로운 지식 및 기술을 인지하고 이를 습득하여 상업적 목적으로 활용하는 능력을 의미한다. 즉, 흡수 역량은 외부의 자원을 활용하여 신제품 개발, 공정개선, 프로세스 개선 등으로 연결시키는 일련의 활동을 말한다. 흡수력의 가장 대표적인 지표는 R&D 투자이다. 네트워킹 자원을 효과적으로 활용하기 위해서는 파트너의 기술을 명확하게 이해하는 것이 필요하다. 이를 위해서는 내부의 기술역량이 핵심이다. 즉, R&D 투자는 그 자체로써 내부의 혁신을 도모하지만, 외부의 기술을 이해하고 흡수하는 측면에서도 중요한 역할을 수행한다.

③ 확산력

확산력은 능동적으로 기업의 자원을 외부로 확산하는 역량을 말한다. 자산의 자원을 확산시켜 기술 표준 획득, 고객 다변화, 우호적 정책 환경 조성 등이 목표이다. 확산력의 대표적인 지표는 브랜드력이 있다. 브랜드력은 파트너가 자사의 정보 및 자원을 신뢰하도록 히는 역할을 수행하는 역량이다.

3) 네트워킹 전략 성공요인

앞에서 제시한 네트워킹 전략의 성공요인인 네트워킹 자원과 네트워킹 역량의 성공요인을 도출하는 기준은 다음 표 3-2와 같다.

표 3-2 성공요인 도출 기준

구분		성공 요인 분석 기준
네트워킹 자원	활동성	- 브랜드 공유, 채널 공유, 공동 물류, 사후서비스 등 외부파트너와의 활발한 상호 작용 - 공유 현황 개수
	다양성	- 파트너의 다양성 - 정부, 공급사, 연구 및 교육기관, 경쟁사, 고객사 보유 개수
	유사성	- 지리적 근접성(지리적 클러스터 형성)과 업의 유사성
네트워킹 역량	탐색력	- 파트너 검색 역량 현황 - 대기업(국제화 현황) / 중소기업(리커트 척도)
	흡수력	- 새로운 지식 및 기술 인지 및 상업적 목적 활용 능력 - R&D 투자 정도
	확산력	- 능동적으로 기업 자원을 외부로 확산하는 정도 - 브랜드 인지 정도

출처: 삼성경제연구소(2009)

네트워킹 자원은 활동성, 다양성, 유사성으로 구분된다. 활동성은 브랜드 공유 공동 물류, 사후 서비스 등 외부 파트너와의 활발한 상호작용 현황에 대한 지표로서 기업의 공유 활동 현황 개수로 파악한다. 다양성은 기업이 보유하고 있는 파트너의 다양성에 대한 지표로서 정부, 공급사, 연구 및 교육기관, 경쟁사, 고객사에 대한 보유 개수로 파악한다, 유사성은 기업 네트워킹 파트너와 얼마나 유사한지를 파악하는 지표로서 지리적 근접성과 업의 유사성으로 파악한다.

네트워킹 역량은 탐색력, 흡수력, 확산력으로 구분된다. 탐색력은 파트너를 검색할 수 있는 역량을 말하며 대기업의 경우 국제화 현황으로 탐색력을 파악할 수 있으나 중소기업의 경우 지표가 타당하지 않기 때문에 보유하고 있는 탐색력 역량에 대한 리커트 척도로 파악이 가능하다 흡수력은 새로운 지식 및 기술 인지, 상업적 목적으로 활용하는 능력을 말하며, R&D 투자 정도로 파악한다. 확산력은 능동적으로 기업 자원을 외부로 확산하는 정도를 말하며, 브랜드력에 대한 인지 정도로 파악한다.

제3장 FTA와 무역업의 기회

1. FTA와 무역업의 비즈니스 모델

FTA는 관세를 포함한 무역장벽을 제거하거나 완화시킴으로써 우리 기업의 경쟁력을 제고할 수 있는 기회를 제공한다. 그러나 FTA 확대에 따른 복잡하고 다양한 규정으로 인해 우리나라 기업이 FTA체결 효과를 제대로 향유하지 못하는 사례가 발생하고 있다. 그동안 우리나라는 WTO체제를 중심으로 한 다자주의적 통상정책을 고집해 와서 이러한 통상환경에 젖어 있던 우리 기업들이 최근의 동시다발적인 FTA 체결로 변화된 통상환경에 제대로 대처하지 못하고 있다.

이러한 상황이 발생하는 이유로는 관계당국의 FTA 홍보 부족, 기업지원 부족, 전문가 양성 부족 등을 들 수 있으며, 특히, 우리나라 기업 자체 내에 FTA 전문가가 전무한 실정이다. 따라서 우리기업들은 동시다발적 FTA체결로 인한 국제통상환경이 개선되고 있으나, 이러한 혜택을 충분히 활용하지 못하고 있는 실정이다.

이와 같이 FTA에 대한 경험이 부족한 우리기업들이 FTA체결이 제공하는 변화된 통상환경에 보다 빨리 적응하여 여러 가지 특혜적 혜택을 향유할 수 있도록 하기 위해서는 체결되는 FTA별로 협정내용을 분석하여 대응방안을 제시해 주는 것이 가장 효율적일 것으로 판단된다. 이러한 역할 중의 하나가 바로 FTA별 원산지규정을 분석하여 우리 수출입기업들이 응용하고 적용할 수 있는 FTA 비즈니스 모델을 개발하여 제공하는 일이다.

비즈니스모델로는 FTA특혜관세를 활용하는 모델과 FTA원산지결정기준을 활용하는 모델들을 우선적으로 고려할 수 있으며, 이 밖에도 FTA별로 상이한 협정내용에 대응하는 비즈니스 모델들이 있을 수 있다. 나아가 품목별 FTA 비즈니스모델의 예들을 개발하고 FTA 비즈니스 성공모델들을 개발하여 우리기업들에게 제안함으로써 궁극적으로 기업들이 자기실정에 맞는 독자적인 비즈니스 모델을 개발할 수 있도록 지원해 주는 일이 무엇보다 중요하고 시급하다. 그러기 위해서는 기업들도 스스로 노력하여 FTA별 원산지규정들을 숙지하고 새로운 통상환경에 적응하고 대응하려는 부단한 노력을 하여야 할 필요가 있다. 이러한 노력들이 결부될 때, 우리기업이 비로서 FTA가 가져다주는 여러 가지 유리한 특혜를 향유하여 기업의 이익으로 실현될 수 있을 것이다.

2. FTA 특혜관세 혜택 활용 모델

1) FTA 상대국 관세인하를 활용한 수출확대 모델

이 모델은 FTA 체결로 인한 상대국의 관세인하를 수출 확대 기회로 활용하기 위한 모델로 개요는 〈그림 3-5〉과 같다.

그림 3-5 FTA 상대국 관세인하 활용 모델

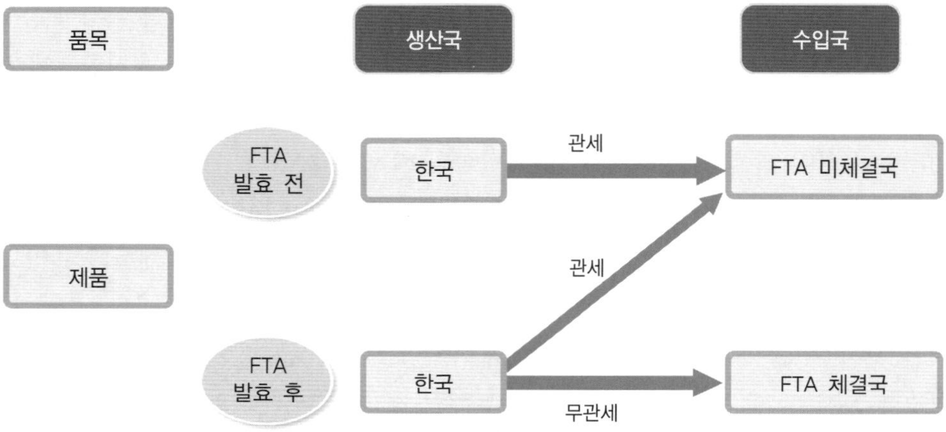

이 모델의 체크포인트 및 전략으로 먼저 수출상대국의 FTA 양허관세율을 확인하여야 하며 자사제품에 대한 수출상대국의 FTA 관세양허 계획을 검토하여 자사제품의 관세율 인하폭 및 기간을 검토하여야 한다. 이 때, 수출상대국의 여타 FTA 체결국 관세양허 계획도 검토할 필요가 있다.

관세율의 인하폭이 크고, 신속하게 관세율이 철폐되는 품목일수록 수출확대 가능성이 높다고 볼 수 있다. 한편, FTA 체결국 수입시장에서 자사제품과 경쟁제품간 경쟁력을 종합적으로 파악할 필요가 있다.

또한, 원산지기준 충족 여부를 확인하고, 충족방안을 강구하여야 한다. 즉, 현재 자사제품이 상대국의 원산지기준을 충족시키고 있는지 여부를 확인한 다음, 충족시키지 못할 경우에는 어떻게 충족시킬 것인지를 검토하여야 한다. 원산지 충족방안을 수립하는 과정에서 충족을 위해 발생하는 비용이 관세율 인하로 인한 혜택보다 크지 않도록 주의하여야 한다.

그 다음에는 가격전략을 강구하여야 한다. 상대국의 관세 인하로 인한 혜택은 수출 확대와 채산성 제고의 두 가지로 크게 나눌 수 있는데, 어느 것을 우선시 하느냐에 따라 가격정책을 달리해야 한다. 수출 확대에 우선순위를 둘 경우 관세 인하폭만큼 가격을 인하하는 반면, 채산성을 우선시 할 경우에는 가격인하를 자제할 필요가 있다.

그리고 수출자와 수입자간 관세율 인하 혜택의 분배전략을 수립할 필요가 있다. 즉, 수출 확대로 인한 혜택을 수출자와 수입자가 어떻게 분배할 것인가에 대한 합의가 필요하며, 분배율을 결정할 때는 시장지배력과 제품경쟁력 등을 감안하여야 한다.

2) 상대국의 FTA를 활용한 무관세 수출 모델

이 모델은 FTA 상대국 국가에서 제품을 생산하여 또 다른 FTA체결국에 무관세로 수출하거나, 또는 역내의 다른 국가에 무관세로 수출함으로써 FTA 특혜관세를 활용할 수 있는 모델이다.

그림 3-6 상대국의 FTA를 활용한 무관세 수출 모델 개요

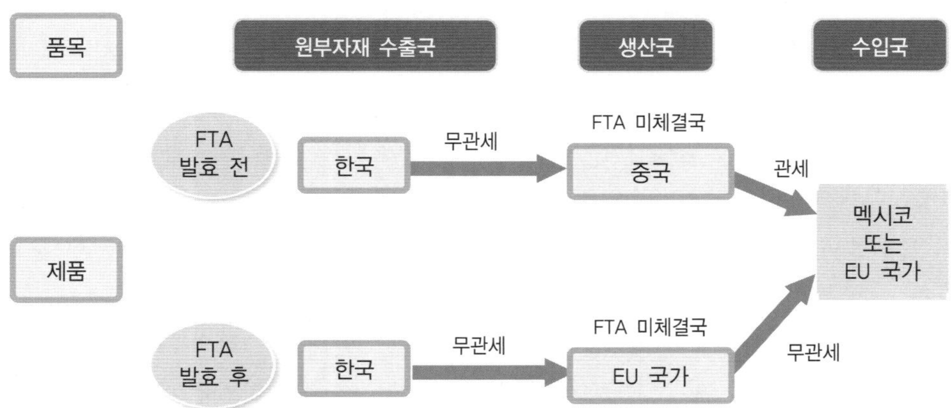

본 모델은 FTA 네트워크를 유리하게 활용하기 위한 것이다. 먼저 본 모델을 활용할 수 있는 대상국가는 역시 FTA 체결국가에서 직접 생산한 제품이다. 그리고 대상품목은 수출상대국(FTA 체결국)이 FTA를 체결한 제3국에서 특혜관세 적용을 받을 수 있는 품목으로서 물론 완제품 수입국의 원산지 기준을 충족할 수 있는 품목이어야 하며, 임가공비의 비중이 큰 품목일수록 유리하다.

이 모델을 활용하기 위한 체크포인트 및 전략으로는 다음과 같은 내용을 지적할 수 있

다. 먼저 완제품 수입국의 FTA 특혜관세율 및 원산지기준을 확인하여야 한다. 즉, 완제품 수출국과 완제품 수입국과의 FTA 특혜관세율 인하폭이 자사제품의 경쟁력을 충분히 발휘할 수 있는 수준인지 검토할 필요가 있다.

뿐만 아니라, 수입시장(EU의 타 FTA체결국)에서 수출국(EU 현지 생산국) 제품에 대한 이미지를 확인할 필요가 있다. 관세율의 하락폭이 커서 가격경쟁력이 충분하다 하더라도 수입국 시장에서 수출국의 이미지가 나쁜 경우에는 가격경쟁력을 충분히 발휘하기 힘들므로 이에 대한 검토가 충분히 이루어져야 한다.

또한, 이 모델을 활용함에 있어서 완제품 생산국(EU 현지 생산국)에 투자진출 가능성을 충분히 파악하여야 한다. 상기 과정을 통해 충분히 승산이 있다고 파악될 때에는 단순 수출보다는 현지에 진출하여 생산하는 것이 유리할 수도 있으므로 현지 진출이 새로운 비즈니스 기회가 될 수 있는 것이다. 이 경우 만일 현지공장을 이전할 때에는 최적의 장소(국가)를 찾는 것이 무엇보다 중요하다. 특히, 대EU 수출기업의 경우에는 EU 회원국 가운데서 최적의 국가를 찾는 노력이 필요하다.

3) FTA 관세인하를 활용한 완제품 수입전환 모델

이 모델은 우리나라의 관세 인하나 철폐를 활용하기 위해 FTA 미체결국에서 FTA 체결국으로 수입선을 전환하는 것이 유리한 경우 활용할 수 있는 모델이다. 이 경우 대상품목의 선정기준은 무엇보다 관세인하폭이 큰 품목이어야 한다. 그리고 수입관세율 절감효과가 FTA 미체결국으로부터의 수입비용보다 커야만 한다.

이 모델을 활용하기 위한 체크포인트 및 전략으로는 다음과 같은 것들을 제시할 수 있다.

먼저 수입제품의 관세율과 품질을 확인하여야 한다. FTA 미체결국과 FTA체결국간 관세율 및 품질을 비교하여 어느 나라에서 수입하는 것이 가장 유리한지를 검토해야 한다. 수출용 원부자재를 수입할 때에는 관세환급이 되기 때문에 국가별 관세율 인하폭이 중요하지 않지만, 내수판매를 위한 부품·소재나 완제품을 수입할 때에는 관세율 인하폭이 중요한 변수로 작용하게 된다.

또한 해당제품의 원산지기준 충족 여부와 충족방안을 강구하여야 한다. 즉, 수입선이 결정되면, 수입제품이 우리나라의 원산지기준을 충족하는지에 대한 검토가 필요하다. 만일 원산지기준이 충족되지 않을 경우, 상대방 수출업자와의 협의를 통해 원산지기준을 충족시키는 방안을 협의하여야 한다.

그리고 생산체제 및 시장 수용성도 함께 체크하여야 한다. 생산·국내판매를 위한 소재·

부품의 경우 가격과 함께 자사 생산체제에 가장 적합한 제품인가에 대한 검토가 필요하며, 완제품의 경우에는 시장의 수용성에 대한 검토가 필요하다.

4) 외국기업의 국내직접투자 유치(합작생산투자) 모델

한국의 FTA 체결이 확대됨에 따라 한국의 FTA 허브 기능을 활용하기 위해 수출유망품목의 부품·소재분야를 중심으로 외국기업의 직접투자가 확대될 수 있다. 또한, 한국시장에서 FTA 체결국 기업의 경쟁력 강화에 대응하기 위한 중국이나 일본 등 FTA 미체결국 기업의 진출이 확대될 것으로 전망된다. 이러한 외국기업의 직접투자로 인해 그간 수입되던 품목이 국내진출 외국기업의 국내생산으로 대체되며, 기존에 진출해 있던 기업도 생산증대를 위해 설비투자를 확대할 것으로 기대된다. 우리 기업들은 이러한 기회를 활용하여 외국기업과의 합작투자·생산·수출 전략을 수립하여 외국기업의 국내 직접투자 활용 모델을 개발할 수 있다.

5) FTA 체결국으로 해외직접투자처 이전 모델

이 모델은 FTA 미체결국에 있던 해외직접투자처를 FTA 체결국으로 이전하여 현지생산 후 역수입함으로써 특혜관세율의 혜택을 최대로 활용하는 것이다. 즉, 한-EU FTA 체결전에 중국에 직접 투자하여 완제품 조립공장을 건설하여 한국에서 생산된 원부자재를 현지로 수출 후 조립·가공하여 이를 다시 역수입하던 것을 한-EU FTA 체결 후에는 그 직접투자처를 EU 국가 중 임금이 싼 폴란드 등 동유럽국가로 이전하는 경우에 해당한다.

물론 이 경우 직접투자 이전 대상 국가는 FTA 체결국이어야 하며, 대상품목은 현지생산의 메리트가 큰 품목이어야 한다. 동 모델을 활용하기 위한 체크포인트 및 전략으로는 먼저 현지공장 이전에 따른 비용과 수익을 비교하여야 한다. 즉, 현지공장의 이전은 많은 비용이 따르기 때문에 이에 따른 비용과 수익을 비교하여 이전에 따른 수익이 큰가를 확인할 필요가 있다.

그리고 가능하면 FTA를 많이 체결한 나라로 이전하는 것이 유리하다. 왜냐하면, 해외공장을 이전할 경우에는 국내수입이나 현지시장판매 뿐만 아니라 해외수출을 감안하여 FTA를 많이 체결한 나라로의 이전도 고려하여야 하기 때문이다. 한편, 국내와 해외에서 동시에 생산하여 수입할 경우에는 국내산제품과 해외생산·수입제품간 가격 및 유통망 차별화 전략을 수립할 필요도 있다.

3. FTA 원산지결정기준 활용 모델

1) 누적조항을 이용한 국내거점형 모델

이 모델은 EU, ASEAN, EFTA 등과 같은 경제연합체와의 FTA를 체결할 경우 적용되는 완전누적기준(Full Cumulation: 다국누적기준)을 활용하여 원산지를 충족시키는 전략 모델 중의 하나이다.

즉, 국내산 제품의 원산지기준 충족을 위해 FTA영역내의 여러 나라로부터 부품 및 소재를 수입할 경우 적용되는 모델이다. 부품이나 소재의 수입선을 FTA 미체결국에서 FTA 체결국으로 전환하여 원산지기준을 충족하게 된다. 한-EU FTA에서는 역내산(EU산 및 한국산) 원부자재의 교역활성화를 위하여 상대국의 원부자재를 사용한 경우 이를 역내산으로 인정하는 완전누적기준을 도입하고 있다. 따라서 EU역내 모든 국가에서 생산되어 수입된 원재료는 모두 자국산으로 간주되어 부가가치 계산시 원산지재료로 누적되게 된다. 그러므로 EU 회원국 중 가장 저렴한 국가에서 원재료를 구매하여 무관세로 수입이 가능하며, FTA 영역내의 여러 나라에서 수입된 원재료의 가치를 합산함으로써 원산지기준을 용이하게 충족하여, 회원국으로 다시 무관세로 수출할 수 있게 된다.

이 모델의 개요는 그림 3-7과 같으며, 부품의 수입대상국은 EU 27개국 어느 나라든 상관없으며, 대상품목은 산업내 수직분업체계가 가능한 모든 품목이 해당된다. 이 때, FTA 체결국으로의 수입전환 효과가 FTA 미체결국으로부터의 수입비용 보다 커야만 한다.

그림 3-7 누적기준을 이용한 국내 거점형 모델 개요

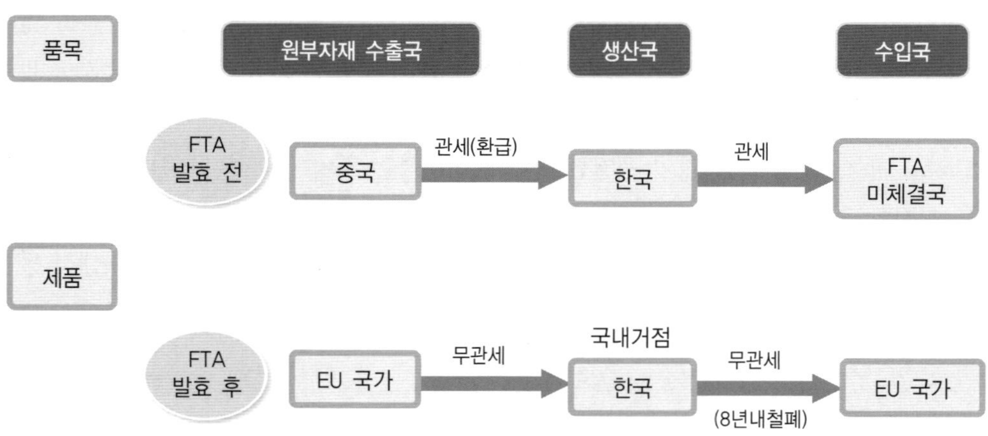

이 모델의 활용을 위한 체크포인트 및 전략으로는 다음과 같은 것들을 들 수 있다. 먼저, 동 모델을 적용하려고 할 경우에는 수입국(EU 국가)의 원산지기준이 어떠한지 확인해 보아야 한다. 원산지기준이 부가가치기준이 아니고 세 번 변경 혹은 특정 공정 기준일 경우에는 동 누적기준 모델은 활용할 수 없으므로 다른 방법을 강구하여야 한다. 만약 원산지기준이 세 번 변경 기준과 부가가치기준 중 택일할 수 있다면 어떤 것을 충족시키는 것이 유리한지를 검토하여야 한다.

그리고 부품이나 소재의 수입선을 FTA 미체결국에서 체결국으로 전환하는 데 수반되는 비용이나 문제점을 파악할 필요가 있다. 부품이나 소재의 수입선 전환으로 원산지기준을 충족시켜 특혜관세를 적용받을 수는 있지만, 이에 따른 비용(주로 수입 비용과 운송비)이 특혜관세 혜택 보다 크다면 동 모델의 활용은 재고해 보아야 할것이다. 특히 부품이나 소재의 수입선 전환은 단순한 비용을 넘어 품질과 생산시스템에의 적합성 문제가 충분히 고려되어야 한다. 이 누적기준 모델을 활용하여 수입국의 부품을 많이 사용할 경우 수출 및 판매시 현지정부 및 소비자에게 좋은 이미지를 줄 수 있으므로 이를 활용할 수 있는 가능성과 활용방안을 적극적으로 강구할 필요가 있을 것이다.

2) 누적조항을 이용한 국외수출거점형 모델

이 모델도 EU와 같은 경제연합체와 FTA를 체결할 경우 적용되는 완전누적기준을 활용한다는 점에서는 앞에서 설명한 누적조항을 활용한 국내거점형 모델의 경우와 유사하다. 그러나 이 모델은 국내가 아니라 어느 한 FTA 당사국에 완제품의 국외 생산거점을 설치한다는 점에서 국내생산거점모델과 차이가 있을 뿐이다.

국외 수출 거점형 모델의 경우는 어느 한 FTA 당사국내에 있는 국외생산거점에서 FTA 영역내에 있는 여러 나라로부터 원재료 및 부품들을 무관세로 저렴하게 수입하여 국내산 원재료나 부품과 함께 결합하여 완제품을 생산하게 된다. 이렇게 함으로써 FTA의 원산지기준을 보다 용이하게 충족시켜 역내산 제품으로 인정받을 수 있을 뿐만 아니라 가격경쟁력을 확보할 수 있다. 나아가 이러한 제품들을 EU와 같은 연합국형태의 여러 FTA 당사국들에 FTA 특혜관세로 수출할 수 있을 뿐만 아니라 앞에서 소개한 「상대국의 FTA를 활용한 무관세 수출 모델」에서 설명한 바와 같이 FTA 상대국이 다른 나라와 체결하고 있는 FTA 당사국에 수출할 경우에도 FTA특혜관세를 적용받을 수 있어 수출확대가 가능하다.

EU에 진출한 우리나라 기업이 동 비즈니스모델을 이용할 경우 EU 27개국은 물론이고 EU가 FTA를 체결하고 있는 수많은 나라들에도 특혜관세로 수출할 수 있게 된다. 이럴 경우 이중의 FTA 효과를 향유할 수 있어 보다 높은 수익성을 향상시킬 수 있을 뿐만 아니라 경쟁력 제고를 기대할 수 있다.

3) 중간재료 기준과 Roll-Up원칙을 활용한 모델

한-EU FTA에서는 중간재료에 대한 별도의 규정을 두고 있지는 않지만 부속서 제5조 제1항의 후단에서 "원산지지위를 획득한 상품이 다른 상품의 제조에 중간재료로 사용되는 경우 재료로 사용되는 상품에 통합된 비원산지재료는 고려하지 아니한다"고 규정하고 있어 자가 생산한 재료는 물론이고 역내에서 생산된 원산지재료를 외부로부터 구입하여 사용한 경우에도 롤업(Roll-Up)원칙[6]을 인정한다. 이는 중간재 규정을 별도로 둔 경우보다 폭넓게 인정하는 것이다.

한편, 비원산지 및 원산지재료가 가공을 거쳐 생산된 중간투입재가 원산지기준을 충족하지 못하여 비원산지 제품이 되어 다른 제품의 생산에 중간투입재로 사용된 경우, 투입된 재료 전체 가격을 비원산지 재료로 취급하는 것이 아니라 이 중간투입재에 포함된 원산지재료의 가치에 대해서만 별도로 최종제품의 원산지 부가가치에 포함하는 추적원칙을 인정하고 있다.

그림 3-8 중간재료 및 Roll-UP 원칙 활용 모델 개요

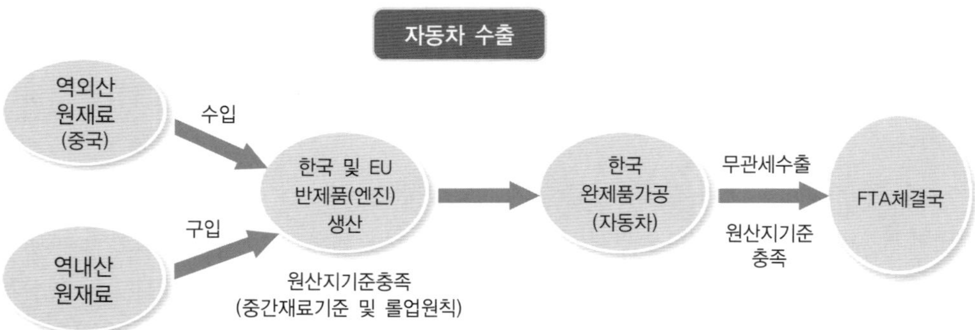

따라서 우리나라의 수출상품의 생산구조에서 원재료를 반입하여 반제품을 생산하고 다시 이 반제품(부품)들을 결합하여 완제품을 생산하여 수출하는 경우를 흔히 볼 수 있다.

[6] 흡수원칙(Absorption principle)이라고도 하며, 비원산지 재료를 국내에서 추가적으로 가공하여 중간재료를 생성하고 이 중간재료를 최종제품에 결합을 하는 경우, 그 중간재료가 품목별 원산지 규정에 따른 원산지 기준을 충족하여 원산지 자격을 취득하고 최종제품에 결합하기만 하면 100% 원산지 물품으로 인정되는 것을 롤업원칙이라고 한다.

이러한 경우 중간재료 규정과 Roll-up 및 추적원칙을 전략적으로 적절히 잘 활용하는 비즈니스모델을 구축할 경우 역외산 재료비도 역내산 부가가치에 포함시킬 수 있어 수출품의 원산지규정을 보다 용이하게 충족시킬 수 있고, FTA로 인한 특혜를 향유하고 경제적 이익을 극대화 할 수 있을 것이다. 지동차 산업과 같은 대규모 조립산업의 경우에 이러한 모델을 적절히 활용할 수 있을 것으로 기대된다.

4) 최소허용치 기준을 활용한 모델

최소허용치 기준(De Minimis rules)이란 최종제품의 원산지 지위에 영향을 미치지 않고 사용가능한 비원산지 재료의 일정비율을 의미하며, 원산지 인정의 최소허용기준(Tolerance rules)이라고도 한다. 한-EU FTA의 원산지규정에서는 제품의 원산지 판정에서 양측이 합의한 품목별 원산지기준을 충족하지 못하더라도 비원산지재료가 제품공장도가격(EXW)의 10% 미만으로 사용된 경우에는 원산지를 인정한다는 최소허용치 기준(De Minimis)을 규정하고 있다.

적용범위는 일반적으로 품목별 원산지기준에서 세번변경기준 및 특정 공정기준을 보충하는 기준으로 적용함으로써 비원산지 재료를 이용한 물품의 원산지 자격 취득을 용이하게 한다. 따라서 이 모델을 이용할 경우에 일반적인 원산지 결정기준인 세번변경기준을 충족하지 못하는 경우에도 특혜적용을 받을 수 있는 가능성이 증대하게 된다. 특히, 우리나라의 경우 원재료 수입 후 가공 무역을 하는 중소기업들이 이 기준 모델을 효과적으로 활용하면 FTA 체결효과를 극대화할 수 있을 것으로 생각된다.

5) 세트물품의 원산지기준을 활용한 모델

이 모델은 수출품이 세트물품인 경우 그 세트를 구성하는 비원산지 구성품의 가격이 세트가격(EXW)의 일정비율 이하인 경우에는 세트 전체를 원산지 물품으로 인정해주는 원산지규정을 활용하는 것이다. 소매를 위한 세트물품(예, 제도용 키트)의 경우 세트 내의 모든 상품이 원산지 상품인 경우에만 원산지요건을 충족하나 FTA에 따라 예외적 조건들을 규정하고 있다.

6) 특정공정기준 충족을 위한 국내조달/생산 전환 모델

이 모델은 섬유 및 의류제품과 같이 특정공정기준을 요구하는 FTA 원산지기준을 충족하여 특혜관세를 적용받기 위해서 기존에 수입하거나 해외에서 생산하던 공정을 국내조달이나 국내생산으로 전환하는 것을 의미한다. 한-EU FTA에서도 섬유 및 의류제품 등에서 특정공정기준을 채택하고 있다. 이러한 경우 특정 가공공정 이상이 FTA역내에서 이루어지지 않으면 원산지기준을 충족하지 못하여 특혜관세의 혜택을 누릴 수 없게 된다.

4. 품목분류 활용 모델

1) 품목분류 컨설팅을 통한 수출 지원형 모델

이 모델은 품목분류 오류로 수출시 FTA 혜택을 향유하지 못하는 기업에 대한 컨설팅 실시로 수출을 지원하는 것으로 그 개요는 그림 3-9와 같다. 실제로 한-ASEAN FTA의 경우, 잘못된 품목분류로 FTA 혜택을 향유치 못하는 기업이 상당수 존재하였다.

그림 3-9 품목분류 컨설팅을 통한 수출 지원형 모델 개요

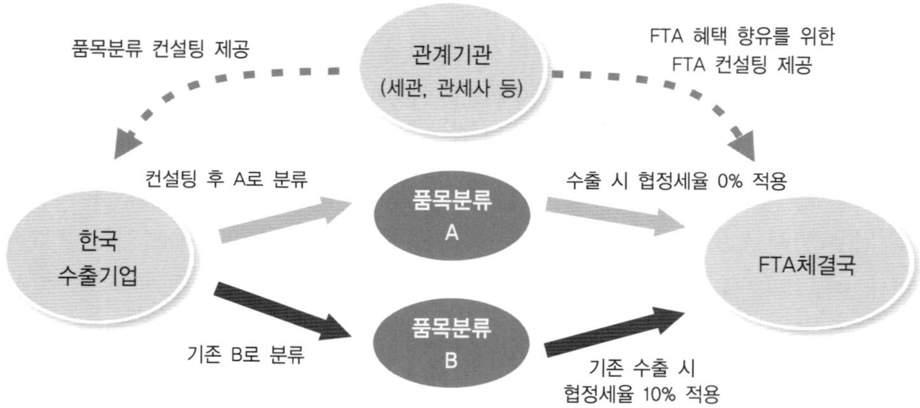

즉, 어떤 품목이 A로 정확하게 분류될 때는 무관세로 수출이 가능하나 잘못된 품목분류 B로 분류될 경우에는 높은 협정세율(가령 10%)이 부과되는 경우가 있을 수 있다. 이러한 경우, 기존 B로 품목분류를 해온 기업에게 세관이나 관세사 등이 컨설팅 서비스를 제공하여 품목분류를 A로 수정한 후 수출하도록 지원하면 무관세 수출이 가능하게 된다.

2) 수출업체 세율적용 컨설팅 시스템과의 연계 모델

이 모델은 FTA 체결국들 세관 사이에 품목분류체계가 다를 경우 관세평가 분류원과 관세청의 협조를 얻어 상대국 세관당국에 제시함으로서 특혜관세혜택을 볼 수 있게 하는

것이다. 즉, 관세평가 분류원과 관세청은 상호협력을 통해 세관 품목분류 Ruling을 마련하여 수출업체에 제공함으로써 비즈니스 컨설팅을 공동으로 수행하게 되며, 수출업체는 동 Ruling을 상대국 세관당국에 제시함으로써 품목분류에 대한 의견대립으로 발생할 수 있는 시간과 비용을 절약할 수 있다.

그림 3-10 수출업체 세율적용 컨설팅 시스템과의 연계 모델

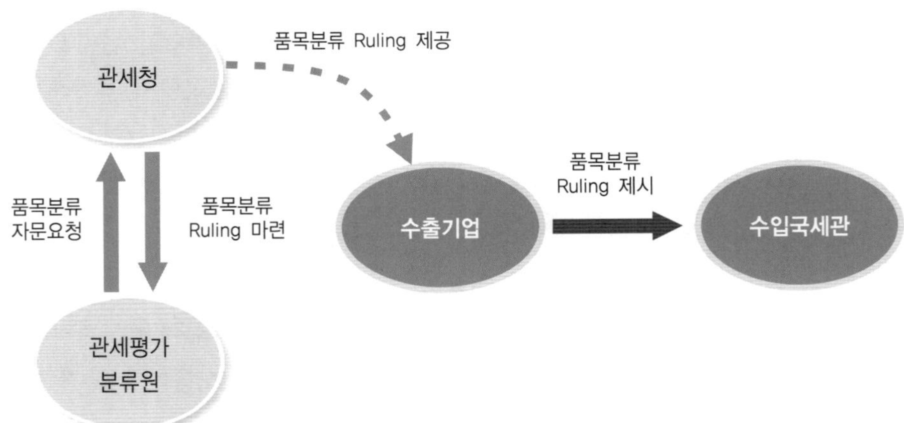

5. FTA Hub & Spoke 활용 모델

1) FTA(한-ASEAN FTA 등)와 한-EU FTA 활용 모델

이 모델은 한국이 동시다발적으로 FTA를 체결하게 됨에 따라 FTA 허브로 부상하면서 우리나라가 체결하고 있는 두 개 FTA를 활용하여 세 번 변경 기준이 적용되는 특정품목의 원재료수입과 완제품수출에 있어서 무관세 무역을 할 수 있도록 한 것이다. 즉, 한-EU FTA에서 품목별 원산지결정기준은 선택기준을 채택하고 있어 세 번 변경 기준과 부가가치기준 가운데 하나를 선택할 수 있도록 되어 있다. 특히 세 번 변경 기준을 선택하는 것이 유리한 품목의 경우에는 이 모델을 활용하면 원재료 수입부터 완제품 수출까지 무관세로 무역을 할 수 있다. 따라서 기존에 ASEAN 국가에서 원재료를 수입하여 국내에서 최종 가공 후 EU국으로 수출하는 기업의 경우 최초 원재료 수입부터 최종 제품 수출까지 무관세 무역이 가능하여 경쟁력을 제고 할 수 있으며 EU국으로 수출을 증대할 수 있게 될 것이다.

2) FTA 허브형 국내외 기업간 협력 모델

이 모델은 한국이 동시다발적으로 FTA를 체결하게 됨에 따라 FTA 허브로 부상하면서 이를 활용하려는 외국계기업과 한국기업간 협력을 활용한 것이다. 한국이 FTA외국기업과의 협력 강화는 한국기업의 글로벌화와 경쟁력 강화에 기여할 것으로 기대된다. 동 모델의 경우는 협력이 가능한 전품목에 대해 세계 전국가를 대상으로 협력에 가장 유리한 기업을 활용할 수 있을 것이다. 실제로 오늘날 세계는 기업경영의 국제화로 경쟁력 강화를 위한 기업간 협력과 M&A가 전세계적으로 확산되고 있다. 특히 FTA로 인한 시장개방은 경쟁의 격화를 불러오게 될 것이므로 경쟁력 강화를 위해서라면 국내외 기업간 협력을 적극적으로 추진할 필요가 있다. 경쟁력 강화를 위해서는 상품무역 외에도 다양한 분야에서 외국기업과 협력할 필요가 있다. 최근의 FTA는 상품무역의 관세철폐 외에도 연구개발, 물류, 투자, 서비스, 금융, 통신, 정부조달, 지적재산권, 노동, 환경 등 다양한 분야에서 협력할 수 있는 환경을 조성하고 있다. 따라서 이들 분야에서 외국기업과의 협력을 통해 기업의 활로를 개척하고 세계 시장 진출을 모색할 필요가 있다.

그리고 협력 파트너 기업을 선정할 때는 협력 파트너 기업의 핵심역량을 파악하는 것이 무엇보다 중요하다. 즉, 상대방 기업이 가진 핵심역량이 자사에 도움이 되는지, 경쟁관계보다는 보완관계가 큰지 등에 대한 충분한 검토가 필요하다.

6. 글로벌 FTA 네트워크 활용 모델

우리나라가 체결한 모든 FTA를 점검하여 설비 및 원부자재를 수입하여 가공하거나 생산하여 수출함으로써 비용을 최대한 절감하여 수익을 최대화할 수 있는 전략을 수립할 필요가 있다. 글로벌 FTA 네트워크 활용 모델이란 이와 같이 기존에 체결한 FTA들을 효율적이고 전략적으로 활용하여 교역을 확대하고 해외진출 시 비용을 최소화하고 수익을 극대화할 수 있는 전략 중의 하나이다.

예를 들어 우리가 체결한 FTA 국가들에서 생산설비 및 부품을 무관세로 수입하여 개성공단에서 제조하거나 생산하여 EU국가로 수출하는 경우 글로벌 FTA 활용을 통해 생산원가를 절감하고 무관세로 수출하게 된다. 개성공단에서 가공을 하게 되면 국내나 중국에서의 가공보다 인건비가 저렴하고 반출입 시간을 단축할 수 있는 등의 긍정적 효과가 클 것으로 생각된다.

이 모델은 기존의 모든 FTA국가들을 대상으로 전품목에 대해 적용할 수 있을 것이며,

효율적 활용을 위해서는 현재 우리나라가 체결한 FTA를 활용하여, 설비·원부자재의 수입, 가공, 생산, 수출에서 최대한의 비용절감과 수익을 올릴 수 있는 방안을 강구하여야 한다.

7. FTA 보세가공지역을 활용한 무관세 무역가능 모델

이 모델은 보세공장, 종합보세구역 등 기존의 보세제도보다 간소화된「관세 FTA 보세가공지역제도」도입을 추진하여 이 FTA 보세가공지역을 활용함으로써 무관세로 수출입을 가능하게 하는 모델이다. FTA 보세가공 지역의 간편한 설립요건과 간편한 반출입 절차 등을 적용하여 소규모 업체라도 역외산 해외 원자재를 FTA 보세가공지역에 무관세로 쉽게 반입하고 완제품을 제조하여 FTA 체결국에 무관세로 수출 할 수 있도록 지원할 필요가 있다.

제4장 FTA 활용 무역 비즈니스

1. FTA 상대국 관세율 인하를 활용한 수출 확대

이 무역 비즈니스 모델은 우리가 FTA를 체결하는 가장 중요한 이유인 상대국의 관세율 인하를 수출 확대 기회로 활용하는 것이다. 예를 들어 우리나라가 품질경쟁력을 가지고 있는 ABS수지의 경우 대미 수출에서 한·미 FTA가 체결되기 전에는 6.5%의 관세율을 적용받았으나, 한·미 FTA가 체결되면서 6.5%의 관세율이 점진적으로 낮아져 10년후에는 무관세가 된다. 6.5%의 관세가 철폐되면 발효 이전에는 Kg당 2.00달러였던 한국산 ABS수지의 미국 도입 단가가 발효 이후에는 관세율이 없어지면서 1.88달러로 낮아져, 멕시코산에 비해서는 비싸지만 대만산과 비슷한 수준으로 되면서 가격경쟁력이 커지게 된다. 이러한 관세 철폐 및 인하로 인한 가격경쟁력은 상대방으로의 수출 확대에 중요한 기회로 작용하게 될 것이다.

2. 상대국의 FTA를 활용한 무관세 수출

무관세 수출 모델은 원부자재를 FTA 상대국에 수출하여 현지에서 최종제품을 생산하고 최종제품을 상대국의 FTA 체결국에 수출함으로써 FTA를 최대한 활용하는 방안이다. 예를 들면 면 T셔츠의 경우 기존에는 한국에서 원부자재를 중국으로 보내어 중국에서 면 T셔츠를 만들어 일본으로 수출할 경우 일본에서 10.9%의 관세율을 부담하여야 하였지만, 한·ASEAN FTA가 발효된 현재는 원부자재를 우리나라와 FTA가 체결된 말레이시아에 보내어 말레이시아에서 생산하여 무관세로 일본으로 수출할 수 있게 된다.

모델을 활용할 경우 일본에서의 도입가격은 원화기준으로 4,648원으로, 기존 중국생산·대일수출 체제하에서의 도입가격 5,025원에 비해 377원이 싸지게 된다. 이렇게 말레이시아에서 생산하여 일본에 수출할 경우 일본 도입가격이 싸지게 되는 이유는 말레이시아, 중국 모두 가공비는 유사한 수준이고, 운송비는 말레이시아가 멀기 때문에 더 들지만 말레이시아에서 수출하면 일본관세 10.9%를 물지 않아도 되기 때문이고, 결국 FTA를 잘 활용하는 것이 수출업자에게 더 유리하게 된다는 것을 이 사례를 통해 알 수 있다.

이 모델을 활용할 경우에 유의하여야 할것은 첫째, 완제품 수입국의 FTA 특혜관세율 및 원산지기준을 확인하여야 한다는 것이다. 즉 완제품 수출국(말레이시아)과 일본과의 FTA 특혜관세율 인하폭이 자사제품의 경쟁력을 충분히 발휘할 수 있는 수준인지 검토할 필요가 있다. 그리고 수입시장(일본)에서 수출국(말레이시아) 제품에 대한 이미지를 확인할 필요가 있다. 아무리 도입가격이 싸진다 하더라도 수입국 시장에서 수출국의 이미지가 나쁜 경우에는 가격경쟁력을 충분히 발휘하기 힘들어지게 되기 때문이다.

3. FTA 체결국으로 완제품 수입선 전환

FTA 체결에 따른 우리나라의 관세율 인하 및 철폐 혜택을 활용하기 위해 수입선을 FTA 미체결국에서 FTA 체결국으로 전환하는 모델이다.

예를 들어 한·칠레 FTA가 체결되기 이전인 2002년 우리나라 와인 수입시장에서 프랑스는 56%의 압도적인 점유율을 점하고 있었고, 칠레는 4%로 7위에 머물렀으나 한·칠레 FTA가 발효된 이후에는 칠레의 수입시장 점유율은 확대된 반면 프랑스는 축소되었다. 즉 한·칠레 FTA로 인해 수입선이 기존의 프랑스나 미국에서 칠레로 전환된 것이다. 이러한 결과는 한·칠레 FTA로 인해 칠레산 와인의 수입관세율이 15%에서 5%로 하락하여 칠레산 와인의 가격경쟁력이 강화된 것이 주요인으로 작용하였기 때문이다.

한편 한·미 FTA가 내년에 발효된다면 미국산 와인의 수입관세율은 기존의 15%에서 단숨에 0%로 하락하게 되어 미국산 와인이 칠레에게 빼앗겼던 2위 자리를 되찾을 수 있을 것으로 미국 와인업계는 기대하고 있다. 와인의 사례에서 보듯이, FTA로 인해 우리나라의 수입관세율이 국별로 상이하게 되므로 FTA 시대에는 어느 나라에서 수입하는 것이 가장 유리한가 하는 것에 대해 더 많이 고민 하여야 한다.

4. 원산지 기준 충족을 위한 부품·소재 수입선 전환

이 모델은 원산지누적조항을 활용하여 원자재나 부품·소재의 수입선을 FTA 미체결국에서 FTA 체결국으로 전환하여 원산지기준을 충족시키는 영업방식이다. 예를 들면 컴퓨터를 베트남에 수출할 경우 원산지기준을 충족시키지 못하면 일반관세율 10%를 부담하여야 하지만 원산지기준을 충족시키면 FTA 특혜관세율 8%만 납부하면 된다. 이 모델을 활용코자 할 경우에는 수입국의 원산지기준이 부가가치기준일 경우에만 사용이 가능하다는 점을 알아야 한다.

5. 원산지기준 충족을 위한 국내 조달, 생산 전환

FTA 원산지기준을 충족하기 위해 기존에 수입하거나 해외 생산하던 공정을 국내 조달 혹은 생산으로 전환하는 방식이다. 대표적인 사례로 한국 섬유제품의 대미 수출시 적용되는 Yarn-forward 원산지조항을 들 수 있다. 섬유제품의 대미 수출에서 FTA 특혜관세 혜택을 누리기 위해서는 원사 제조에서 최종 의류 제품을 만드는 모든 과정이 국내에서 이루어져야 함. 따라서 기존과 같이 원사를 값싼 중국이나 ASEAN에서 수입하던 것을 국내에서 생산하게 된다. 원사를 국내에서 생산하면 중국산을 수입하여 생산하는 것에 비해 국내 생산비용은 커지지만 대미 수출시에는 무관세 혜택을 보게 되어 오히려 가격경쟁력이 커지는 효과를 볼 수 있다. 하지만 동 모델을 활용할 때에는 원산지기준 충족에 따른 관세인하 혜택이 부품이나 원자재를 국내에서 조달하거나 국내생산으로 전환할 때 발생하는 비용보다 큰가를 사전에 반드시 확인하여야 한다.

제2편

무역경영

Chapter 1. 무역거래의 기초

Chapter 2. 무역거래의 계약체결

Chapter 3. 무역거래의 계약실행

Chapter 1

무역거래의 기초

제1장 무역관리제도

1. 무역관리의 목적

무역관리(trade control)란 국가가 제도, 기구 또는 법규에 의하여 무역거래에 대하여 간섭, 통제 또는 규제하는 것을 말하며, 대부분의 국가들은 정도의 차이는 있지만 어느 정도의 제약을 가하고 있다. 특히 대외무역의존도가 높은 한국은 수출입의 관리가 그만큼 더 중요하다.

이러한 점들을 감안하여 우리나라의 헌법 제125조에서는「국가는 대외무역을 육성하며 이를 규제·조정할 수 있다」라고 명문화하고 있으며, 또한 우리나라의 대외무역법 제1조에서도 무역관리의 목적에 대하여「이 법은 대외무역을 진흥하고 공정한 거래질서를 확립하여 국제수지의 균형과 통상의 확대를 도모함으로써 국민경제의 발전에 이바지함을 목적으로 한다」라고 규정하고 있다.

2. 무역관리법규

우리나라의 대외무역은 다음과 같은 법률적 근거에 의거하여 운영·관리되고 있다.

첫째로, ① 헌법, ② 대외무역법, 동(同) 시행령 및 동 관리규정 등에 근원을 두고 있다.

둘째로, 대외무역과 직접 관련되는 법들로는 ① 무역보험법 ② 자유무역지역의 지정 및 운영에 관한 법률, ③ 관세법, ④ 수출용 원재료에 대한 관세 및 환급에 관한 특례법, ⑤ 외국환거래법, ⑥ 외국인투자 촉진법, ⑦ 중재법, ⑧ 무역금융규정 등을 들 수 있다.

셋째로, 이들 외에도 특별법에 근거한 무역거래관계법들이 있다.

이 중에서 대외무역법, 관세법, 외국환거래법은 소위 무역의 3대 기본법이라고 하고 우리나라 무역관리제도의 근간을 이루고 있다.

1) 대외무역법

무역에 관한 일반법이며 기본법인 대외무역법은 1986년 12월 31일 법률 제3895호로 제정·공포되어 1987년 7월 1일부터 시행하게 되었다. 그 동안 여러 차례의 일부개정을 통하여 시대의 흐름을 반영하고 있다.

대외무역법은 대외무역을 진흥하고 공정한 거래질서를 확립하여 국제수지의 균형과 확대를 도모함으로써 국민경제의 발전에 이바지함을 목적으로 하고 있다.

현행 대외무역법의 주요 내용은 ① 통상의 진흥, ② 수출입거래, ③ 원산지의 표시, ④ 수입수량 제한조치, ⑤ 수출입의 질서유지, ⑥ 보칙, ⑦ 벌칙 등으로 구성되어 있다.

2) 외국환거래법

외국환거래법은 외국환거래 기타 대외거래의 자유를 보장하고 시장기능을 활성화하여 대외거래의 원활화 및 국제수지의 균형과 통화가치의 안정을 도모함으로써 국민경제의 건전한 발전에 이바지함을 목적으로 하고 있다. 외국환거래법은 ① 외국환업무 취급기관 등, ② 외국환 평형기금, ③ 지급과 거래, ④ 보칙, ⑤ 벌칙 등으로 구성되어 있다.

3) 관세법

관세법은 관세의 부과·징수 및 수출입물품의 통관을 적정하게 하여 국민경제의 발전에 기여하고 관세수입의 확보를 목적으로 하는 법으로, 1967년 11월 29일 법률 제1976호로 제정·공포되어 수차에 개정되어 현재에 이르고 있다.

관세법은 관세의 과세와 징수 및 통관의 규정을 핵심으로 한 제도로서 국제관세협력, 운송기관, 보세구역, 운송, 관세사, 관세공무원의 직권, 벌칙, 조사와 처분의 규정을 두고 있으며, 총칙과 부칙을 함께 두고 있다.

또한 관세법에는 별도로 관세율표가 부속되어 있고 관세법에서 위임된 사항과 그 시행에 관하여 필요한 사항을 정하기 위한 관세법시행령과 동법시행령의 시행에 따른 관세법시행규칙이 제정·시행되고 있다.

관세법은 ① 관세와 징수, ② 세율 및 품목, ③ 감면·환급 및 분할납부, ④ 납세자의 권리 및 불복절차, ⑤ 운송수단, ⑥ 보세구역, ⑦ 운송, ⑧ 통관 ⑨ 세관공무원의 자료제출 요구, ⑩ 벌칙, ⑪ 조사와 처분 등을 주요 내용으로 규정하고 있다.

4) 기타 무역관계법

(1) 무역거래기반조성에 관한 법률

무역거래기반조성에 관한 법은 무역거래기반을 효율적·체계적으로 조성하여 균형적인 무역거래의 확대와 국민경제의 발전에 이바지함을 목적으로 하여 2000년 1월 28일에 제정되었다.

(2) 전자무역 촉진에 관한 법률

이 법은 전자무역의 기반을 조성하고 그 활용을 촉진하여 무역절차의 간소화와 무역정보의 신속한 유통을 실현하고 무역업무의 처리 시간 및 비용을 줄임으로써 산업의 국제경쟁력을 높이고 국민경제의 발전에 이바지함을 목적으로 하여 2005년 12월 23일에 제정되었다.

(3) 무역보험법

무역보험법은 수출무역, 기타 대외거래에서 발생하고, 통상의 보험으로는 구제하기 곤란한 위험으로 인한 재산상의 손실을 보상하는 보험제도를 확립함으로써 수출무역, 기타 대외거래의 진흥을 도모함을 목적으로 1968년 12월 31일에 제정·공포되어 시행되고 있다.

(4) 중재법

중재법은 해당 당사자간의 합의로 사법상의 분쟁을 법원의 판결에 의하지 아니하고 중재인의 판정에 의하여 신속하게 해결함을 목적으로 1966년 3월 16일 공포·시행되고 있다. 그리고 대한상사중재원의 중재법에 의하여 상사중재를 공정·신속하게 하기 위한 절차를 규정함을 목적으로 하는 상사중재규칙을 제정하여 1973년 4월 3일자로 대법원의 승인을 받아 시행하고 있다.

(5) 자유무역지역의 지정 및 운영에 관한 법률

자유무역지역의 지정 및 운영에 관한 법률은 자유로운 제조·물류·유통 및 무역활동 등이 보장되는 자유무역지역을 지정·운영함으로써 외국인투자의 유치, 무역의 진흥, 국제물류의 원활화 및 지역개발 등을 촉진하여 국민경제의 발전에 이바지함을 목적으로 2004년 3월 22일 제정·시행되고 있다.

3. 무역업의 창업과 무역업고유번호

1) 무역업의 창업

(1) 무역업 취급품목

수출품이 무역시장에 진출하기 위해서는 가격과 품질경쟁력이 있어야 한다. 수출입품목을 발굴하기 위해서는 국내 및 해외시장을 조사하여야 한다. 산업통상자원부, 관세청 및 한국무역협회의 수출입통계는 품목선정에 유용하다. 먼저 국내시장에서 잘 팔리는 유명상품이 해외시장에서 잘 팔린다. 수출품은 시장성, 수익성 및 전문성이 있어야 타사제품과 차별화 할 수 있고 틈새시장을 공략할 수 있다.

일반무역에서 취급하는 품목은 가격 및 품질의 경쟁력이 있고 국내외의 수요가 있으면 어떠한 품목도 취급할 수 있다. 그러나 전자무역 취급품목은 소형 경량이거나, 제품이나 서비스를 직접 보거나 만져보지 않아도 그 품질이나 내용을 알 수 있는 무형체의 제품이 많다. 현재 전자무역으로 거래되는 품목은 서적, 컴퓨터, 소프트웨어(software), 컴퓨터관련 하드웨어(hardware), 음반, 캐주얼 의류, 영화, 비디오, CD, 테이프, 가전제품 등이다.

(2) 무역거래형태의 결정

무역거래의 취급품목이 결정되면 먼저 무역거래형태 즉 무역업 및 무역대행업 및 무역대리업 중 어느 것으로 할 것인지를 결정해야 한다. 무역업이란 영리를 목적으로 자기명의로 자기 비용과 위험으로 물품을 수출하고 수입하는 것을 업으로 하는 자를 말한다.

무역거래형태에는 수출대행과 수입대행이 있다. 수출입대행자는 대외무역법에 의거하여 한국무역협회장으로부터 무역업 고유번호를 부여받은 자이어야 하고 수출입대행자는 위탁자와의 수출 또는 수입의 「수출입대행계약」에 따라 대가를 받고 수출입을 대행한다.

이밖에 무역대리업(Agent)이 있다. 무역대리업자는 외국의 제조업자나 공급업자를 대리하여 국내에서 오퍼를 발행하는 것을 업으로 하는 자이고 오퍼상이라고 부른다.

온라인무역에서는 국내개인무역업자(SOHO; Small Office Home Office)들이 해외의 온라인 쇼핑몰 웹사이트(On Line Shopping Mall Web Site)를 방문하여 상품을 주문하고 대금은 크레디트카드(Credit Card)로 결제하고 운송은 국제특송(International Courier; DHL 등)을 이용하고 있다. 앞으로는 무역전문 웹사이트, 데이터베이스 및 검색엔진에서 무역정보를 수집, 집계, 분석하여 매도인과 매수인을 연결해주는 새로운 형태의 무역중개업자 즉 지능형 대리점(Intelligent Agent)이 각광을 받게 될 것이다.

(3) 자금계획

무역업을 하는데 필요한 운영자금계획 및 자금조달 계획을 세워야 한다. 운영자금에는 금융권이나 비금융권에서 대출, 차입하는 자금도 포함해야 한다. 이와 더불어 재무구조를 건실화하기 위해서는 차입금 상환계획도 세워야 한다. 무역업이 정부가 지정한 벤처사업인 경우 정부로부터 저리의 융자금도 받을 수 있다.

(4) 무역을 위한 인프라(Infra) 구축

전자무역을 원활하게 이행하기 위해서는 인터넷, EDI 등의 IT 기술을 활용할 수 있는 인프라를 회사 내에 구축해야 한다. Home Page(Web Site) 구축, 도메인 네임(Domain Name), 이메일 주소(E-mail Address) 등을 등록해야 한다.

그림 1-1 온·오프라인 무역회사 창업절차

2) 무역업고유번호 신청

무역업신고제가 2000년 1월 1일부터 폐지되고 기존의 무역업신고번호 대신 무역업고유번호가 신설되었다.

개정된 대외무역관리규정 제24조에 의거하여 산업통상자원부장관은 동법시행령 제21조 및 제22조에 따른 전산관리체제의 개발·운영을 위하여 무역거래자별 무역업고유번호를 부여한다.

무역거래자는 관세법 제241조의 규정에 의한 수출(입)신고시 무역업고유번호를 수출(입)

Model Form 1-1 무역업고유번호부여(신청)서

무역업고유번호신청서

APPLICATION OF TRADE BUSINESS CODE

처리기간(Handling Time)
즉 시(Immediately)

<table>
<tr><td colspan="2">① 상 호
(Name of Firm)</td><td></td><td>② 무 역 업 고 유 번 호
(Trade Business Code)</td><td colspan="2"></td></tr>
<tr><td colspan="2">③ 주 소
(Address)</td><td colspan="2"></td><td>④ 업 종
(Business Type)</td><td></td></tr>
<tr><td rowspan="2">⑤</td><td>전 화 번 호
(Phone Number)</td><td></td><td>⑥ 전 자 우 편 주 소
(Email Address)</td><td colspan="2"></td></tr>
<tr><td>팩 스 번 호
(Fax Number)</td><td></td><td>⑦ 사 업 자 등 록 번 호
(Business Registry Number)</td><td colspan="2"></td></tr>
<tr><td colspan="2">⑧ 대 표 자 성 명
(Name of Rep.)</td><td></td><td>⑨ 주 민 등 록 번 호
(Passport Number)</td><td colspan="2"></td></tr>
</table>

대외무역법 시행령 제21조 및 대외무역 관리규정 제24조의 규정에 의하여 무역업고유번호를 위와 같이 신청합니다.

I hereby apply for the above-mentioned trade business code in accordance with Article 24 of the Foreign Trade Management Regulation.

신 청 일 : 년 월 일
Date of Application Year Month Day

신 청 인 : (서명)
Applicant Signature

사단법인 **한국무역협회 회장**

Chairman of Korea International Trade Association

유의사항 : 상호, 대표자, 주소, 전화번호 등 변동사항이 발생하는 경우 변동일로부터 20일 이내에 통보하거나 무역업데이타베이스에 수정입력하여야 함.

210㎜×297㎜
일반용지 70g/㎡

자 상호명과 함께 기재하여야 한다. 무역을 업으로 하고자 하는 자는 무역업고유번호를 한국무역협회장에게 신청하여야 한다. 한국무역협회장은 접수 즉시 신청자에게 고유번호를 부여한다. 고유번호의 신청 및 부여는 다음의 「무역업고유번호부여(신청)서」서식에 의해서 하여야 하며, 우편·팩시밀리·전자메일(e-mail)·전자문서교환체제(EDI) 등의 방법으로 할 수 있다. 무역업고유번호를 부여받은 무역업자는 상호, 대표자, 주소, 전화번호 등의 변동이 있는 경우에는 변동 사실을 신속하게 한국무역협회장에게 통보하여야 한다. 한국무역협회장은 고유번호를 부여한 경우 또는 고유번호를 부여받은 무역업자의 상호, 대표자, 주소, 전화번호 등의 변동사실을 통보받은 경우에는 무역업고유번호 관리대장에 이를 기록하고 계속 관리하여야 한다.

3) 무역대리업의 신고제 폐지

종전의 대외무역법에서 무역대리업은 외국의 수입업자 또는 수출업자의 위임을 받은 자(외국의 수입업자 또는 수출업자의 지사 또는 대리점 포함)가 국내에서 수출물품의 구매 또는 수입계약의 체결과 이에 부대되는 행위를 업으로 영위하는 것을 말하며 갑류무역대리업과 을류무역대리업[1]으로 구분하고 있었으나 개정대외무역법에서는 이를 삭제하였다.

종전의 대외무역법에서 갑류무역대리업 신고는 한국무역대리점협회장에게, 을류무역대리업 신고는 한국수출외국기업협회장에게 신고하도록 하였으나, 모두 폐기되었다(제2조 5항; 삭제 2000. 12. 29).

4) 수출입지역

원칙적으로 수출입거래는 세계 어느 지역과도 가능한 것이나, 교역상대국이 우리나라의 국제협정상의 권익을 부인하거나, 우리나라의 무역에 대하여 부당하거나 차별적인 부담 또는 제한을 가하거나, 인간의 건강과 안전, 환경보전 또는 국내자원보호 등을 위하여 필요한 때에는 특별조치를 통해 수출입을 제한 또는 금지할 수 있도록 대외무역법 제5조에 명시하고 있다. 이 밖에도 수출입공고에 의하여 특정지역과의 교역을 제한하거나 금지할 수 있는 근거를 마련해 두고 있으며, 그 구체적 수단으로서 산업통상자원부장관이 필요할

1 갑류무역대리업이란 무역대리업 중 외국의 수출업자를 대리하여 국내에서 물품매도확약서의 발행을 주된 업으로 하고 부수적으로 수출물품의 구매알선행위를 업으로 영위하는 것을 말하고, 을류무역대리업은 무역대리업 중 외국의 수입업자를 대리하여 국내에서 수출할 물품의 구매와 구매알선 및 이에 부대되는 시장조사 등의 행위를 업으로 영위하는 것을 말한다.

경우 교역상대국의 수출입허가서, 최종소비지증명서 및 검정증명서 등을 제출하도록 하는 제도를 마련해 두고 있다.

5) 관세의 관리

관세(customs, tariffs)라 함은 관세영역(관세선)을 출입하는 물품에 대해서 법률이나 조약에 의거하여 부과하는 조세(租稅)이다.

우리나라의 관세법 제1조에서는 「관세의 부과, 징수 및 수출입물품의 통관을 적정하게 하여 국민경제의 발전에 기여하고 관세수입의 확보를 기함을 목적으로 한다」고 규정하고 있어 조세법으로서의 성격, 통관법으로서의 성격, 그리고 단속법으로서의 성격을 아울러 가지고 있다고 할 수 있다.

또한 정부는 관세와 연관하여 관세감면제도, 관세환급제도, 자진신고납부제도, 탄력관세제도 등을 통하여 국제무역거래를 관리·통제 및 조절하고 있다.

6) 특별법에 의한 관리

무역거래에 관련되는 법규로는 전술한 3대 기본법 이외에 무역보험법, 중재법, 자유무역지역의 지정 및 운영에 관한 법률, 전자무역촉진에 관한 법률, 한국수출입은행법, 자유무역지역의 지정 및 운영에 관한 법률, 무역거래기반조성에 관한 법률 등 많은 관계법규가 있다.

4. 수출입승인 및 그 절차

1) 수출입관리의 기본원칙

대외무역법 제10조 제1항은 이 법의 범위 내에서는 물품 등의 수출입과 이에 따른 대금을 받거나 지급하는 것은 자유롭게 이루어진다고 규정하고 있다. 대외무역법 및 기타 무역관계법규에서 별도로 정하고 있지 않은 사항에 대하여는 자유무역질서를 저해하지 않는 범위 내에서 수출입행위는 기본적으로 자유롭게 이루어진다. 무역관계법규, 수출입공고 등에서 수출입제한조치가 공고되지 아니한 품목은 자유롭게 수출입할 수 있고 수출입제한조치가 공고된 수출입승인품목은 산업통상자원부장관이 지정한 수출입승인기관장의 승인이 있어야 수출입할 수 있다.

2) 수출입제한

산업통상자원부장관이 대외무역법 제11조(수출입의 제한 등) 제1항의 규정에 의하여 수출·수입을 제한할 수 있는 물품은 다음과 같다.

① 헌법에 의하여 체결·공포된 조약이나 일반적으로 승인된 국제법규상의 의무이행을 위하여 산업통상자원부장관이 지정·고시하는 물품

② 생물자원보호를 위하여 산업통상자원부장관이 지정·고시하는 물품

③ 교역상대국과의 경제협력증진을 위하여 산업통상자원부장관이 지정·고시하는 물품

④ 방위산업용 원료·기재, 항공기 및 동 부분품, 기타 원활한 물품수급·과학기술의 발전 및 통상·산업정책상 필요하다고 인정하여 산업통상자원부장관이 당해 품목을 관장하는 관계행정기관의 장과 협의를 거쳐 지정·고시하는 물품

5. 수출입공고

1) 수출입공고의 의의

모든 물품은 아무런 제한 없이 자유롭게 수출입이 이루어지지만 대부분의 국가들은 경제적, 정치적, 사회적 목적에 따라 수출입물품의 범위를 제한하고 있다. 우리나라는 헌법에 따라 체결·공포된 조약과 일반적으로 승인된 국제법규에 따른 의무의 이행, 생물자원의 보호 등을 위하여 필요하다고 인정하면 물품 등의 수출 또는 수입을 제한하거나 금지할 수 있다(대외무역법 제11조). 산업통상자원부장관은 필요하다고 인정할 경우 수출입승인 대상 물품 등의 품목별 수량·금액·규격 및 수출 또는 수입지역 등을 한정할 수 있다. 그리고 산업통상자원부장관은 수출입의 제한·금지, 승인, 신고, 한정 및 그 절차 등을 정한 경우에는 이를 공고하여야 한다.

이와 같이 개별적인 수출 또는 수입물품에 대하여 수출·수입이 제한되는지의 여부와 이에 따른 추천 또는 확인사항 등을 산업통상자원부장관이 종합적으로 정리하여 공고하는 것을 수출입공고라 한다.

2) 수출입공고의 표시방법

수출입공고의 품목표시방법은 'Positive List System' 혹은 'Negative List System' 두 가지가 있다. 'Positive List System' 은 수출입공고에 수출 또는 수입이 허용되는 품목만을 표시하고, 여기에 표시되지 않은 기타의 품목은 원칙적으로 수출 또는 수입이 제한 내지

금지되도록 하는 표시방법이다. 'Negative List System' 은 수출 또는 수입의 제한품목만을 표시하고 여기에 표시되지 않은 나머지 품목은 수출 또는 수입이 허용되도록 하는 표시방법이다. 현재 우리나라는 'Negative List System' 으로 수출입공고 표시방법을 사용하고 있다.

6. 통합공고

대외무역법 외의 다른 법령에서도 해당 물품의 수출입 요건, 절차 등을 정하고 있다. 예를 들어 향정신성의약품 품목은 보건복지부장관의 허가를 받아야 하고, 총포, 도검, 화약류 중에서 군용에 쓰는 물자는 국방부장관의 허가를 받아야 수출입할 수 있다.

이런 경우 산업통상자원부장관은 해당 법령에 의해서 규정된 물품의 수출 또는 수입요령을 통합하여 공고하도록 되어 있는데 이를 통합공고라 한다. 현재 약사법 등 54개 관련 법령 중 수출입과 관련된 부문이 통합·고시되고 있다.

통합공고에 대한 자료는 관계행정기관의 장이 산업통상자원부장관에게 제출해야 한다. 그리고 산업통상자원부장관은 제출된 소관물품의 수출입요령에 관한 자료에 대해서 수출입규제의 필요성, 대상물품의 타당성, 유사 물품과의 혼동, 무역관행 등을 검토하여 수출입요령을 정한다. 만약 수출입공고에서 정한 요건 확인의 내용과 수출입공고의 제한 내용이 동시에 적용될 경우에는 모두 충족되어야만 수출 또는 수입이 가능하다.

7. 품목분류

1) 품목분류 기준

우리나라의 수출입공고상의 수출입품목분류는 원래 1950년 UN경제사회이사회에서 선포한 「표준국제무역상품분류」(Standard International Trade Classification: SITC)방식에 의하여 행하여졌으나, 1971년부터 관세협력이사회(Customs Cooperation Council: CCC)에서 발간한 「브뤼셀 관세품목분류」(Brussel Tariff Nomenclature: BTN)방식에 따라 품목을 분류해 오다가 1976년 CCC총회에서 특정도시의 명칭을 사용한 BTN보다 관세협력이사회의 명칭을 따서 「관세협력이사회품목분류」(Customs Cooperation Council

Nomenclature: CCCN)방식으로 변경하게 됨에 따라서 우리나라도 1977년 상반기부터 품목분류를 CCCN방식으로 표시하게 되었다.

그러나 CCCN을 채택하고 있지 않은 국가와 CCCN을 채택하고 있는 국가간에 무역통계를 비교하는 데에 많은 시간과 노력의 낭비가 따랐고, 무역구조의 변화와 과학기술발전에 부응할 필요성과 관세·통계·운송·보험 등에 공용하기 위하여 「신국제통일상품분류」(The Harmonized Commodity Description and Coding System: HS)방식을 제정하였는데, 이 조화제도는 1988년 1월 1일부터 한국을 포함한 세계의 주요 무역국가들이 채택·사용하고 있다.

(1) SITC 분류방식

SITC는 무역상품을 분류하는 방법의 하나이다. 이는 1950년 UN경제사회이사회에서 선포된 후 1960년에 개정되어 오늘에 이르고 있다.

세계 각국의 국제기관 및 기구들이 무역자료에 대한 정확한 분석의 필요성이 증가함에 따라 SITC는 통계상의 무역상품분류의 통일을 위한 방법으로 이용되었다. 이 SITC는 경제분석과 상품별 무역자료의 국제적 비교를 용이하게 하는 데 목적이 있으며, 10 Section, 56 Division, 177 Group, 1,312 Basic Item 등으로 된 총 45,000여개의 품목을 구분하고 있다.

(2) CCCN 분류방식

CCCN방식은 1952년에 설립된 관세협력이사회(Customs Cooperation Council)가 관세행정의 능률화와 상품분류의 국제적 통일을 위하여 쥬네브 관세품 목표를 기초로 1995년 7월에 작성한 상품분류표이다. CCCN은 1955년 11월 11일 관세협력이사회의 품목분류에 관한 협약(The Convention on Nomenclature for the Classification of Goods in Customs Tariffs)의 부속서로서 탄생하였으며, 1976년 6월 관세협력이사회 총회에서 CCCN으로 명칭을 바꾸어 사용하고 있다.

CCCN은 조직적인 분류체계를 갖추고 적용상의 분류통칙과 규제력을 가지는 주해가 있으므로 최대한의 용이성과 정밀성 및 적용상의 정확을 기할 수 있다. 또한 분류항목의 명칭이 구체적으로 표기되어 있고 분류항목마다 적용되는 범위에 대한 수출입 CCCN 분류색인서가 있어 정확한 분류를 할 수 있다.

CCCN은 관세를 부과하기 위한 과학적 방법으로 재료를 중심으로 한 분류, 제조과정을 중심으로 한 분류, 노동과정을 중심으로 한 분류, 용도를 중심으로 한 분류 등을 종합적으로 고려하여 21 Section, 99 Chapter, 1,010 Heading 으로 총 60,000여개의 상품을 분류하고 있다.

(3) HS 분류방식

관세협력이사회에서는 종래의 상품분류체계인 SITC, CCCN, TSUSA(Tariff Schedule of the United States Annotated: 미국관세율표) 등이 공통된 시스템이 없어서 자료상의 많은 오류를 야기시켜 통계의 신뢰성과 운임의 산정에 악영향을 주고 상품분류를 검증하고 정정하는데 시간과 비용이 많이 소요되었다. 또한 사용목적이나 국가에 따라 서로 다르게 운영되어, 이로 인해 보이지 않는 무역장벽이 형성되기도 하고, 경제분석에 있어서도 국제간의 객관적 비교가 어려운 실정이었다.

이러한 점들을 감안하여 관세협력이사회에서 CCCN을 골격으로 한 새로운 국제통일상품분류체계인 국제통일상품명 및 코딩시스템(The Harmonized Commodity Descrip- tion and Coding System)을 만들었는데, 이를 통상 Harmonized System(조화제도, 약칭 HS)이라고 한다.

HS는 CCCN에 비하여 무역통계의 수집·비교·분석을 용이하게 하고 국제교섭에 필요한 정확하고 비교 가능한 데이터 수집을 가능하게 하여 원활한 국제무역을 증진시킬 수 있다고 인정되고 있다. 현재 우리나라를 비롯한 세계의 주요 무역국가들이 이 분류방식을 시행하고 있다.

우리나라 HS 품목분류에서는 세계 공통의 6단위 분류에다 국내의 제반사정을 감안한 자체분류 4단위를 합해 모두 10단위로 품목을 분류해 놓고 있다.

2) 품목분류

종전의 수출입공고는 네거티브 리스트 시스템(Negative List System)이고 공고별표에서 수출금지품목과 수입금지품목을 계기하지 않고 수출제한승인품목과 수입제한승인품목만 계기하였고, 수출입공고 표 1에 계기되지 아니한 품목은 수출자동품목이라 하고 수출입공고 표2에 계기되지 아니한 품목은 수입자동승인품목이라고 한다.

수출입승인품목은 대외무역법시행령 제17조의 규정에 따라 산업통상자원부장관의 승인을 얻어 수출·수입하도록 지정된 물품과 국가별로 수출·수입의 균형을 유지하기 위하여 산업통상자원부장관이 당해 물품을 관장하는 관계행정기관의 장과 합의하여 고시한 품목 등을 말한다.

수출입승인품목은 산업통상자원부장관이 수출·수입을 제한하며, 그 구체적인 품목은 다음과 같다.

① 일반적으로 승인된 국제법규 또는 WTO 등 다자간·양자간 협정의무 이행을 위하여 지정한 물품
② 생물자원보호를 위하여 지정한 물품
③ 양국간 경제협력 증진을 위하여 지정한 물품
④ 방위산업용 원료. 기재. 항공기 및 동 부분품, 기타 통상·산업 정책상 필요하다고 인정하여 지정한 물품

제2장 무역의 형태

무역거래가 행하여지는 형태는 다종·다양하다. 여기서는 실무적으로 가장 널리 이용되고 있는 무역매매의 형태들을 개략적으로 설명한다.[2]

1. 직접형태와 간접형태

직접거래와 간접거래로 구분하는 경우에는 다음과 같은 두 가지 관점이 있다.

하나는 직접거래(direct trade)로 자국의 매도인이나 매수인이 외국의 매수인 또는 매도인과 국제상거래를 행함에 있어서 그들 사이에 일체 중개자를 개입시키지 않는 것을 말한다. 이에 대하여 간접거래(indirect trade)란 매도인과 매수인간의 국제상거래에 중개자를 개입시켜 그의 손을 거치도록 하는 것을 의미한다.

또 하나의 관점으로는 수출국 또는 수입국의 생산자(제조업자)가 해외의 거래상대자와 직접 거래교섭을 행하여 스스로 모든 거래에 대한 책임을 지고 거래활동을 수행하는 직접무역의 경우가 있다. 이에 비해서 간접무역이란 생산자의 무역활동에 자국내의 무역상사 등이 개입하여 이들 중간상(export/import middleman)의 손을 거쳐서 국제상거래가 수행되는 것을 말한다.

2 山川健編, 「貿易商務の手引」, 酒井書店, 1994, pp.2~5.

2. 매매형태와 교환형태

상품의 수요자가 공급자로부터 상품을 취득하고자 할 때, 오늘날 가장 일반적인 방법으로 여겨지고 있는 것은 「매매」에 의한 것이다. 매매란 상품과 통화와의 교환이다. 계약상품을 인도하고 대금을 수령하는 측을 매도인(seller), 상품을 수취하고 대금을 지급하는 측을 매수인(buyer)이라고 부른다. 무역거래에 있어서의 매매는 매도인·매수인이 각각 상이한 국가·지역에 거주하고 있음을 말한다.

한편 어떠한 시점에 의해서 또는 양국간의 정부간 협정 등에 의하여 대금이라는 화폐의 유출이 없이 대금에 비등한 금액의 상품을 보상으로 제공하는 형태의 무역활동을 보게 된다. 이는 물물교환(barter trade)이라고 불리어지는 거래방식으로 이 거래형태는 오늘날 다양화가 이루어져 보다 넓은 개념으로서의 연계무역(counter trade)에 포함된다. 즉, 오늘날 연계무역이라 함은 수출과 수입이 연계된 무역거래를 총칭하는 광의의 개념으로 그 해석이 확대되고 있으며 거래기간, 청산의 형태, 교역되는 상품의 관계, 계약서의 수 등을 기준으로 크게 물물교환(barter), 대응구매(counter-purchase), 제품환매(buy-back), 상계무역(offset trade), 스위치무역(switch trade) 등으로 구분된다.

3. 위탁형태

매매에 의한 거래에 있어서는 매매의 합의가 이루어진 다음에 상품의 수도(受渡)가 이행된다. 그러나 합의에 앞서서 공급자가 해외업자에게 상품을 송부하고 현지에서의 판매를 위탁하게 되는 거래방법이 있다. 이러한 형태의 무역활동을 위탁판매무역(consignment trade)이라고 한다. 판매를 위탁한 공급자는 판매된 금액에 상응하여 수수료를 수탁자에게 지급하게 된다.

이러한 판매방식은 신규상품의 진입이나 신시장의 개발에 흔히 이용되는데, 수입업자측에서는 자금부담이 경감되며 클레임 제기의 필요성이 없으나 위탁판매자의 입장에서는 대금회수불능의 위험이 있어 본·지사간이나 오랜 거래선 간이 아니면 잘 이루어지지 않는다.

이것과는 반대로 수탁자가 상품을 무환(無換)으로 수입하여 상품이 판매된 범위 내에서 대금결제가 이루어지는 수탁판매무역도 있다. 이는 수탁자가 판매대리인으로서 위탁자 지정의 조건에 따라 상품을 매각하고 남은 제품은 위탁자에게 반환하며, 판매대금에서 제경비 및 판매수수료 등을 공제한 잔액만을 위탁자에게 송금하면 된다.

그러므로 수입업자는 판매에 대한 위험이 없고 수입에 따른 자기자금이 전혀 소요되지 않는다는 장점 때문에 무분별한 수입이 조장될 우려가 없지 않다.

4. 중계형태

수요자와 공급자간의 상품매매가 제3국의 업자를 통해서 행하여질 때, 그 제3국의 업자의 관점에서 본 무역활동을 중계무역(中繼貿易; intermediate trade)이라고 한다. 거래되는 상품은 공급국으로부터 일단 제3국으로 수입되고 그 후에 재차 제3국에서 수요국으로 수출된다. 이때에 두 가지의 매매계약이 존재하게 되며, 제3국의 업자는 공급자에 대해서는 매수인이 되어 대금을 지급하고, 수요자에 대해서는 매도인이 되어 대금을 수취한다. 이러한 경우 중계상은 수입금액과 수출금액의 차이를 일종의 중계수수료 식으로 취득하게 된다.

또한 전술한 중계무역과 비슷하게, 동일상품에 두 가지의 매매계약이 존재하고 제3국의 업자가 개입하는 경우일지라도 상품이 공급국에서 수요국으로 직송되고 제3국을 경유하지 않는 형태를 취하는 경우가 있다. 이것을 중개무역(仲介貿易; merchandising trade)이라고 일컫는다.

5. 가공형태

원자재를 외국에서 수입하여 이를 가공·정제한 후, 외국에 수출하는 무역활동을 일반적으로 가공무역(processing trade)이라고 한다. 이 가공무역형태는 수탁가공무역과 위탁가공무역으로 구분된다.

수탁가공무역이란 물품 가공상의 가득액을 가득하기 위하여 원자재의 일부 또는 전부를 거래상대자의 위탁에 의하여 자국에서 이를 가공 후 위탁자 또는 그가 지정하는 자에게 수출하는 무역거래방식이다. 이때 원자재가 무환으로 수입되는 경우는 무환수탁가공(無換受託加工)이라고 하고, 원자재가 유환으로 수입되면 유환수탁가공(有換受託加工)이라고 한다.

한편 위탁가공무역이란 가공임(加工賃)을 지급하는 조건으로 외국에서 가공할 원자재의 일부 또는 전부를 거래상대자에게 수출하여 이를 가공한 후 가공물품을 다시 수입하는 거래방식이다.

한편 수탁가공무역과 같이 자국에서 가공하여 수출하는 경우를 능동적 가공무역(active improvement trade) 또는 가공수출무역이라고 한다. 또한 위탁가공무역과 같이 외국에서 가공·수입하는 경우를 수동적 가공무역(passive improvement trade) 또는 가공수입무역이라고도 한다.

제3장 전자무역

1. 전자무역(Electronic Trade)의 의의

1) 전자무역의 생성배경

오늘날 세계경제는 정보통신기술의 발전에 힘입어 인터넷기반의 디지털경제시대로 다가가고 있다. 특히 인터넷 사용의 확산은 기업 활동의 글로벌화를 가속화하고 무역거래방식과 관행을 근본적으로 변화시킴으로써 새로운 무역의 패러다임을 등장시키고 있다.

2) 전자무역의 개념

전자무역 촉진에 관한 법률 제2조 1항에서는「전자무역이란 무역의 일부 또는 전부가 전자무역 문서로 처리되는 거래를 말한다」고 정의하고 있다.

이러한 전자무역에는 거래형태 및 절차만이 아닌 무역거래의 대상도 포함되어 있다. 전자무역의 대상을 일반적인 물품(유체물) 이외에 전자적 형태의 무체물도 포함시키고 있으며, 이러한 무체물의 수출입도 전자무역으로 정의하고 있다.

전자무역은 해외시장조사, 마케팅, 계약교섭, 계약체결, 운송, 보험, 대금결제, 통관 등의 제반무역업무의 전부 또는 일부를 세계적 개방형 네트워크인 인터넷과 보안성이 높은 VAN 등을 이용하여 이행하고, 무역서류의 업무처리상 EDI가 중요한 수단이 되며, 국내외 데이터베이스를 동시에 이용함으로써 국내거래와 해외무역거래가 동시에 이루어진다.

전통적 무역인 오프라인무역이 팩스, 텔렉스, 전화 및 우편을 이용하는 무역이라면, 전자무역은 컴퓨터와 인터넷을 이용하는 무역이다. 오프라인무역은 물리적 장소에서 거래상대방과 직접 대면하는 거래인데 전자무역은 시간적, 공간적 제한 없이 사이버공간에서 거래상대방과 대면하지 않고 이루어지는 거래이다.

3) 전자무역과 오프라인무역의 비교

전자무역과 오프라인무역을 비교하면 무역거래의 이행순서에는 큰 차이가 없으나, 무역거래의 구체적 수단과 방법에는 큰 차이가 있다. 전통적인 기존의 오프라인무역의 거래방식은 해외시장조사에서 수출대금의 회수까지 다단계의 복잡한 절차가 필요하여 많은 비용과 시간이 소요된다. 그러나 전자무역의 거래방식은 마케팅, 계약, 운송, 보험, 통관, 대금결제 등 무역거래의 전부 또는 일부를 인터넷 및 EDI 등의 정보통신기술과 사이버 공간을 이용함으로써 무역을 편리하고 신속하게 경제적으로 이루어지게 한다.

전자무역이 전통적인 기존의 오프라인무역과 구분되는 특징은 ① 인터넷 홈페이지 구축, ② 국내외의 무역거래알선 웹 사이트 활용, 국내외 웹 사이트 및 데이터베이스의 검색 등을 통한 글로벌 마케팅, ③ 웹 사이트 방문자와 직접 거래하는 쌍방향마케팅, ④ 이-메일, 인터넷 팩스 및 인터넷 폰 등의 정보기술 활용을 통한 온라인 협상의 강화, ⑤ 전자화폐, Trade Card, Bolero Project 등과 같은 전자결제방식의 출현, ⑥ 세계시장의 단일화, 교역상품과 서비스가격의 단일화 및 하락, ⑦ 거래비용 및 거래시간의 획기적 절감 등이다.

전자무역과 전통적 무역의 거래단계별 특징을 비교하면 [표 1-1]과 같다.

| 표 1-1 | 전통적 무역과 전자무역의 비교

거래절차	전통적 무역	전자무역
1. 해외시장 조사	· 무역거래알선기관(KOTRA, KOTIS 등) 방문, 주한대사관의 자료이용, 현지조사, 무역전문 조사기관에 조사의뢰	· 무역관련기관의 웹 사이트 및 국내외의 검색엔진을 이용하여 정보 수집
2. 거래상품의 선정	· 무역거래알선기관 방문 선정의뢰, 국별, 품목별 수출입 통계 및 Directory 활용, 국내외 무역전시회 참가	· 무역관련기관의 웹 사이트를 이용
3. 마케팅 및 홍보	· 대중매체를 통한 광고, 상품목록 배포, 무역전시회 참가	· 무역거래 알선사이트 및 검색엔진에 등록, Usenet, Mailing List 등록, 사이버무역전시회
4. 마케팅 범위	· 지역 및 시간의 제한	· 전 세계적 마케팅 · 24시간 마케팅 활동 가능
5. 거래대상 선정	· 국내외의 상업회의소, KOTRA, 한국무역협회 등에 거래알선의뢰, Direc- tory에서 거래처 선정, 해외출장, 국내외 무역전시회 참가	· 인터넷을 이용한 시장조사에 의하여 거래상품 및 거래처 선정, 무역거래알선 웹사이트, 유즈넷에서 자기취급상품의 거래처 선정, 검색사이트를 통하여 거래처 선정
6. 거래제의 수단	· 무역서한, 팩스, 텔렉스	· E-mail

거래절차	전통적 무역	전자무역
7. 대면방법 및 장소	· 물리적 장소에서 거래상대방과 직접 대면 상담	· 가상공간에서 거래상대방과 비대면 상담
8. 계약교섭	· 조회나 그 회답은 무역서한, 팩스, 텔렉스로 하고 가격표, 상품목록, 견본을 동봉하거나 별봉으로 보낸다.	· 조회 및 그 회답은 E-Mail로 한다. · E-Mail과 함께 첨부파일로서 전자상품목록, 견본, 그림 및 명세서를 보낼 수 있다.
9. 신용조회	· 은행신용조회처, 동업자신용조회처, 상업흥신소, 무역보험공사, 신용보증기금, KOTRA 등에 직접 조회의뢰	· 국내외의 신용조사기관의 웹사이트 방문, 국내외의 기업신용정보, Database 사이트 방문, Yellow Page 웹사이트 방문
10. 계약체결 수단	· 주문, 오퍼 및 승낙은 무역서한, 전신, 팩스, 텔렉스	· 주문, 오퍼 및 승락은 E-Mail 및 Inter- net Fax
11. 대금결제 방식	· 송금결제방법, 추심결제방법, 신용장결제방법 등	· 신용카드, 전자화폐, 전자수표, 전자자금이체, Trade Card, Bolero Project, SWIFT에 의한 전자신용장
12. 운송계약	· 프레이트 포워터(Freight Forwarder), 항공회사, 해운회사에 직접 계약 신청	· 각 운송회사의 웹사이트를 방문하여 운항스케줄, 운임 열람, EDI 및 Internet으로 운송계약 신청
13. 보험계약	· 보험회사에 직접 방문하여 보험계약 신청	· 보험회사 웹사이트를 방문하여 Internet 및 EDI로 보험계약 신청
14. 통관	· 서류통관	· EDI 통관(Paperless)
15. 클레임 중재	· 오프라인 무역거래에서 발생한 클레임은 대한상사중재원에서 중재	· 온라인 무역의 특징인 비대면성을 이용한 사기 및 부정거래가 자주 발생. · On Line ADR에 의한 해결 · 전자거래진흥원의 전자거래분쟁조정위원회에 조정의뢰
16. 무역업무 처리수단	· 서류, 직접무역 유관기관 직접 방문	· Internet, EDI 등의 정보기술(IT) 이용
17. 통신수단	· 무역서한, 전신, 팩스, 전화	· 이-메일, 인터넷 팩스 및 인터넷 전화

4) 전자무역의 장점

최근 정보통신기술(IT)의 급속한 발전은 국제무역에도 전자무역의 도입이라는 새로운 패러다임을 만들어 가고 있다. 전자무역의 장점은 다음과 같다

(1) 글로벌 마케팅(Global Marketing)

인터넷은 지구촌 단일시장을 형성하여, 글로벌 마케팅을 가능하게 하고 있다. 최근 인터넷을 활용하여 해외시장조사 및 제품홍보와 거래처발굴도 국내외의 무역거래알선사이트

를 통하여 용이하게 할 수 있다. 따라서 개인이나 중소기업도 대기업과 동등한 입장에서 전 지구촌을 대상으로 한 글로벌 마케팅을 수행할 수 있게 되었다.

국내외의 무역거래알선사이트에 조회(Inquiry), 오퍼(offer to sell, offer to buy) 및 전자카탈로그(Electronic Catalog)를 올릴 수 있고, 세계 각국의 고객들과 실시간으로 의사소통할 수 있다.

(2) 해외거래처 발굴 및 무역정보 입수의 용이

무역거래알선 웹사이트를 방문 및 검색엔진을 활용하여 유망한 해외거래처를 발굴할 수 있으며, 무역전문 웹사이트를 방문하여 해외시장정보, 산업정보, 상품정보, 수출입통계 등 해외무역정보를 입수할 수 있다.

(3) 거래비용의 절감 및 거래시간의 단축

전자무역으로 상품을 수출하는 회사는 수출상품의 홍보를 위한 카탈로그(Catalog), 가격표(Price List), 명세서(Specifications)를 별도로 제작하지 않고, 회사의 웹사이트에 게재하여 홍보할 수 있어 제품홍보비용이 대폭 절감될 수 있고 시장정보 및 거래처발굴에 필요한 시간과 비용을 절감할 수 있다.

전자무역에서는 무역계약의 체결을 위한 협상과정에서도 이-메일을 통해 저렴한 비용으로 신속, 정확한 의사소통이 이루어진다.

(4) 거래대상지역 및 거래시간제약의 해소

전통적 무역에서는 기업의 거래대상지역이 인력 및 정보의 제한 등으로 일부지역에 한정되지만 전자무역에서는 인터넷을 이용하여 전 세계 모든 지역으로 확대할 수 있고 거래시간도 24시간 가능하다.

(5) 무역서류 및 대금결제의 전자화

전통적 무역에서는 무역관련 서류작성에서 폐쇄적 EDI(VAN)방식을 통한 작업으로 무역자동화가 상대적으로 비효율적이고 제한적이지만 전자무역은 웹과 EDI를 통합한 eXedi로 개방적이고 포괄적인 작업이 가능하다.

무역대금 결제방식에서도 장래에는 신용장개설이 필요 없는 시스템(Trade Card, Bolero Project) 등이 개발되면서 다양한 결제방식을 통한 비용절감이 가능해질 것이다.

(6) 새로운 물류시스템의 도입

전통적 무역에서 적용되는 물류자동화시스템의 효율성을 더욱 제고시킬 수 있는 인터넷 기반의 통합적 물류시스템이 전자무역에서는 활용되고 있다. 전자무역에서는 무역의 소매화 형태에 부합되는 새로운 국제운송물류시스템이 구축되어 가고 있다. 주문과 동시에 상품을 공급받고자 하는 소비자들의 욕구에 맞춰 현지 생산, 현지 보관, 현지 배달이라는 상품배송시스템과 함께 기능형수송시스템(ITS; Intelligent Transport System)이 구축되고 있다.

5) 전자무역의 한계

전자무역은 시간과 비용절약 등의 이점과 기대효과를 가지고 있다. 그러나 무역거래의 모든 절차를 전자적으로 처리하는 데는 여러 가지 문제점이 남아 있다. 전자무역을 안전하고 확실하게 이행하기 위해서는 거래상대방이 진정으로 본인인가, 정당한 절차로 데이터를 전송받고 있는가 등 데이터의 복제나 변조 등에 대한 충분한 대응조치가 강구되어야 하는 문제점이 있다. 이 문제점을 해결하기 위해서는 국제적으로 통용되는 전자계약서, 전자서명, 인증기관 및 등록기관에 관한 국제적 통일규칙이 제정되어야 한다.

전자무역의 한계를 극복하는 전략으로서 오프라인무역의 장점을 전자무역에 접목시키지 못한 것이 가장 큰 원인이다. 온라인마케팅과 오프라인마케팅을 병용 접목함으로써 그 시너지효과를 극대화할 수 있다.

2. 전자무역의 과제

전자무역은 정보의 합리적인 전달, 교환, 처리, 기록의 문제에 중심이 있는 것이므로 상거래의 3가지 흐름, 즉 「상류(商流)」, 「물류(物流)」, 「금융(金融)」의 흐름 전체가 모두전자화가 가능한 것은 아니다. 즉 서비스 무역을 제외한 유형제 무역의 물류는 기존의 오프라인무역과 동일하다.

본 절에서는 대표적인 전자무역거래 시스템을 소개하였다. 그러나 실제로는 아직 무역거래의 전자화는 시작에 불과하고, 또한 다수의 전자거래 시스템이 국내거래, 무역거래에 보급되어 사용하기 위해서는 앞으로의 동향을 주시해야만 한다.

무역거래가 가까운 장래에 전자화 되어 종이 중심의(paper based)거래에서 전자 데이터 중심(paperless)의 거래로 이행되는 것은 확실하지만, 그렇게 되기 위해서는 법제의 정비와 탁월한 기술표준의 확립이 반드시 필요하다.

1. 수출거래의 절차

1) 거래처 선정 및 수출계약

수출거래를 처음 시작하는 수출업자는 해외의 거래처(수입업자)의 선정이 가장 어려운 문제이다. 거래처를 선정하기 전에 먼저 수출시장을 선정하고 그 중에서 가장 믿을 수 있는 거래처를 선정하여야 한다. 거래처의 동의를 얻게 되면 수출계약을 체결하게 된다.

수출계약이란 국제적 매매계약으로 수출업자가 외국의 수입업자에게 물품의 소유권을 양도하여 물품을 인도할 것을 약속하고, 수입업자는 이를 받아들이고 그에 상응하는 대금을 지급할 것을 약정하는 계약을 말한다.

① 수출마케팅 조사: 수출마케팅 조사의 결과에 의거하여 수출업자는 수출시장의 진출 여부를 검토하고, 진출하기로 결정하면 목적시장을 선정하고 그 시장에 가장 알맞은 수출마케팅 계획을 세워 그 시장에 진출하기 시작한다.

② 전통적인 접근방법: 국내외에서 발행되는 상공인명록(directory), 또는 무역거래 알선기관(상공회의소, KOTRA, 영사관 등)을 통해서 목적시장과 거래처를 선정할 수 있다.

2) 외국수입업자의 신용장 개설의뢰

외국수입업자는 한국의 수출업자와 무역계약을 체결하면 무역계약서의 대금결제조건에 따라 자사의 거래은행에 신용장의 발행을 신청한다.

3) 신용장의 통지

외국의 신용장 개설은행으로부터 신용장 통지의 지시를 받은 통지은행(advising bank)은 그 지시나 신용장이 외관상 진정성이 있는가를 점검한 다음, 수출업자(수익자; beneficiary)에게 신용장을 통지한다.

4) 수출신용장 내도(수출신용장의 수취)

신용장 통지은행은 수출업자에게 신용장 내도를 통지한다. 외국의 수입업자가 우리나라 수출업자로부터 물품을 수입하기 위하여 그 수입업자의 요청으로 외국의 외국환은행이 발행한 신용장이 우리나라 수출업자에게 도착된 신용장을 수출신용장(export L/C)이라고 한다.

5) 수출승인 및 쿼터배정 신청

수출승인품목을 수출하고자 하는 자는 수출입승인기관의 장으로부터 수출승인을 받아야 한다. 이때 수출입승인기관의 장은 수출신용장과 수출승인신청서의 일치여부 및 무역관계법규의 저촉여부를 확인한다.

섬유사, 섬유직물, 의류 등을 미국, EU, 캐나다, 터키지역으로 수출하는 경우 쿼터배정 주관기관을 통해 쿼터를 배정받아야 한다.

6) 수출금융 융자신청

수출업자는 직접 수출품을 제조하거나, 수출품 제조업자로부터 매입한다. 수출품을 매입할 때 제조업자 앞으로 내국신용장(local L/C)을 개설하는 방법으로 매입할 수 있다. 수출업자는 수출품의 제조·가공·집하·매입 등에 소요되는 자금을 수출지원금융제도에 의거하여 은행으로부터 융자받을 수 있고, 또 수출용 원자재를 해외에서 수입하여 수출품을 제조할 수 있다.

무역금융제도는 물품의 수출을 촉진하고 무역수지를 개선하기 위하여 수출물품 생산업자에게 수출물품 제조·가공시 소요되는 선적전 '생산'을 위한 자금 및 '원자재 조달'을 위한 자금을 지원하는 원화자금대출제도로서, 수출용원자재 수입신용장 및 내국신용장 개설시의 지급보증을 포함한다.

7) 완제품, 원자재구매 신청 및 외국원자재 수입

수출물품을 확보하는 방법은 수출업자의 자가 공장에서 수출물품을 직접 제조·생산하는 경우와 다른 회사에서 제조·생산한 수출물품(완제품)을 국내에서 구매하는 경우로 나눌 수 있다. 또한 수출물품을 제조·생산하기 위한 원자재의 확보는 국내에서 구입하는 경우와 외국에서 수입하는 경우가 있는데, 수출물품 또는 원자재를 국내에서 확보하는 방법은 내국신용장에 의한 방법과 구매확인서에 의한 방법이 있다.

8) 국제규격인증 취득

EU에 수출하려는 경우 소비자 안전과 관련된 품목은 CE 마크를 부착해야 수출할 수 있다. 일본으로 수출하려는 경우 일반기기 및 전자기계, 자동차 등은 JIS 인증을 취득해야 수출할 수 있다. 따라서 한국표준협회에서 JIS 인증을 취득해야 한다. 이밖에 국제표준화기구(ISO)가 제정한 ISO시리즈가 있다.

9) 운송계약

CIF 또는 CFR 조건의 수출인 경우 해상운송계약 및 해상운임은 수출업자의 부담이다. 운송계약에는 정기선(liner)에 의한 개품운송계약, 부정기선(tramper)에 의한 용선운송계약이 있고, Container 선의 등장으로 육해공을 연결하여 운송하는 복합운송계약이 있다.

10) 해상보험계약

CIF 조건의 수출인 경우 수출업자가 해상보험계약을 체결한다. 1983년 3월 1일부터 개정된 적하보험약관(Institute Cargo Clause)인 ICC(A), ICC(B), ICC(C)이 종래의 A/R, W.A. 및 F.P.A. 조건과 같이 병행하여 시행되고 있다. 보험계약의 증거로 해상보험증권(insurance policy)을 받는다. 또한 수출업자는 비상위험(외환거래의 제한 또는 금지, 전쟁 등)이나 신용위험(상대방의 파산 또는 지급불능 등) 등, 통상의 해상보험으로 담보할 수 없는 여러 가지 위험에 수출보험을 부보한다.

11) 수출통관신고

수출업자는 화물을 보세지역에 반입하기 전에 수출신고서를 세관에 제출하여 수출신고필증을 받아 선적을 한다. 수출통관신고는 관세사를 채용한 화주, 관세사, 관세사법인 또는 통관법인만이 할 수 있다. 따라서 관세사를 채용하지 않는 화주(수출업자)는 관세사 등에게 통관업무를 대행시킨다. 통상 통관 및 선적은 통관법인 또는 해운화물 취급업자에게 위임한다.

12) 본선 선적 및 13) 선하증권의 발행

수출통관을 마친 화물(관세법상 외국물품)은 보세지역에서 본선 선측까지 운송하여 본선에 선적한다. 화주가 선적지시서(shipping order: S/O)를 본선에 제시하면 선장의 차석인 일등항해사가 화물인도지시서(delivery order; D/R)와 화물을 대조하여 화물을 인수하고 화물인수의 증거로 본선수취증(mate's receipt; M/R)을 화주에게 교부한다. M/R과 상환으로 선박회사는 화주에게 선하증권(B/L)을 교부한다.

13) 수출환어음매입의뢰(수출대금 회수)

수출업자가 수출품을 선적 완료한 다음, 선적서류인 선하증권(B/L)·해상보험증권(marine

insurance policy)·상업송장(commercial invoice) 및 포장명세서(packing list)를 준비한다. 이 서류를 담보로 화환어음(documentary bill)을 발행하고 매입은행에 매도(negotiation)함으로써 수출대금을 회수한다.

14) 관세환급

관세환급은 수출품 제조에 소요된 원재료의 수입시 납부한 관세 등을 수출 등에 제공한 때에 수출업자에게 관세를 환급해 주는 것을 뜻한다.

수출업자가 환급을 신청한다. 완제품 공급시는 화주, 수출 대행시는 수출위탁자가 환급을 신청한다.

15) 어음 및 선적서류 발송

국내 외국환은행(매입은행; negotiating bank)은 선적서류를 첨부한 수출환어음을 매입하고 수출환어음 및 선적서류를 외국 개설은행에 발송한다.

16) 수출환어음 및 선적서류 제시

개설은행이 수입업자(신용장발행의뢰인)에 수출환어음 및 선적서류를 제시한다.

17) 어음결제 및 선적서류 수취

수입업자는 수출환어음을 결제하고 선적서류를 수취한다.

18) B/L의 제시 및 D/O의 수취

수입업자는 선하증권(B/L)을 선박회사에 제시하고 화물인도지시서(Delivery Order; D/O)를 받는다.

19) D/O 제시 및 화물인수

선장에게 화물인도지시서(D/O)를 제시하고 화물을 인수한다.

이상의 일반 수출절차를 도해하면 [그림 1-2]와 같다.

그림 1-2 일반수출절차

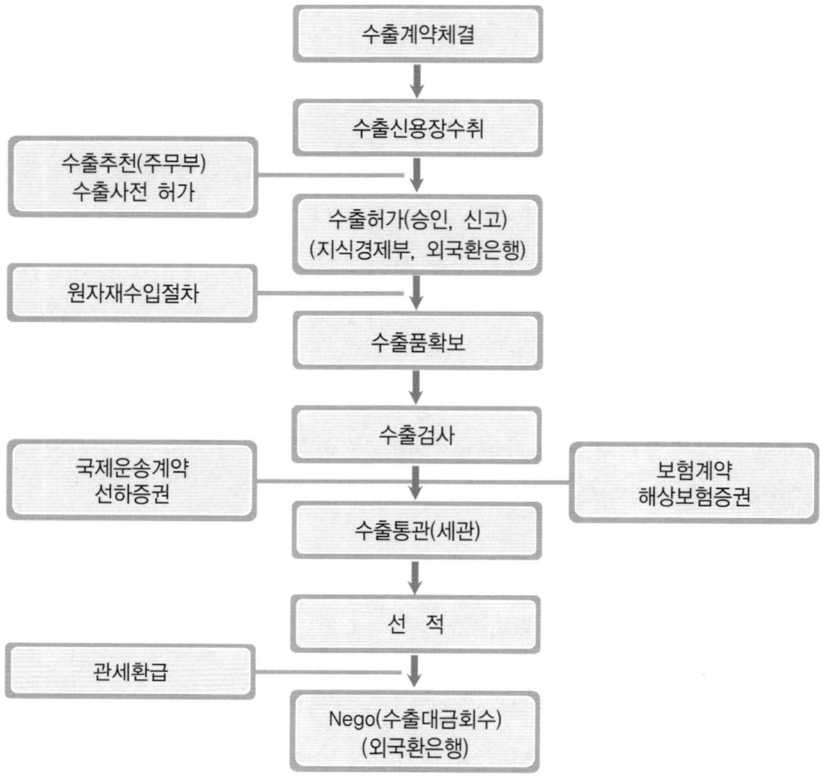

2. 수입거래의 절차

수입절차라 함은 수입계약을 체결하고 물품매도확약서(offer)에 의하여 수입허가를 받고 수입신용장을 발행한 후 수입화물과 선적서류가 내도하면 수입화물을 통관하는 일련의 절차를 의미한다.

매매계약체결에서 상품을 수입할 때까지의 서식 및 화물의 흐름을 단계별로 요약하면 다음과 같다.

1) 국내수요자와 매매계약체결(수입·판매형태)

수입업자가 외국에서 물품을 수입·판매하는 경우에는 독점판매권을 가지고 수입·판매하는 경우, 독점판매권을 갖지 않고 수입·판매하는 경우, 제조업자가 수입하는 경우, 도매업자가 수입하는 경우, 소매업자가 수입하는 경우, 소비자가 수입하는 경우 등이 있다.

2) 수입계약

수입업자는 해외시장 및 국내시장에 대해서 조사·분석하여 해외 공급시장 및 국내수요시장을 선정한다.

수입승인을 받기 위해서는 국내무역대리업자가 거래상대국의 물품공급자와 체결한 물품매도확약서(offer) 발행에 관한 합의서 또는 계약서에 따라 발행된 물품매도 확약서를 받거나 외국의 수출업자로부터의 국외발행 물품매도 확약서를 받아야 한다.

3) 수입승인신청

대외무역법개정법률 제13조의 규정에 의거하여 종전의 수출입 승인제가 개편되었고 이 개편에 따라 수출입 승인 및 사후관리 수탁기관은 종전의 외국환은행에서 수출입 승인품목의 승인을 담당하도록 산업통상자원부장관이 지정한 관계행정기관, 단체(종전의 추천기관)로 변경되었다. 산업통상자원부장관이 지정하여 고시하는 관계행정기관 또는 단체의 장은 수출입공고, 통합공고에 산업통상자원부장관이 지정 고시한 기관, 단체(승인기관)의 장을 말한다. 수출입 승인품목이 아닌 종전의 수입자동승인품목은 승인대상에서 제외되어 자유화되었다. 대금결제에 관한 사항은 외국환관리법령에 따라야 한다.

4) 수입신용장의 개설신청

수입업자는 물품매도확약서의 대금결제조건에 따라 외국환은행을 통하여 수입신용장을 개설하여야 한다. 수입신용장은 물품매도확약서(offer)와 동일한 내용으로 개설되어야 한다. 신용장금액은 물품매도확약서의 금액을 초과할 수 없고 표시통화는 물품매도 확약서에 기재된 통화와 같은 통화이어야 한다.

5) 신용장 통지

국내 외국환은행(개설은행)은 외국 외국환은행(통지은행)을 통하여 신용장을 외국의 수출업자(수익자)에게 통지한다.

6) 신용장 내도통지

외국 외국환은행(통지은행)은 수출업자(수익자)에게 신용장 내도를 통지한다.

7) 운송계약

수입업자는 FOB조건의 경우 외국선박회사와 운송계약을 체결한다. CIF 및 CFR 조건의 경우 수출업자가 운송계약을 체결한다.

8) 선하증권 발행

외국 선박회사는 수출업자로부터 선복신청서(Shipping Request)를 접수하고 화물을 선적한 다음에 선하증권을 발행한다.

9) 어음, 선적서류 매도

수출업자는 선적서류를 첨부하여 화환어음(Documentary Bill)을 발행한 다음 외국 외국환은행(Negotiating Bank)에 매입(Negotiation)을 의뢰한다.

10) 어음 및 선적서류 송부

외국 외국환은행(매입은행)은 국내외국환은행(개설은행)에 화환어음과 선적서류를 송부한다.

11) 어음 및 선적서류 제시

국내외국환은행(개설은행)은 수입업자(신용장 개설의뢰인)에게 화환어음 및 선적서류를 제시한다.

12) 어음결제

수입업자는 선적서류와 신용장조건이 일치하면 어음의 대금을 지급한다.

13) 선하증권 제시 및 14) 화물의 인수

수입업자는 B/L을 선박회사 대리점에 제시하고 화물인도지시서(Delivery Order; D/O)를 받고 D/O를 선박회사 창고직원에게 제시하고 화물을 인수한다.

14) 수입신고

수입업자는 세관에 수입신고서를 제출하고 수입신고수리가 된 후, 보세구역으로 부터 화물을 반출한다.

15) 만약에 수입상품에 손상이 발견되었을 경우에는 그 책임에 따라 보험회사 또는 선박회사 등에 클레임(claim)을 제기한다.

16) 화환어음의 만기일 이전에 수입대금을 결제한다.

이상의 일반수입절차를 도해하면 [그림 1-3]과 같다.

그림 1-3 일반수입절차

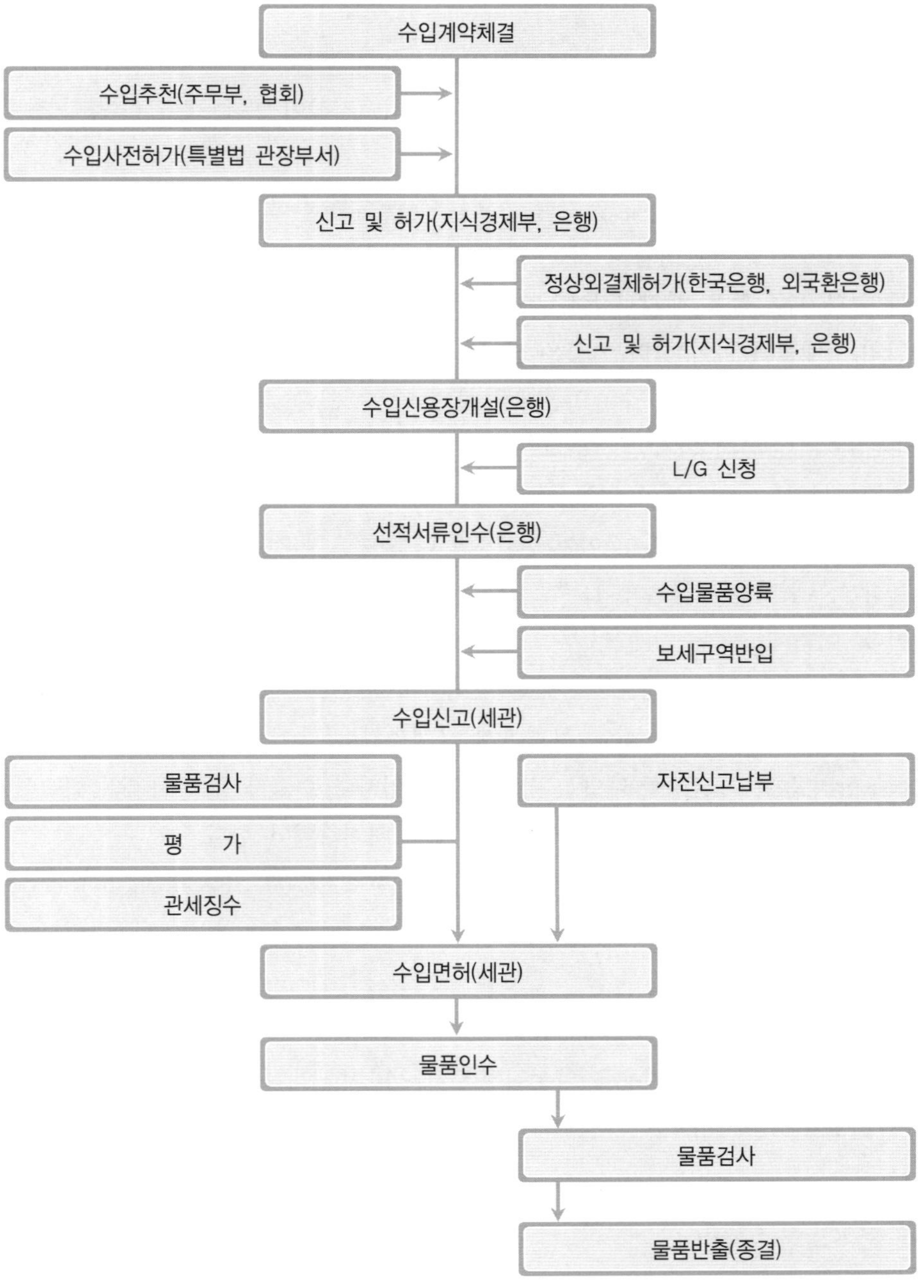

1. 무역실무자의 필수기초지식

무역에 종사하는 자는 개인이든, 중소무역회사이든 종합무역상사이든 규모의 대소를 불문하고 수출입을 하고자 할 때 꼭 알아야 될 필수기초지식이 있다. 꼭 알아야 할 필수기초지식은 [그림 Ⅰ-5]와 같다.

꼭 알아야 할 필수기초지식 중 가장 중요한 것은 수출입 하고자 하는 상품에 대한 지식이다. 무역실무담당자는 상품의 기능, 품질 및 시장성 등에 대한 특성이나 장점과 단점을 알아야 한다. 수입품을 해외시장에서 발굴하거나 수출품을 국내시장에서 발굴하거나 그 수출입의 실태를 알아야 하며 이것은 산업통상자원부, 관세청 및 한국무역협회의 웹사이트(Web Site)를 방문하거나 수출입통계를 보면 알 수 있다. 무역업자가 제조업자인 경우 자사 제품을 수출하면 되지만 전문적인 무역회사인 경우 해외의 거래처로부터 조회를 받거나 자기회사 홈페이지에 올려놓은 판매오퍼를 보고 이-메일로 조회가 왔을 때에는 그 상품을 제조하는 제조업자를 찾아야 한다. 그 다음 중요한 것은 신용장(SWIFT에 의한 전자신용장 등)에 의한 대금결제, D/P, D/A, Open Account, TT 등의 대금결제방법에 대한 지식이다. 이밖에도 수출입계약, 무역조건(Incoterms 2000), 화물이동(물류), 수출입규제(비관세장벽[BTN], 긴급수입제한조치[Safeguards]) 및 통관제도 등이 필수기초지식이다. 상대국 시장의 관습, 법률, 통신, 무역관계 국제규칙 등도 중요한 실무지식이다. 어려운 무역실무상의 문제가 발생할 때에는 상대국의 수입자나 수출자 등 당사자와 협력하고 자기의 정확한 무역실무지식과 판단력에 의거하여 대처하여야 한다.

전자무역절차를 효과적으로 이행하기 위해서는 정보기술(IT ; Information Technology)의 이용이 필수적이다. 정보처리기술 등의 전문지식을 알아야 하고 그 활용능력도 갖추어야 한다. 또한 해외바이어의 관심을 끌도록 자기회사의 Home Page(Web Site)를 자주 업그레이드(upgrade)할 수 있는 Web Programmer 또는 Web Designer로서의 지식과 능력을 갖추어야 하고 이-메일의 이용을 활성화하여 해외바이어와의 의사소통을 신속 정확하게 하여야 하고 EDI를 활용하여 서류작성의 비용과 시간을 절약해야 한다.

그림 1-4 무역실무자의 기초지식

2. 무역관계서류에 관한 지식

서류는 무역업무를 수행하는 도구일 뿐만 아니라 화환거래에 있어서는 서류가 외국환채권으로서 외화거래의 대상이 되어 매매된다. 물론 무역거래에서 가장 중요한 것은 계약대로 상품이 이전되고 대금이 지급되는 것이지만 그것을 실현시키기 위해서도 서류의 중요성이 인정되어야 한다.

1) 교섭에서 무역계약 성립까지

상담(negotiation)에서 계약(contract)까지는 통상 [표 1-3]과 같은 서류가 수출업자측, 수입업자측에서 작성된다. 전기 표에 기재된 서류가 어떠한 거래에도 모두 필요한 것은 아니다.

| 표 1-3 | 교섭에서 무역계약성립 단계까지 필요한 서류

수출업자 일 때	수입업자 일 때
교섭(negotiation)	
(1) 조회장(inquiry) (2) 판매제의 서한(sales letter, e-mail, fax) (3) 판매 오퍼(selling offer) (4) 반대 오퍼(counter offer) (5) 자료(brochure) (6) 상품목록(catalog) (7) 명세서(specifications, manual) (8) 설명서(instruction) (9) 가격표(price list) (10) 견적서(quotation) (11) 견본(sample) (12) 견본발송용송장(invoice for sending sample) (13) 견적송장(proforma invoice)	(1) 조회장(inquriy) (2) 매입오퍼(buying offer, bid) (3) 반대오퍼(counter offer) (4) 자료(brochure)

2) 수입업자의 신용장개설에서 수출업자의 선적준비까지

먼저 수입업자가 절차를 취하는 행동(action)을 취한다. 수입업자측이 수입승인기관에 수입승인신청서를 제출하여 수입승인서를 교부받고, 수입신용장개설신청서(application for opening letter or credit)를 작성하여 은행에 제출한다. 이때 수입하는 품목이 수입승인품목일 때 수입승인기관장의 수입승인을 얻어야 한다. 수입승인품목이 아닌 품목은 승인대상에서 제외된다.

수입업자측의 이러한 절차에 의하여 신용장이 개설되면 수출업자 소재지에 있는 은행(통지은행)을 통하여 수출업자(수익자)에게 신용장이 도착된다. 신용장(수출신용장)을 접수한 수출업자는 선적을 준비한다. CIF 조건으로 거래하는 경우 수출업자가 해상보험신청서와 선복신청서를 작성하여 각각 보험회사 및 선박회사에 제출한다.

| 표 1-4 | 신용장개설에서 선적준비단계까지 필요한 서류

수출업자 일 때	수입업자 일 때
수입신용장개설에서 선적준비(Shipping Preparation)	
(1) 수출신용장(export letter of credit) (2) 해상보험신청서(insurance application) (CIF 거래의 경우) (3) 선복신청서(shipping request, cargo space application) (CIF, CFR 거래의 경우)	(1) 수입승인품목이 아닌 품목은 승인대상제외 (2) 수입승인서(I/L ; import licence) 수입승인품목의 경우 (3) 수입신용장개설신청서 (application for opening import letter of credit) (4) 해상보험신청서(insurance application) (FOB, CFR 거래의 경우) (5) 선복신청서(shipping request, cargo space application) (FOB 거래의 경우)

3) 수출업자의 수출통관준비에서 수출대금회수까지

이 단계는 수출업자가 수출품을 무사히 통관시키고 선적을 완료하고, 수출대금을 회수할 때까지이고 수출실무의 마무리 과정이다.

| 표 1-5 | 수출통관 준비에서 대금회수의 단계까지 필요한 서류

수출업자일 때
수출통관 전 준비
(1) 수출승인서(export license ; E/L) (수출승인품목의 경우) (2) 쿼터배정서 (섬유류 등) (3) 해외(국제)품질규격인증서
수출통관(export customs clearance)에서 선적(shipping)
(1) 상업송장(commercial invoice) (2) 포장명세서(packing list) (3) 수출승인서 (수출승인품목의 경우) (4) 선복신청서(shipping request) (5) 해상보험신청서(insurance application) (6) 수출신고서(export declaration)

선적서류(shipping documents)
(1) 상업송장(commercial invoice) (2) 포장명세서(packing list) (3) 선하증권(bill of lading ; B/L) 또는 항공화물운송장(air waybill ; AWB) 또는 우편소포물수취증(parcel post receipt) (4) 보험증권(insurance policy) 또는 보험증명서(insurance certificate) (5) 원산지증명서(certificate of origin) (6) 세관송장(customs invoice) (7) 영사송장(consular invoice) (8) 분석증명서(analysis certificate) (9) 검역증명서(quarantine certificate) (10) 중량, 용적증명서(weight certificate ; measurement certificate)
선적통지(shipping advice)
선적통지서(shipping advice)
화환어음의 매입(negotiation of documentary bill)
(1) 어음(draft ; bill of exchange) (2) 수출화환어음매입신청서(application for the documentary bill) (3) 화물선취보증서(letter of guarantee ; L/G)

[표 1-5]에는 이 단계에서 필요한 여러 가지 서류가 기재되어 있는데, 수출통관전의 서류나 선적서류에는 이 단계에 이르기 전에 미리 준비해 놓아야 하는 것도 있다.

4) 수입자의 화물인수에서 대금의 지급까지

마지막 단계로서 수입업자측이 화물을 인수하고 대금을 지급하면 이것으로서 하나의 수출입거래는 종료된다. 여기에서 필요한 서류는 [표 1-6]에 기재되어 있는데 FOB, CFR 거래의 경우 수입업자가 해상보험신청서를 작성한다.

표 1-6 화물인수에서 대금지급 단계까지 필요한 서류

수입업자일 때
화물도착(arrival of cargo)
(1) 화물도착통지 (2) 선하증권 도착 전 화물선취보증서신청서[application for issuing of L/G (L/G = letter of guarantee)] (3) 항공화물인도승낙서 발행신청서(application for issuing release order)

수입통관(import customs clearance)
(1) 상업송장(commercial invoice)
(2) 포장명세서(packing list)
(3) 선하증권 또는 화물선취보증서(B/L or L/G)
(4) 항공화물인도승낙서(release order)
(5) 운임증명서(freight debit note)
(6) 보험료증명서(insurance debit note)
(7) 수입승인서(import licence)
(8) 원산지증명서(certificate of origin)
(9) 주문서(order sheet)
(10) 가격표(price list), 상품목록(catalog)
(11) 관세 등 납부증명서
(12) 수입신고서(import declaration)
수입대금결제 또는 어음인수(payment or acceptance)
(1) 수입화물대도(貸渡) (trust receipt ; T/R)
(2) 화환어음(draft ; bill of exchange)

3. 무역관계 국제규칙(조약)에 관한 지식

UN이나 국제상업회의소(International Chamber of Commerce) 등이 제정한 국제통일규칙이 국가간의 국제무역에 적용되도록 전기 국제기구들이 권고하고 있다. 이들 규칙은 임의규칙이고 강제규칙이 아니기 때문에 매매당사자간의 합의가 있을 때에만 적용된다. 국가마다 상관습과 법률체제가 달라 동일한 사안에 대하여 다르게 해석하는 것을 막기 위하여 국제적 통일규칙이 필요하다. 따라서 외국 당사자와 체결한 무역계약을 적법하게 이행하기 위해서는 국제적 통일규칙을 알아야 한다.

Chapter 2
무역거래의 계약체결

제1장 해외시장조사와 거래상대방의 발굴

1. 해외시장조사

1) 해외시장의 물색

해외시장물색의 수단은 외교통상부, 산업통상자원부, 재외영사관 등과 같은 무역관계관청 및 대한무역투자진흥공사의 해외무역관, 무역협회, 상공회의소 등 무역거래알선기관의 자료나 간행물 등의 이용이 일반적이다.

2) 유망한 거래처의 탐색

새로운 거래처 시장을 유력한 거래처를 탐색하여야 한다. 이를 위해서는 무역거래 알선기관의 활용, 국내외 전시회 참가, 해외광고의 활용, 상공인명록(Directory)의 활용, 해외무역사절단 참가 및 해외세일즈 출장, 해외대리점 및 Marketing Agent 활용 등이 효과적인 방법이다.

3) 거래관계의 제의

선정된 거래처에게 거래제의 서한(Circular Letter)을 보내면서 첫머리에 상대방을 추천(소개)한 기관 또는 상대방을 알게 된 경위 등을 기재한다. 이를 받는 상대방으로 하여금 첫인상이 좋도록 심혈을 기울려야 한다. 반대로 해외 바이어로 부터 가격 및 기타 조건의 조회(trade inquiry)를 받았을 때도 단순한 답신을 넘어서 거래의 권유를 해야 하고, 카탈로그, 가격표 등을 함께 발송해야 한다.

4) 신용조사

거래제의를 받았을 때 필요한 신용조사는 일반적으로 3C's라고 호칭되는 다음 세 가지점들이다.

(1) Character(회사의 평판)

거래업계에서의 평판, 계약이행에 대한 일반적 자세, 거래규칙 준수 등의 경영자의 인격, 경영이념, 신뢰성, 성실성 등을 뜻한다. 이 항목은 상대방의 사업 형태를 파악할 수 있는 가장 중요한 항목이다.

(2) Capital(재무상태)

회사의 재무비율, 경영지표, 운용자금 등 재산상태를 뜻한다. 납입자본 및 수권자본뿐만 아니라 유동자산과 고정자산의 비율, 자기 자본과 타인자본의 비율(B/S 비율), 재무제표(손익계산서 및 대차대조표), 은행예금액 등 상대방의 지급능력과 관련된 항목들을 조사한다.

(3) Capacity(경영능력)

상대방의 거래능력, 신제품 개발능력, 기술력, 판매력, 마케팅력 등을 뜻한다. 영업종목, 거래량, 판매망, 수출액, 회사의 형태, 회사의 설립연도, 영업권 보유현황, 경영진의 수완, 주요거래처 등 상대방의 경영능력과 관련되는 사항을 조사한다.

신용조사는 신규 거래처는 물론이고, 기존의 거래처에 대해서도 방심하지 말고 주의하여 정기적으로 하는 것이 바람직하다.

5) 신용조사 방법

거래 상대방에 대한 신용조사를 할 때 비용과 시간을 절약하기 위해서는 전자무역 방법을 이용하는 것이 쉽지만, 온라인상의 신용정보는 전문적이지 못하고 홍보용인 경우가 있다. 대규모 거래를 하는 경우에는 오프라인 방법으로 전문적인 신용조사기관으로부터 입수한 정보를 검토하여 상대방의 신용조사를 하여야 한다.

신용조사는 상대방의 거래제의장에 신용조회처로 기재된 상대방의 거래은행을 통하여 조사하는 경우가 많다. 이제까지 거래해 오고 있는 단골거래처에 신규거래처의 신용조사를 의뢰하는 경우도 있다.

2. 일반거래조건 협정서

일반적으로 간단하고 신속한 거래를 위하여 앞으로의 거래기준으로 삼게 될 거래에 관한 일반적 조건(general terms and conditions)을 명백히 협정하고 이에 관한 협정서(agreement) 또는 각서(memorandum)를 상호간에 확인하여 교환하는 것을 원칙으로 하고 있다.

일반거래조건 협정서를 구성하는 주요 내용은 다음과 같다.

1) 거래형태에 관한 조건
2) 거래상품에 관한 기본조건
3) 매매계약에 관한 조건
4) 분쟁해결에 관한 조건

이들 제 조건은 어느 것이나 계약구성상 빼놓을 수 없는 것이며, 이들 조건의 불완전 및 이해의 불철저는 반드시 클레임(claim)을 발생시켜 그 회사에 막대한 손실을 가져오는 원인이 된다.

제2장 무역계약의 체결

1. 무역계약의 성립

1) 조회(Inquiry) 및 회답

무역매매계약 성립의 첫 번째 단계로서 통상 매수인이 매도인에 대하여 자기가 수입하고자 하는 상품에 대한 거래조건을 문의하거나 카탈로그나 가격표의 발송을 요구하는 조회로부터 시작된다.

수입업자가 가능성이 있는 수출업자를 발견하면 수입거래를 하기 위하여 수출상사의 개요, 제품명세, 가격 등의 필요한 정보를 입수하여야 한다. 조회는 수입업자가 수출업자에게 수입하고자 하는 품목의 거래조건인 품질(quality), 가격(price), 수량(quantity), 인도(delivery, shipment), 결제(payment), 보험(insurance) 등을 문의하면서 견본(sample), 가격표(price list), 카탈로그(catalog), 명세서(specifications), 견적서(quotation), 회사안내서

(brochure, pamphlet)의 발송을 요구하는 business letter, e-mail 및 fax를 말한다.

조회는 무역거래에 있어서 최초의 단계이므로 그 조회의 메시지를 어떻게 쓰는가에 따라 그 이후의 비즈니스의 교섭이 어떻게 진행되는가가 결정된다.

수출업자는 해외바이어로부터 조회를 받으면 될 수 있는 대로 빨리 조회에 대한 회답을 보내야 한다. 바이어는 여러 수출업자에게 조회를 보내는 경우가 많으므로 가장 조건이 좋은 회답을 가장 먼저 보내는 것이 유리하다. 어떤 조회가 거래를 성립시킬 수 있는가는 판단하기 어렵다. 따라서 모든 조회에 대하여 신속하게 회답을 보내는 것이 중요하다. 해외바이어는 신속하고 유리한 회답을 보내오는 수출업자와 거래하기를 원한다.

수출업자가 수입업자로부터 조회를 받는다는 것은 상대방이 이쪽에 대해서 관심을 갖고 있다는 것을 뜻한다. 따라서 조회서한(이-메일, 팩스)을 받으면 먼저 조회에 대한 감사의 뜻을 쓴다. 오프라인무역의 경우 수입자가 조회한 사항에 대하여 구체적으로 회답하고 수입자가 요구한 카탈로그, 가격표, 견본 등을 동봉하거나 별봉으로 발송한다.

가격을 제시할 때에는 FOB가격인지 CIF가격인지 명확히 해야 한다.

수출업자가 조회를 받았을 때 그 조회를 상담성립과 연결시키기 위해서는 다음의 사항 즉, 상대방 취급업종, 회사 규모, 과거 거래실적, 수익성, 기타 관세제도, 수입제한의 상황, 경쟁상대방의 상황, 업계의 정보 등을 고려해야 한다.

수출업자가 견적을 하는 경우 원가계산을 통한 가격설정과 그 견적가격의 유효기간을 기재하는 것이 매우 중요하다.

2) 오퍼의 발행

우선 거래 권유장을 받게 된 수입업자가 좀 더 구체적인 거래조건을 문의할 경우에는 수출업자에게 정식으로 오퍼를 보내줄 것을 요청한다. 더러는 수입업자가 수출업자의 권유 없이도 먼저 오퍼를 보내줄 것을 요구하는데, 이와 같이 구체적인 거래조건을 처음으로 상대방에게 요구하는 첫 의사표시를 조회라고 한다.

조회단계에서 상대방의 의중을 살핀 다음에는 일정한 조건으로 계약을 체결하고 싶다는 의사표시를 하게 되는데 이를 오퍼라고 한다. 즉, 오퍼는 청약자가 피청약자에게 일정한 조건으로 계약을 체결하고 싶다는 의사표시이다. 우리나라의 대외무역법에서는 이 오퍼를 물품매도확약으로 표현하고 있다.

오퍼는 크게 나누어서 판매오퍼(selling offer)와 구매오퍼(buying offer)로 구별할 수 있으며, 수출업자가 판매조건을 제시하는 경우가 판매오퍼이고, 수입업자가 먼저 구매조건을 제시하여 수입의사를 표시하는 경우가 구매오퍼이다. 무역거래에서 오퍼라고 하면 대개 판매오퍼를 말하며 그 성질상 조회와 비슷한 구매오퍼는 주문생산에 의한 특수기계의 수입이나 관공서의 입찰시에 많이 이용되고 있다. 대외거래에 있어서 오퍼는 주로 전보에 의하여 행하여지며 전보오퍼(cable offer)는 다시 서신으로 확인(confirm)되어야 한다.

요컨대 무역계약은 낙성계약(諾成契約: consensual contract)으로서 매매 양당사자의 합의, 곧 오퍼와 이에 대한 승낙에 의하여 성립된다. 그러므로 계약이 유효하게 성립되기 위해서는 오퍼와 승낙의 두 가지 요건이 필수적이다.[3]

3) 오퍼의 종류

무역거래에 있어서 사용되는 오퍼에는 다음과 같은 종류가 있다.

(1) 확정오퍼(firm offer)

수출업자가 외국의 매수인에 대하여 오퍼를 제기하는 경우에, 매수인의 승낙회답기간을 지정하고 그 지정기간 내에 회답할 것을 조건으로 하는 오퍼를 확정오퍼(firm offer)라고 한다. 승낙회답기간 곧 유효기간을 정한 오퍼는 그 기간 내에는 청약자를 구속하며 원칙적으로 이를 철회할 수 없다. 즉, 그 기간 내에 피청약자가 발송한 수락의 통지가 도착하면 매매계약은 확정적으로 성립된다.

(2) 불확정오퍼(free offer)

불확정오퍼란 회답기간이 정해져 있지 않은 오퍼로서 매도인이 수시로 가격을 변경 또는 취소할 수 있는 오퍼이다.

(3) 재고잔유조건오퍼 또는 선착순판매조건오퍼
(offer subject to being unsold or offer subject to prior sale)

이는 상품, 수량, 가격 및 선적시기 등을 명시하고 다수의 거래처에 신청하여 그 상품의 매진과 동시에 그 효력이 소멸되는 오퍼를 말한다. 곧 오퍼를 받은 피청약자로 부터 승낙의 서면 또는 전보를 접할 때에 아직 그 상품이 매진되지 않고 재고가 있는 경우에 한하여 유효한 오퍼이다. 다시 말해서 가장 빨리 승낙통지를 내는 자에게 매도할 것을 조건으로 하는 오퍼이다. 흔히 조건부오퍼(conditional offer)라고도 한다.

---

3 M. Morikawa, *The Essentials of Foreign Trade Practice*, Keibunsha, 1980, p.99.

(4) 예약불능오퍼(offer without engagement)

이는 오퍼의 가격을 시장시세의 변동에 따라 어느 때나 자유롭게 변경할 것을 조건으로(subject to market fluctuation) 하거나, 또는 사전통지 없이 변경할 것을 조건으로(subject to change without notice)하는 오퍼이다. 따라서 이 오퍼는 단순한 시세의 통지에 지나지 않는다.

(5) 반대오퍼(counter offer)

매도인의 확정오퍼에 대하여 매수인이 그 제시가격에 불만이 있다든지 또는 수량, 선적시기, 기타 조건에 대하여 이의가 있을 때는 매수인은 이에 대하여 별개의 요구를 제기할 수 있는데, 이 요구를 반대오퍼라고 한다. 반대오퍼는 매도인의 오퍼에 대한 매수인의 반대오퍼이며, 피청약자 단독의 오퍼가 아니라 청약자의 확정오퍼에 유발된 종속적인 오퍼라는 것이 그 특성이다. 처음 매도인이 발행하는 오퍼에 대해서 매수인이 이의 없이 그대로 수락하면 반대오퍼가 있을 수 없지만, 보통은 상담이 성립될 때까지에는 수차에 걸쳐서 반대오퍼가 교환·반복되는 것이 통례이다.

특히 이때에 유의하여야 할 것은 반대오퍼란 법적으로는 원오퍼(original offer)에 대한 거절임과 동시에, 피청약자측의 새로운 오퍼(new offer)라는 점이다.

4) 오퍼의 승낙(Acceptance)

승낙이란 매매당사자 중 어느 한편이 표시한 의사를 상대방이 수락한다는 것이다. 즉, 오퍼를 승낙했다는 것은 매매당사자간에 계약이 성립된 것을 의미하며, 이 승낙은 오퍼의 내용과 완전히 일치되어야 한다. 다시 말해서 승낙은 절대적·무조건적이어야 한다. 따라서 조건부 승낙이나, 오퍼의 내용을 변경한 승낙 및 청약자가 지정한 승낙방법·시기 등에 따르지 않는 승낙은 법적인 효력을 발생시키지 못한다. 보통은 오퍼나 반대오퍼나 먼저 타전(打電)에 의해서 시간을 절약하고 발신 후 즉시 서신으로서 그것을 확인하는 것이 관례이다.

일반적으로 오퍼의 발행과 승낙은 거래를 맺고 싶다는 상호간의 의사표시이지 당사자들을 법적으로 구속하는 것은 아니다. 양자간에 합의된 내용대로 모든 것이 이행되기 위해서는 정식으로 무역계약이 체결되어야 한다. 무역계약을 체결하는 것은 매매당사자들이 상호 의도하는 바를 법률적으로 명확히 하고, 실제 매매거래에 필요한 모든 조건들을 명시하며 또한 당사자를 구속하는 규칙을 설정함으로써 거래를 원활히 하고 분쟁을 사전에 방지하는 데 그 목적이 있다.

5) 주문(Order)

주문서(Order Sheet)란 매수인이 자기가 구입하고자 하는 상품의 품명, 단가, 단위, 합계수량, 결제통화, 합계금액, 선적시기, 지급조건, 보험조건, 포장명세, 하인(荷印), 경우에 따라서는 카탈로그 번호, 견본번호, 기타 거래에 필요한 제 조건으로 주문하고 싶다는 취지를 기재하고 서명을 한 상용(商用) 문서로서, 매수인이 매도인에 대해서 매입을 신청하는 것이다.

가격을 포함한 무역거래조건에 합의하고 계약서가 교환되면 매수인 또는 수입업자가 매도인 또는 수출업자에게 주문서를 작성하여 보내는 경우도 있다.

주문서는 회사에 따라 그 제목, 인쇄내용 등이 다르지만 제목으로는 일반적으로 Order, Order Sheet, Purchase Order, Purchase Note 등이 사용되고, 매입계약서로서 일반적으로 Confirmation of Purchase, Purchase Note 등을 사용하고 있다.

6) 주문의 승낙(Acknowledgment of Order)

주문승낙서란 매도인이 당해 상품의 품명, 품종, 단가, 단위, 합계수량, 결제통화, 합계금액, 선적시기, 지급조건, 보험조건, 포장명세, 하인, 경우에 따라 카탈로그 번호, 견본번호, 기타 거래에 필요한 제 조건이 기재된 매수인의 주문서를 승낙한다는 취지를 기재하고 서명한 상용문서로서 매수인에게 보낸다.

통상의 경우에는 매수인으로부터의 주문서에 대해 매도인이 주문승낙서를 발송함으로써 매매계약은 성립되고, 이 경우 그 주문승낙서는 매매계약을 입증하는 서류가 된다.

2. 무역계약의 체결

1) 판매서(sales note)

이는 매도인이 작성하여 매수인에게 보내는 물품의 판매확인서이다. 매도인이 최종적으로 수락된 오퍼의 내용과 동일하게 판매서를 정·부(正·副) 2통을 작성하여 서명한 후 매수인에게 송부하면, 매수인은 그 내용에 이의가 없을 경우 정식 서명하여 한 통은 보관하고 한 통은 매도인에게 반송하게 되는데 이것이 곧 정식 계약서가 된다.

2) 구매서(purchase note)

이는 매수인이 일정한 조건으로 물품을 구매하겠다는 구매주문서이다. 매수인이 자사양식에 일방적으로 기재·서명하여 2통을 매도인에게 송부하면, 매도인은 이의가 없을 경우 자기측 서명난에 서명하여 한 통은 보관하고 한 통은 매수인에게 반송하게 되는데 이것이 곧 매매계약서가 된다.

3) 각서(memorandum)

매매당사자들이 한 자리에 모여서 오퍼를 중심으로 모든 매매조건을 상의한 후 계약서를 작성·서명·날인하는 경우인데, 이러한 형식의 계약서를 각서라고 한다.

이 밖에 매도인이 판매서를 작성·서명하여 매수인에게 송부하면 매수인은 구매서를 작성·서명한 후 매도인에게 송부하는 경우가 있다. 또한 매수인이 주문서(order sheet)를 작성·서명하여 매도인에게 송부하면, 이것에 대하여 매도인은 주문확인서(confir- tion of order)를 작성·서명한 후 매수인에게 송부하는 경우도 있다.

3. 무역계약의 종류

국제상거래에서 이용되고 있는 무역계약은 크게 다음과 같이 구분할 수 있다.

1) 개별계약(case by case contract)

이는 특정 품목의 거래가 성립될 때마다 매매당사자가 거래조건에 합의하여 계약서를 작성하는 경우이다. 판매서나 구매서가 이에 해당되며 대개가 매도인이 오퍼 내용대로 「We confirm having sold to you…」와 같은 형식으로 작성하며 모든 조건을 하나도 빠짐없이 기재한다.

2) 포괄계약(master contract)

포괄계약은 매매당사자간에 서로 오랜기간 동안 거래를 하여 잘 알고 있는 경우 지정품목에 대해서 일정기간 또는 연간계약을 체결하고 필요할 때마다 선적해주는 경우에 사용되는 계약형태이다. 이 계약을 체결할 때는 지정품목에 대하여 일반적 조건을 합의한 일반거래조건협정서(agreement on General terms and condition of business)를 당사자간에 교환하며 계약서의 형식은 개별계약과 같다.

3) 독점계약(exclusive contract)

이는 특정 품목의 수출입에 있어 수출업자는 수입국의 지정수입업자 외에는 동일품목을 오퍼하지 않으며, 수입업자는 수출국의 다른 업자들로부터 동일품목을 수입하지 않는다는 조건의 독점판매계약이다. 이 형태의 계약을 체결하는 목적은 당사자간의 이윤극대화에 있기 때문에 매도인은 해당 물품의 품질과 저렴한 가격을 보장하고, 매수인은 연간 최소판매량을 보장해 주어야 한다.

제3장 무역계약의 기본조건

1. 품질조건

품질에 관한 조건은 무역거래에 있어서 가장 중요한 계약조건의 하나로서 품질조건의 상위로 인하여 분쟁이 야기되는 경우가 가장 많다. 따라서 후일의 분쟁을 사전에 방지하기 위해서는 ① 품질결정의 방법, ② 품질의 결정시기, ③ 품질의 증명방법 등을 명확히 해두어야 한다.

1) 품질결정의 방법

(1) 견본품 매매(Sales by Sample)

매도인 또는 매수인이 계약상품의 견본을 제시하여 품질을 규정하는 방법으로서 이때에 사용되는 견본을 「품질견본」(Quality Sample)이라고 한다. 견본매매는 주로 제품, 가공품의 무역거래에 사용된다.

견본매매에서는 견본과 실제 거래상품이 품질, 형상, 성능 등에 있어서 일치하고 있는가가 중요하다. 실제로 무역클레임의 약 80%는 품질클레임이 점유하고 있다. 따라서 매수인이 견본을 만들어 매도인에게 보내고 매도인이 이것을 보고 시작품을 만들어 매수인에게 보내는 경우도 있으며 이와 같이 매수인의 견본을 보고 매도인이 만든 견본을 반대견본(Counter Sample)이라고 한다.

(2) 표준품 매매(Sales by Standard Quality)

농수산물의 경우 견본과 현물을 정확하게 일치시키기는 어렵다. 따라서 표준품을 제시하고 표준품과 현품의 품질차이에 대해서는 가격으로 조정하는 방법이 사용되고 있다.

① 평균중등품질(FAQ: Fair Average Quality): 인도해야 될 상품의 품질은 당해 계절의 신 수확물의 중등품질임을 조건으로 하는 것이다. 농산물 및 천연산물의 선물거래에 사용되고 있다.

② 적격품질(GMQ: Good Merchantable Quality): 양륙지에서 품질의 검사를 하고 시장성이 없다는 것이 판명된 경우는 그 책임을 매도인이 부담하는 조건이다. 외관으로 내부의 부패, 기타 잠재하자를 알 수 없는 목재, 냉동수산물은 GMQ으로 품질을 결정한다.

계약대로의 적격품질을 갖추고 있다는 것은 공적인 품질증명기관의 품질검사증명서(Certificate of Quality Inspection) 등으로 증명한다.

③ 보통품질(USQ: Usual Standard Quality): 공인검사기관 또는 공인표준기준에 의하여 보통 품질을 표준품의 품질로 결정하는 조건이다. 미국의 원면 등의 거래에서 USQ로 품질을 결정한다.

(3) 상표 및 브랜드 매매(Sales by Trademark or Brand)

Brand나 Trademark가 세계적으로 알려져 있는 경우에는 그 품질은 우수할 뿐만 아니라 안심할 수 있으므로 그 마크나 브랜드가 품질조건을 나타내는 역할을 한다. 마크나 브랜드를 지정하여 그 상품을 매매한다.

(4) 명세서(사양서) 매매(Sales by Specifications)

기계기구나 화학품 등의 공업품 등의 경우에는 재료, 성질, 성분, 성능, 내구성, 구조 등의 상세한 데이터를 숫자에 의하여 명시한 명세서(사양서)를 작성하고 여기에 도면이나 사진 등을 첨부하여 거래하는 상품의 품질을 결정한다.

(5) 규격 매매(Sales by Grade or Type)

국제적으로 규격이 정해져 있는 상품의 경우에는 그 규격을 품질조건으로 할 수 있다. 국제표준화기구(ISO, International Organization for Standardization)가 정한 ISO 규격, 한국표준규격(KS) 등이 있다.

2) 품질결정의 시점

(1) 선적품질조건(Shipped Quality Terms)

매도인이 선적할 때에 매수인측이 동의한 검정기관에서 품질검사를 받아 검사증명서를 입수하고 이것을 매수인에게 송부함으로써 책임을 면제받는 조건이다. 선적할 때의 품질이 계약서의 품질조건과 일치하면 매도인의 책임은 면제된다.

(2) 양륙품질조건(Landed Quality Terms)

인도된 상품의 품질이 계약에서 규정된 것과 합치하고 있는가의 판정은 적하품이 목적(도착)지에서 양륙된 시점의 검사에 의하여 결정된다. 무역매매계약이 FOB 또는 CIF와 같이 적지조건에 속하는 무역조건(Trade Terms)으로 체결되고 게다가 품질결정의 시점에 대한 약정이 없었던 경우에는 품질에 대한 매도인의 책임은 선적시점에서 완결되는 선적품질조건이 적용된다.

3) 품질의 증명방법

계약상품의 품질의 증명방법에 관해서는 매매계약에 협약하여야 한다. 선적품질조건일 때에는 수출업자는 선적지의 사증기관(surveyor)을 통해서 품질에 대한 사증을 받고 그 증명서(certificate of inspection)를 수입업자에게 송부하여야 하며, 양륙품질조건일 경우에는 만일 수입업자가 품질불량을 발견하게 되면 양륙지의 사증기관에 의뢰하여 감정을 받아 감정보고서(survey report)를 수출업자에게 송부하여 손해배상을 청구한다.

2. 수량조건

1) 수량의 결정시기

무역상품의 중량을 결정하는 조건은 전항의 품질조건과 마찬가지로 선적시의 중량에 의하느냐 또는 양륙시의 중량에 의하느냐에 따라 선적중량조건(shipped weight terms)과 양륙중량조건(landed weight terms)으로 구분되며, 선적중량조건이 일반적이다. 양자는 다시 총중량(gross weight)과 순중량(net weight)으로 세분된다.

무역매매계약이 FOB나 CIF 등의 적출지조건에 의하여 체결된 경우에는 특약이 없는 한 선적수량조건이 적용된다. 또한 양조건 중 어느 것을 사용하는 경우에도, 상대방의 승인을 얻은 사정기관(査定機關: surveyor), 또는 공인검량기관(公認檢量機關: public weigher)이 발급한 중량·용적증명서(certificate of weight/measurement)에 의해서 의무의 이행을 입증해야만 한다.

2) 과부족용인조건

선적수량조건과 양륙수량조건의 어느 경우에도 화물의 성질상 정확하게 계약상의 수량을 인도하기 어려운 때에는 약간의 과부족이 용인되고 있다. 즉, 광산물이나 곡류와 같이 감량이 예상되는 품목의 경우에는 계약시 일정비율의 과부족을 인정받는 More or Less조건으로 계약을 체결한다. 예를 들어, More or Less 5%로 계약하면 5% 이내의 과부족이 발생해도 매도인은 면책이 된다.

또한 More or Less조건을 활용하지 않더라도 수량표시 단위에 “about”, “approximately” 등의 표현이 있으면 신용장통일규칙 제30조 a항에 의해 10% 과부족이 허용된다.

3) 최소 인수가능 수량과 최대 인수가능 수량

1회당 주문수량이 적은 경우에는 생산비와 운임을 비싸게 지급하게 되어서 매도인으로서는 수익이 나지 않는 수가 있다. 1회 최소 주문수량을 최소 인수가능 수량(minimum quantity acceptable)으로서 미리 약정해야 한다.

3. 가격조건

무역거래에 있어서의 가격은 계약상품의 인도장소와 가격에 포함되는 제비용의 종류에 따라 여러 가지로 구분되고 있는데, 무역계약시에는 이러한 거래가격의 조건도 명백히 하여야 한다. 일반적으로 가격용어는 FOB, CIF 등과 같은 무역조건(trade terms)이라고 불리는 약어로서 표시된다. 이들 용어는 다만 가격의 기준 또는 설정방법을 표시하는 것으로 이해되고 있으나, 실은 계약상품에 대한 소유권의 이전, 위험부담과 비용부담의 한계점을 표시하며, 나아가서는 계약상품 검사권의 때와 범위를 한정하는 규제력을 가지고 있는 것이어서, 무역상무론에 있어서 중요한 의미를 가지고 있다.

표 2-1 Incoterms® 2010

구분	거래조건	전신약호
모든 운송에 사용하는 거래조건	작업장인도(Ex Works)	EXW
	운송인인도(Free Carrier)	FCA
	운송비지불인도(Carriage Paid To)	CPT
	운송비·보험료지불인도(Carriage and Insurance Paid to)	CIP
	터미널인도조건(Delivered At Terminal)	DAT
	목적지인도조건(Delivered At Place)	DAP
	관세지급인도(Delivered Duty Paid)	DDP
해상운송, 내수로 운송에 사용하는 거래조건	선측인도(Free Alongside Ship)	FAS
	본선인도(Free On Board)	FOB
	운임포함인도(Cost and Freight)	CFR
	운임·보험료포함인도(Cost, Insurance and Freight)	CIF

4. 선적조건

1) 선적시기의 결정

선적시기는 일반적으로 확정일을 규정하지 않고 단월(單月) 또는 연월(連月)로 표시하는 것이 국제적인 관례이다. 단월조건이란 1개월 내에 선적을 완료해야 하는 조건이며 원칙적으로 분할선적(installment shipment or partial shipment)은 허용되지 않는다.

(1) 단월(單月)조건

선적조건을 3월 선적(March shipment or shipment during March)이라고 정하면, 3월 1일부터 36월 31일까지의 수출항의 본선적재를 조건으로 매매계약을 체결한 것으로 해석된다. 매도인은 그 계약 선적일내에 계약상품을 선적함으로써 선적책임이 완료된다.

(2) 연월(連月)조건

선적이 연월조건인 경우, 예컨대 4-6월 선적(April-June shipment or shipment during April, May and, June)의 조건에서는 「4월 내지 6월의 의미로 해석되며, 특약이 없는 한 4월 1일부터 6월 30일까지의 사이에 선적을 완료하면 계약수량의 전부를 일시에 적재하든지 또는 적당히 분할선적하든지 그것은 매도인이 임의로 할 수 있다. 그러나 매수인이 선적의 회수와 1회의 선적수량에 대하여 특약한 경우에는 매수인의 임의선적조건(buyer's option)이 되며, 분할선적 역시 매수인의 지시에 따라야 한다.

(3) 즉시선적(卽時船積)조건

선적시기를 표시하는데 사용되는 "immediate shipment" "prompt shipment" "as soon as shipment" "direct shipment"는 「즉시선적」으로 해석된다. 이 용어들은 국가에 따라 사람에 따라 그 해석에 차이가 있으므로 분쟁을 일으킬 우려가 많다. 이것을 사용하는 것은 될 수 있는 대로 피하여야 한다.

(4) 특정기간의 지정

선적시기를 "within 90 days after receipt of L/C" 또는 "within three months after contract" 처럼 특정기간을 지정하는 방법이 있다.

(5) "Shipment"의 해석

선적의 최초의 일 및/또는 선적의 최종일을 명시하기 위하여 사용되는 "Shipment"의 용어는 신용장에 별도의 명시가 없는 한, "적재(loading)", "발송(dispatch)", "수취(taking in charge)", "우편수령일(date of post receipt)", "집배일(date of pick-up)" 또는 이와 유사한 표현 그리고 복합운송서류를 요구한 신용장의 경우에는 "수취(taking in charge)"의 표현을 포함하는 것으로 해석한다.

(6) "on or about"의 해석

2007년 개정 신용장통일규칙 제3조는 신용장에 선적기한으로서 "shipment is to be effected on or about May 10"으로 표시되어 있는 경우 다음과 같이 해석한다고 규정하고 있다. 이러한 경우에 있어서 선적은 「그 기간의 양단일(兩端日)을 포함하고」 「명시된 일자의 5일 전으로부터 동일(同日)의 5일 후까지의 기간 내에 선적」하여야 하므로, 가장 빠른 선적일은 5월 5일, 가장 늦은 선적일은 5월 15일이고, 이 기간을 양단으로 하는 11일 범위 내에 있어서 선적하면 어느 일자에 선적하여도 신용장조건을 충족시키는 선적이 된다.

(7) "to", "until", "till", "from 및 after"의 해석

2007년 개정 신용장통일규칙 제3조는 신용장중의 선적에 관한 일(日) 또는 기간에 적용되는 to, until, till, from 및 이와 유사한 의미의 용어는 기재된 일이 포함되고 after는 기재된 일이 제외되는 것으로 해석한다고 규정하고 있다.

(8) 월의 "beginning", "middle" 또는 "end"의 해석

2007년 개정 신용장통일규칙 제3조에서 월의 "beginning", "middle", 또는 "end"의 용어는 각각 양단일을 포함하여 각 월의 1일부터 10일까지, 11일부터 20일까지 및 21일부터 말일까지로 해석한다.

2) 분할선적(Partial Shipments)

분할선적이란 계약물품을 여러 번으로 나누어 시간적 간격을 두고 선적하는 것을 말한다. 한 계약분에 대한 분할선적 및 분할의 회수(回數)는 특약이 없는 한 매도인의 임의(任意)이고, 특약이 없는 한 등량(等量)으로 하는 것이 국제적 관례이다. 그러나 매수인이 분할선적의 회수 및 각 회의 선적수량을 한정하려고 하는 경우 그 취지를 계약의 조건으로서 명시하여야 한다.

3) 환적(Transhipment)

환적이란 신용장에 규정된 발송지, 수탁지 또는 선적지로부터 최종목적지까지의 운송 중에 어느 한 운송수단으로부터 다른 운송수단으로 양하(unloading) 또는 재선적(reloading)하는 것을 의미한다.(2007년 개정 신용장통일규칙, 제19조 b항)

2007년 개정 신용장통일규칙에서는 운송방식에 따라 그 특수성을 고려하여 환적(transhipment)에 관한 정의와 수리조건을 해상운송(제20조 및 제21조), 항공운송(제23조), 도로/철도/내수로운송(제24조)에 관한 각 조항마다 별도로 규정하였다.

4) 선적일의 증명

선적에 관한 클레임(claim)의 대부분은 지연된 선적으로 말미암아 발생하므로 선적일을 어떻게 결정하느냐가 문제가 된다. 선적일은 1하구(one lot)의 화물 전부를 적재 완료한 날짜이며 선적을 입증하는 것은 선적화물을 표시하는 선화증권이므로 다른 반증이 없는 한 선화증권의 날짜(B/L date)를 가지고 실제로 선적된 날로 간주하는 것이 상관습이다. 후일의 분쟁을 피하기 위하여 매매계약서에 명시하는 것이 필요하다.

5) 지연된 선적의 처리방법

지연된 선적(delayed shipment)이란 선적기일 이내에 선적이 이루어지지 못한 경우를 말하는데, 이 지연된 선적은 불가항력에 기인하는 경우와 매도인의 과실이나 고의에 기인하는 경우가 있다. 불가항력(force majeure)에 의해 지연된 선적은 원칙적으로 매도인의 면책사항이 되나 이때에는 매도인은 자국주재 수입국영사관이나 상공회의소 등 공공기관으로부터 그 불가항력의 사실을 증명 받고 이를 매수인에게 발송하여야 한다. 그러나 불가항력이라 해서 매수인의 이익을 무시할 수 없으므로 가령 자동적으로 30일만 약정 선적기간을 연장하고 이 기간을 초과하고도 선적하지 못할 때에는 또 한번 재 연기하느냐 그렇지 않으면 무조건 해약하느냐에 대해서는 매수인이 임의로 할 수 있도록 그 처리방법을 계약에 명시해야 한다.

5. 보험조건

무역상품을 해외에 발송하는 데 있어서는 반드시 해상보험에 부보하여 그 상품이 운송도중에 폭풍우, 본선의 충돌 등 자연적 사고에 기인하여 손해를 입었을 때 그 손해를 보험회사로부터 보상을 받는 조치를 강구해야 한다. 이 보험은 매도인과 매수인 중 누가 부보해야 할 것인가는 매매계약 체결시에 결정한다. FOB 가격조건의 경우는 매수인이 부보하고, CIF 가격조건의 경우에는 매도인이 부보의 책임이 있다.

적하보험에서는 협회적하약관의 규정에 따라 다음의 세 가지 기본조건이 있다.

① Institute Cargo Clause (A): 전위험담보조건(all risks: A/R)

② Institute Cargo Clause (B): 분손담보조건(with average: WA)

③ Institute Cargo Clause (C): 분손부담보조건(free from particular average: FPA)

이 보험조건은 어떠한 기본조건을 선택하고 또 화물과 운송의 특수사항을 고려하여 어떠한 부가위험을 추가할 것이며 전쟁위험과 동맹파업위험 등은 어떻게 할 것인가를 결정하여야 한다.

6. 결제조건

무역상품의 대금결제방법에는 여러 가지 종류가 있으나, 외국무역에 있어서 상례적인 것은 송화(送貨)를 담보로 하는 환어음에 의한 결제방법이다. 이 경우에 있어서는 상품 자체와 상환하지 않고, 상품을 증권화한 선적서류(shipping documents)와 상환으로 대금이 지급된다.

무역거래의 결제조건으로서 당사자가 서로 협정하여야 할 중요한 사항은 ① 대금결제의 방법, ② 화환어음에 관한 조건, ③ 신용장에 관한 조건 등이다.

1) 대금결제의 방법

무역상품의 대금결제의 종류에는 여러 가지가 있으나 우선 대금결제방식에 의한 분류에 따라서 약술하면 다음과 같다.

(1) 송금결제

이는 수입업자가 수출업자 앞으로 수입대금을 송금하여 주는 방식으로서 여기에는 수입업자가 수입대금 해당액만큼의 은행수표를 수출업자 앞으로 발행받아 이를 수출업자 앞으로 우송하는 방식인 D/D(demand draft) 송금방식과 수입업자의 요청에 따라 은행간에 체결된 환거래계약기구에 의거하여 우편으로 은행간에 송금을 취결, 수출업자에게 지급토록 해 주는 방식인 M/T(mail transfer)방식, 우편이 아니라 전신으로 체결하는 T/T(telegraphic transfer)방식 등이 있다.

(2) 추심결제

수입업자로부터의 송금을 기다리지 않고 수출업자가 수입업자 앞으로 환어음(bill of exchange)을 발행하여 선적서류를 첨부해서 은행에서 할인받거나 또는 은행에 추심을 의뢰하는 것으로 소위 화환에 의한 결제방법이다. 이 방법에 의하면 매도인은 화물을 선적하면 곧 대금회수가 가능하고 매수인은 화물이 도착한 후에 지급하면 되므로 상호간에 다 같이 만족할 수 있는 방법이 될 수 있다.

(3) 교호계산

교호계산(account current)이란 매매 당사자간에 상호간 수출입 거래가 빈번하게 있을 때에 각 거래마다 대금을 수수(授受)하지 않고 일정기간의 거래에서 발생하는 채권·채무의 총액을 서로 상계(相計)하고 그 잔액만 지급하는 결제방법을 말하며 일반적인 방법은 되지 못한다.

2) 화환어음에 관한 조건

(1) 어음의 기한

어음은 만기일의 결정 여하에 따라서 다음과 같은 구별이 있다.

① 일람출급어음(sight bill, demand bill): 지급인에게 제시되었을 때에 즉시 지급하는 환어음이다.

② 기한부어음(time bill, term bill, usance bill)

a) 확정일후 정기출급어음(after-date bill): 어음의 발행일로부터 기산하여 어음면에 기재된 일정기간내에 지급해야 할 어음이다.

b) 일람후 정기출급어음(after-sight bill): 어음의 제시일, 즉 인수일로부터 기산하여 어음면에 기재된 일정기간내에 지급해야 할 어음이다.

(2) 어음의 조건(부속선적서류인도조건)

화환어음의 담보로 부속된 선적서류의 인도조건에 따라 인수인도조건(documents against acceptance: D/A)과 지급인도조건(documents against payment: D/P)의 두 가지가 있다.

① D/A조건: 화환어음조건의 하나로서 수입업자는 은행으로부터 화환어음의 제시를 받았을 때 어음대금을 지급하지 않고 이를 인수함으로써 선적서류의 인도를 받을 수 있는 조건이다.

② D/P조건: 화환어음의 송부를 받은 은행이 어음대금의 지급과 상환으로 선적서류를 인도하는 조건이다. 이 조건으로는 신용장을 발행하지 않고 화물과 함께 송부되어 온 선적서류를 대금지급과 동시에 인수할 수 있다.

3) 신용장 결제

신용장이란 외국무역에 있어서 대금결제의 원활을 기하기 위하여 은행이 수입업자를 대신하여 일정한 금액, 기간 및 조건하에 수출업자에 대하여 화환어음을 발행할 권한을 부여하고 그 은행이 어음의 인수·지급을 수출업자, 어음할인은행 및 선의의 어음소지인에 대하여 보증하는 서장이다. 신용장에 관한 조건으로서는 ① 신용장의 종류, ② 신용장 금액, 유효기간 및 갱신조건, ③ 신용장의 발행방법 등을 협정하여야 한다.

제4장 무역계약과 인코텀즈(Incoterms)

1. 국제규칙의 제정

1) Incoterms

Incoterms는 International Commerce Terms의 앞 두 단어의 In과 Co를 Terms에 붙여서 약칭한 것으로, 정식의 명칭은 International Rules for the Interpretation of the Trade Terms(무역거래조건의 해석에 관한 국제규칙)라고 한다.

Incoterms는 1936년에 국제상업회의소(International Chamber of Commerce)[4]에 의해서 제정되었으며 여기에는 11가지의 정형거래에 관한 매도인(seller)과 매수인(buyer)의 최소한의 의무와 책임이 규정되고 있다.

현재는 2010년도에 개정된 Incoterms® 2010은 2011년 1월 1일부터 사용되고 있다. Incoterms® 2010은 운송방식에 따라 정형거래조건을 분류하고 있다. 모든 운송에서 사용

| 표 2-2 | Incoterms® 2010의 분류

<table>
<tr><th>표현형식에 따른 구별</th><th>인도장소에 따른 구별</th><th>인도형태에 따른 구별</th><th>운송방식에 따른 구별</th><th>거래조건</th></tr>
<tr><td rowspan="7">지정장소 인도조건</td><td rowspan="4">선적지 인도조건</td><td rowspan="9">현실적 인도조건</td><td rowspan="2">복합운송</td><td>EXW</td></tr>
<tr><td>FCA</td></tr>
<tr><td rowspan="2">해상운송</td><td>FAS</td></tr>
<tr><td>FOB</td></tr>
<tr><td rowspan="3">양륙지 인도조건</td><td rowspan="5">복합운송</td><td>DAT</td></tr>
<tr><td>DAP</td></tr>
<tr><td>DDP</td></tr>
<tr><td rowspan="4">특수비용포함 조건</td><td rowspan="4">선적지 인도조건</td><td>CPT</td></tr>
<tr><td>CIP</td></tr>
<tr><td rowspan="2">상징적 인도조건</td><td rowspan="2">해상운송</td><td>CFR</td></tr>
<tr><td>CIF</td></tr>
</table>

4 세계에서 가장 큰 상업조직이다. 세계무역의 성장을 목표로 하며, 각국의 상업회의소를 회원으로 두고 있다.

가능한 거래조건[5]은 작업장 인도조건(EXW), 운송인 인도조건(FCA), 운송비지불인도조건(CPT), 운송비·보험료지불 인도조건(CIP), 터미널 인도조건(DAT), 목적지 인도조건(DAP) 및 관세지급 인도조건(DDP) 등 7가지 조건이 있다. 해상 및 내수로 운송의 경우에만 사용할 수 있는 거래조건은 선측인도조건(FAS), 본선인도조건(FOB), 운임포함 인도조건(CFR) 및 운임·보험료 포함 인도조건(CIF) 등 4가지이다. Incoterms® 2010에 규정된 정형거래조건은 [표 2-2]와 같다.

또한 「Incoterms® 2010」은 「Incoterms 2000」과 마찬가지로 매도인과 매수인의 의무조항을 다음과 같이 각각 소항목 10 가지로 통일하고 대치·배열하여 매매당사자들의 의무를 분명히 하고 있다(표 2-3 참조).

표 2-3 매도인과 매수인의 의무(Incoterms® 2010)

A. The Seller's Obligations (매도인의 의무)	B. The Buyer's Obligations (매수인의 의무)
A1. General Obligations of the seller (매도인의 일반적 의무)	**B1.** General Obligations of the Buyer (매수인의 일반적 의무)
A2. Licences, authorizations, security learances and other formalities (허가, 승인, 안전확인 및 기타절차)	**B2.** Licences, authorizations, security clearances and other formalities (허가, 승인, 안전확인 및 기타 절차)
A3. Contracts of carriage and insurance (운송 및 보험계약)	**B3.** Contracts of carriage and insurance (운송 및 보험계약)
A4. Delivery(인도)	**B4.** Taking delivery(인도의 수령)
A5. Transfer of risks(위험의 이전)	**B5.** Transfer of risks(위험의 이전)
A6. Allocation of costs(비용의 배분)	**B6.** Allocation of costs(비용의 배분)
A7. Notice to the buyer(매수인에 대한 통지)	**B7.** Notice to the seller(매도인에 대한 통지)
A8. Delivery document(인도서류)	**B8.** Proof of delivery(인도의 증거)
A9. Checking–packaging–marking (점검·포장·확인)	**B9.** Inspection of goods(물품의 검사)
A10. Assistance with information and related costs (정보에 의한 협조와 관련비용)	**B10.** Assistance with information and related costs (정보에 의한 협조와 관련비용)

[5] 육·해·공 운송수단, 단일 운송수단 혹은 복합 운송수단에 관계없이 사용할 수 있는 거래조건을 의미함.

한편 Incoterms는 법적 구속력을 지닌 국제조약(convention)이 아니라 일종의 임의규칙이므로 매매당사자간의 합의에 의해서만 사용될 수 있다. 국제규칙은 채택된 당시에는 최신의 내용을 담고 있지만, 시일이 경과함에 따라서 낡은 것이 되기 마련이고 또한 당시의 거래관습을 최대공약수 부분을 반영하지만, 전면적으로 수용·채택되고 있는 것도 아니다. 따라서 국제규칙에서 미흡한 점을 양당사자의 합의에 의해 계약서 중에서 보충해 두어야만 한다.

2) 개정미국무역정의(Revised American Foreign Trade Definitions)

1919년 12월에 New York의 India House에서 전미무역협의회(全美貿易協議會; National Foreign Trade Council)가 주축이 되고 각 실업단체 및 무역단체가 참가하여 무역총회가 개최되었으며 이 회의에서 「수출가격조건의 정의」(Definitions of Export Quotations)가 채택되었다.[6] 이 정의에는 ① FOB, ② FAS, ③ CIF, ④ C&F의 4종의 표준정의가 규정되고 있다.

그 후 20여 년간 미국은 세계질서의 변화와 더불어 명실 공히 세계무역의 지도적 입장에 서게 되자, 미국의 거래관행에도 적지 않은 변화가 생겼다. 이러한 이유로 전미무역협의회, 전미수입업자협의회(National Council of American Importers Inc.) 및 미국상공회의소의 합동위원회에서 개정작업이 이루어졌으며, 그 결과 1941년의 전미무역회의에서 「1941년 개정미국무역정의」(Revised American Foreign Trade Definitions, 1941)가 채택되기에 이르렀다.[7]

이 정의는 이전의 India House Rule에다 Ex(Point of Origin)과 Ex Dock의 2종을 추가함으로써 6종으로 늘어났으며, 두 번째 조항인 FOB는 다음 6가지로 세분화되어 있어 여전히 미국류의 해석기준을 채택하고 있다.

① FOB (named inland carrier at named inland point of departure)

② FOB (named inland carrier at named inland point of departure) Freight prepaid to (named point of exportation)

③ FOB (named inland carrier at named inland point of departure) Freight allowed to (named point of exportation)

---

6 이 회의가 New York의 India House에서 개최되었기 때문에 이 정의를 「FOB에 대한 인디아 하우스 규칙」(India House Rules for FOB)이라고 한다.
U.S. Dept. of Commerce, *Paper Work in Export Trade*, Washington, D.C., 1920, p.14.

7 C. Schmitthoff, *op. cit.*, p.48.

④ FOB (named inland carrier at named point of exportation)

⑤ FOB Vessel (named port of shipment)

⑥ FOB (named inland point in country of importation)

한편 개정미국무역정의도 Incoterms와 마찬가지로 거래관습의 해석기준에 지나지 않으며, 법적 구속력을 지닌 것은 아니기 때문에 매매당사자간의 합의·채택에 의해서만 사용할 수가 있다. 따라서 개정미국무역정의가 점차 그 빛을 잃어가게 될 것이 예상되나, 오랜 관습의 탓으로 아직까지도 많은 미국업자들은 Incoterms보다 개정미국무역정의의 내용을 선호하고 있음이 사실이다.

1990년에 개정된 개정미국무역정의에서는 Ex(point of origin), FOB, FAS, CFR, CIF 및 EX Dock 6가지 거래조건이 규정되어 있다.

2. 정형거래조건(Incoterms® 2010)의 이해

1) 국제무역조건(International Terms of Trade)

각각의 국제매매를 위해서는 아래의 여러 단계 중에서 수출업자와 수입업자의 책임을 결정하는 것이 중요하다.

① 수출국 국내운송(Pre - carriage): 수출국에서의 국내 운송

② 주요 운송(Main - carriage): 수출국과 수입국 간의 국제 운송

③ 수입국 국내운송(On - carriage): 수입국에서의 국내 운송

④ 국제운송에서 포함되는 위험들

⑤ 수입국에서의 세관 통관

Incoterms® 2010은 정식으로 국제매매의 다음 측면을 규정하고 있다.

① 어떤 과업이 수출업자에 의해 수행되어야 하는가

② 어떤 과업이 수입업자에 의해 수행되어야 하는가

③ 어떤 활동이 수출업자에 의해 지불되어야 하는가

④ 어떤 활동이 수입업자에 의해 지불되어야 하는가

⑤ 수출업자로부터 수입업자에게 이전되는 상품의 정확한 책임의 분기점

Incoterms® 2010에는 EXW, DAP, FOB 등과 같이 모두 3자리로 단축된 두문자어(頭文字語)로 11개의 다른 거래조건이 있다.

2) Incoterms® 2010 조건의 선택

올바른 인코텀즈 조건의 선택은 회사의 수출전략에 달려있다.

① 매매되는 제품의 유형(중량, 용적, 부패 용이성, 가치, 온도변화에 민감성 등)

② 선적의 방법

③ 관계된 과업을 이행하기 위한 수출업자와 수입업자 양쪽의 능력과 의지

④ 거래 상대방 간의 신뢰도

3) Incoterms® 2010 규칙

각 인코텀즈 규칙들은 아래의 사항들을 포함하고 있다.

① 범위(scope): 사용될 수 있는 제품의 유형

② 운송방식(modality): 사용될 수 있는 운송방식

③ 문장형식(syntax): 송장과 서류에 언급되어야 하는 형식

각 인코텀즈 규칙들은 아래의 사항들을 명시하고 있다.

① 수출업자의 책임

② 수입업자의 책임

③ 수출업자로부터 수입업자로 이전되는 상품의 책임이전 특정 분기점

3. 정형거래조건(Incoterms® 2010)의 분류 및 내용

국제상업회의소는 모든 운송에서 사용가능한 7개의 인코텀즈 조건(해상, 도로, 항공, 철도)과 해상 혹은 내수로 운송에서만 사용가능한 4개의 인코텀즈 조건(가장 오래된 무역거래조건)으로 두 그룹의 인코텀즈 조건을 명기하고 있다.

1) 모든 운송에서 사용가능한 조건

이 그룹에 속하는 거래조건은 육상, 해상, 항공 등 운송수단에 관계없이, 단일의 운송수단을 이용하든 복합운송수단을 사용하든 상관없이 사용할 수 있는 거래조건이다.

(1) 작업장 인도조건[Ex Works: EXW(insert named place of delivery) Incoterms® 2010]

이 조건은 매도인이 계약물품을 자신의 영업장 구내 또는 기타 지정장소(작업장, 공장, 창고 등)에서 현상 그대로 매수인에게 인도하는 조건이다. 이때의 작업장(works)이란, 물

이 생산과정을 마치고 매매의 목적물로서 정비되어 임시 장치되고 있는 장소를 말한다. 당사자들은 지정장소 내의 지점을 명확하게 명시하는 것이 바람직하다. 이 지점으로부터 그 물품을 이동시키는 책임과 비용은 모두 매수인의 부담이 된다. 그러므로 이 조건은 매도인에게는 최소한의 의무가 부여된다.

이 조건은 국제택배서비스(FedEx, DHL 등)에 의해 수집할 수 있는 소형소포에 사용되는 것이 바람직하며, 국내거래에 적합하다. 매수인이 수출국가에서 수출절차를 이행할 수 없는 국제거래에서는 FCA조건을 사용하는 것이 더 적절하다.

물품의 대금은 별도의 약정이 없는 한, 물품의 인도 시에 지급하여야 한다.

구체적으로는 공장인도(Ex Factory, Ex Mill), 창고인도(Ex Warehouse, Ex Godown), 광산인도(Ex Mine), 농장인도(Ex Plantation), 점두인도(Ex Store) 등이 있다. Ex Works는 이들의 대표로서 사용되고 있다.

(2) 운송인 인도조건[Free Carrier: FCA(insert named place of delivery) Incoterms® 2010]

이 조건은 복합운송의 대표적인 것으로 매도인이 상품을 그의 영업장 구내 또는 기타 지정장소에서 매수인이 지정한 운송인이나 제3자의 관리 하에(into the charge of the carrier) 수출 통관된 물품을 인도하였을 때 매도인의 의무가 완료되는 정형무역조건이다. 이때의 운송인(carrier)이란 철도, 도로, 해상, 항공, 내륙수로운송, 또는 이들 제수단의 결합에 의한 복합일관운송의 운송계약을 체결·이행하는 자를 말한다. 당사자들은 책임이전의 분기점이 되는 지정인도장소 내의 지점을 가급적 명확하게 명시하는 것이 바람직하다.

이 조건은 철도운송, 육로운송, 해상운송, 항공운송, 내수로운송, 복합운송 등 어떠한 운송형태에서도 이용가능하며 매도인이 계약물품을 지정장소에서 수출 통관 필 상태로 운송인에게 인도할 때 매도인의 의무가 종료된다는 점을 제외하고는 FOB계약조건과 기본원칙이 동일하다.

(3) 운송비 지급 인도조건[Carriage Paid to: CPT(insert named place of destination) Incoterms® 2010]

이 조건은 운송의 형태에 관계없이 매도인이 적출지의 합의된 장소(당사자 간에 이러한 장소의 합의가 있는 경우)에서 자신이 지정한 운송인이나 제3자에게 계약물품을 인도해 주는 조건이다. 이 조건은 매매계약 형태상 CFR조건과 유사하여 매도인이 지정 목적지까지의 운송계약을 체결하고 운송비용 역시 부담하나, 매도인의 인도의무는 계약물품을 첫 번째 운송인의 관리하에 인도한 때에 종료되고 그 이후의 물품에 관한 멸실·손상 및 추가비용은 매수인에게 이전된다. 따라서 당사자들은 위험이 이전되는 장소인 인도장소 및 운송계약의 목적지인 지정 목적지를 계약 내에서 가급적 명확하게 지정하는 것이 바람직하다.

여기서 운송인이란 육·해·공 중 어느 한 가지나 이들의 복합방식으로 계약물품을 목적지까지 운송해주기로 약정하는 자를 말한다. 운송서류는 FCA조건과 마찬가지로 반드시 운송도중에 전매(轉賣)될 수 있는 것일 필요는 없다.

이 조건에서 매도인은 물품의 수출통관을 하여야 한다.

매매당사자간의 의무는 목적지까지의 운송계약 및 운임을 매도인이 부담하는 점을 제외하고는 FCA조건과 같다.

이 조건은 복합운송방식과 컨테이너운송 또는 트레일러나 부선에 의한 roll-on / roll-off 운송을 포함하여 모든 운송방식에 사용될 수 있다.

(4) 운송비·보험료 지급 인도조건[Carriage and Insurance Paid to: CIP(insert named place of destination) Incoterms® 2010]

이 조건은 매도인이 합의된 장소에서 물품을 자신이 지정한 운송인이나 제3자에게 인도하되 물품을 지정목적지까지 운송하는 데 필요한 계약을 체결하고 그 운송비용 역시 매도인이 부담한다.

매도인은 또한 운송 중 물품의 멸실 또는 손상의 위험에 대비하여 보험계약을 체결하나 최소조건(I.C.C. C약관)으로 부보하도록 요구될 뿐이므로 보다 높은 수준의 보험의 보상범위를 원한다면 양당사자들은 명시적으로 그렇게 합의하든지 아니면 매수인 스스로 추가 보험을 들어야 한다.

이 조건은 CPT조건과 같으나 다만 매도인이 운송도중의 계약물품의 멸실 또는 손상의 위험에 대한 보험까지를 수배해야 한다는 점만 다르다. 즉 이 조건에서는 매도인은 반드시 계약에서 정한 보험계약을 체결하고 보험료를 지급해야 한다. 이러한 점에서 이 조건은 CIF조건과 유사하다. 매도인은 계약물품을 운송인의 관리하에 인도한 때에 인도의무가 종료되고 그 이후의 물품에 관한 멸실·손상의 위험은 매수인에게 이전된다.

이 조건은 위험과 비용의 분기점이 상이하므로, 당사자들은 위험이 이전되는 장소인 인도장소 및 운송계약의 목적지인 지정 목적지를 계약 내에서 가급적 명확하게 지정하는 것이 바람직하다.

운송서류는 FCA조건이나 CPT조건과 마찬가지로 반드시 운송도중에 전매될 수 있는 것일 필요는 없다.

이 CIP조건은 전술한 FCA조건 및 CPT조건과 함께 복합운송에서 주로 이용되고 있는 거래조건인데 이 세 가지 조건의 기본특성을 비교해 보면 [표 2-4]와 같다.

| 표 2-4 | FCA, CPT, CIP의 기본 특성 비교표

<table>
<tr><th colspan="3"></th><th>FCA
(운송인인도)
Free Carrier
(…named place of delivery)</th><th>CPT
(운송비지급인도)
Carriage and Insurance Paid to
(…named place of destination)</th><th>CIP
(운송비·보험료지급인도)
Carriage and Insurance Paid to
(…named place of destination)</th></tr>
<tr><td colspan="3" rowspan="2">Terms (조건)의 표시방법 및 예시</td><td>FCA 지정장소</td><td>CPT 지정목적지</td><td>CIP 지정목적지</td></tr>
<tr><td>FCA Busan</td><td>CPT Chicago</td><td>CIP Baltimore</td></tr>
<tr><td rowspan="3">부담의 범위</td><td rowspan="2">① 비용</td><td>운 임</td><td>수입업자 부담</td><td colspan="2">수출업자 부담</td></tr>
<tr><td>보험료</td><td colspan="2">수입업자 부담</td><td>수출업자 부담</td></tr>
<tr><td colspan="2">② 화물의 위험</td><td colspan="3">모든 조건은 지정장소에서 수입업자에 의해서 지명된 운송인에게 화물을 인도하였을 시점에서 화물의 위험부담이 수출업자로부터 수입업자에 이전</td></tr>
<tr><td colspan="3">선하증권(B/L)이나 항공화물운송장(Air Way-bill)의 운임표시</td><td>FREIGHT COLLECT
(운임도착 지급)</td><td colspan="2">FREIGHT PREPAID
(운임 선지급)</td></tr>
<tr><td rowspan="2">서류</td><td colspan="2">운송서류
(B/L, AWB 등)</td><td colspan="3">수출업자 측에서 발행</td></tr>
<tr><td colspan="2">보험증권</td><td colspan="2">수입지 측에서 발행</td><td>수출지 측에서 발행</td></tr>
</table>

(5) 터미널 인도조건[Delivered At Terminal: DAT(insert named terminal at port or place of destination) Incoterms® 2010]

이 조건은 Incoterms® 2010에 처음 소개된 것으로서, 매도인이 지정 목적항 또는 지정 목적지에 있는 지정 터미널의 운송수단으로부터 물품을 하역하여 수입통관을 필하지 않고 이를 매수인의 임의처분상태로 인도하는 조건을 말한다. 여기에서 의미하는 터미널은 덮개의 유무를 불문하며, 부두, 창고, 컨테이너 야드(container yard; CY), 도로·철도 또는 항공화물 터미널을 포함한다.

이 조건의 경우 매매당사자간의 비용 및 위험부담의 분기점은 지정 터미널이 된다. 따라서 이 조건을 사용할 경우 터미널 혹은 터미널 내에서의 특정지점을 명확히 해 두어야 한다. 만약 특정 터미널이 합의되지 않았거나 관습에 의해 결정되고 있지 않은 경우, 매도인은 합의된 목적항 또는 목적지에서 자기의 목적에 가장 적합한 터미널을 선택할 수 있다.

이 조건에서 매도인은 자기의 비용으로 합의된 목적항 또는 목적지까지 물품을 운송하

기 위한 운송계약을 체결하고, 터미널까지 운송하여 하역하는 데 따른 모든 위험을 부담해야 한다. 한편 매수인은 물품이 지정 터미널에서 인도된 이후의 모든 위험과 비용을 부담한다. 나아가 당사자들이 터미널에서 다른 장소까지 물품을 운송하고 취급하는데 수반하는 위험과 비용을 매도인 부담하려고 의도하는 때에는 DAP조건 혹은 DDP조건을 사용해야 한다.

(6) 목적지 인도조건〔Delivered At Place: DAP(insert named place of destination) Incoterms® 2010〕

이 조건은 매도인이 지정 목적지에서 수입통관을 필하지 않은 계약물품을 도착된 운송수단으로부터 양하 준비된 상태로 매수인의 임의처분상태로 인도하는 조건이다.

이 조건에서는 매도인은 자기의 비용으로 지정 목적지 또는 경우에 따라 지정 목적지의 합의된 지점까지 물품을 운송하기 위한 운송계약을 체결하여야 하고, 지정지까지 물품을 운송하는 데 따른 모든 위험을 부담한다.

만약 특정 지점이 합의되지 않았거나 관습에 의해 결정되고 있지 않은 경우, 매도인은 지정 목적지에서 자기의 목적에 가장 적합한 지점을 선택할 수 있다. 한편 매수인은 지정목적지에서 자기가 임의로 처분할 수 있는 상태가 된 이후의 모든 위험과 비용을 부담한다.

당사자 간에 매도인이 물품을 수입통관하고 수입관세를 부담하며 수입통관절차를 수행하도록 원하는 때에는 DDP조건을 사용해야 한다.

(7) 관세지급 인도조건〔Delivered Duty paid: DDP(insert named place of destination) Incoterms® 2010〕

이 조건은 매도인이 지정 목적지에서 수입통관을 필한 계약물품을 도착된 운송수단으로부터 양하 준비된 상태로 매수인에게 인도하는 조건이다. DDP 다음에는 매수인의 공장, 창고 등 지적목적지를 명확하게 기입하는 것이 바람직하다.

이 조건의 경우 매도인은 지정목적지에 도착할 때까지 목적지 국가에서 관세를 포함한 모든 비용과 위험을 부담하여야 한다. 즉 매도인은 자신의 위험과 비용으로, 수출국에서 수출통관을 필하고, 수입항까지의 운송계약과 보험계약을 체결하고, 수입국에서 수입허가를 취득하고, 관세·조세 등을 지급하여 수입통관을 필한 후, 수입국의 지정 목적지까지 계약물품을 운송해야 한다. 따라서 매도인의 경우에 EXW조건이 최소한의 의무를 부담하는 반면 이 조건은 최대한의 의무를 부담한다.

이 조건은 매도인이 수입통관을 해야 하므로, 직간접적으로 매도인이 수입통관을 할 수 없는 경우에는 DAP조건을 사용해야 한다. 수입시에 부과되는 부가가치세 기타세금은 매도인이 부담하되, 다만 매매계약서에 명시적으로 달리 합의된 때에는 그에 따른다.

한편 매수인은 계약물품이 지정목적지에서 자기가 임의 처분할 수 있는 상태로 된 이후의 모든 위험과 비용을 부담한다.

2) 해상 혹은 내수로 운송에서만 사용가능한 조건

Incoterms® 2010에서 해상운송 혹은 내수로 운송에서만 사용가능한 조건(rules for sea and inland waterway transport)은 아래의 4가지 조건이다. 이들 중에서도 특히 FOB와 CIF는 전통적으로 자주 사용되어 왔었으나, 최근 컨테이너 운송에 의한 복합일괄운송이 일반화됨에 따라 Incoterms® 2010에서는 후순위에 규정되어 있다.

(1) 선측인도조건[Free Alongside Ship: FAS(insert named port of shipment) Incoterms® 2010]

이 조건은 매도인이 지정선적항에서 매수인이 지정한 본선의 선측(alongside ship)에 수출통관을 필한 계약물품을 인도하는 조건이다.

여기서 선측이란 본선상용(本船常用)의 양화기(tackle) 및 그 밖의 선적용구(船積用具)가 도달할 수 있는 범위를 의미한다. 따라서 위험부담의 장소적 분기점은 본선이 부두에 접안된 때에는 부두상(on the quay)이 되고 본선이 해상에 정박해 있을 때에는 부선내(in lighter)가 된다.

특히 본 조건은 적재비용이 많이 소요되는 원맥, 원면, 원목 등의 산화물(bulk cargo)거래에 자주 이용된다.

이 조건에서 매매당사자간의 비용부담과 책임의 분기점은 선적항의 선측이 된다. 매수인은 이 지점 이후에 발생하는 물품의 멸실 또는 손상에 따른 모든 비용과 위험을 부담해야 하며, 선박을 수배하고 선박명, 선적장소 및 선적시기를 매도인에게 통지하여야 한다.

이 조건의 문제점은 항구에서 물품을 선측에 거의 보관하지 않거나, 혹은 선박을 기다리면서 부두에 물품을 보관한다는 점이다. 인도는 대기지역(holding area)에서 이루어지며, 이어서 물품은 선적이 이루어지기 전에 대기지역에서 선박으로 항구지역 내부에서 운송된다. 그러나 큰 상자(crates)나 산화물 등 선박의 바로 옆에서 인도되어야 할 물품의 유형이 있다.

복합적으로 어려운 것은 대기지역 혹은 선측 부두까지 인도에 정확히 일치하는 운송서류가 없다는 점이다. ICC는 물품이 양호한 상태로 본선상에 선적될 때 까지 해상 운송업자가 선하증권을 발행하지 않기 때문에, 수출업자가 운송업자로부터 수령증이나 운송서류를 얻을 수 없다는 점을 인정하고 있다. 그러나 이것에 추가하여 이어서 수출업자가 "물품의 인도를 증명하는 다른 서류들을 제공해야 한다."[8] 그러나 구체적으로 어떤 서류인지는 제안하고 있지 않다. 항만당국(port authorities)이 발급한 부두 수령증(dock receipt)이 충분할 수도 있다. 그러나 분명한 물리적인 인도의 증거부족은 FAS 조건의 사용을 실재로 방해하고 있다. 그러나 관계 당사자들 간의 전자문서교환(Electronic Data Interchange; EDI)의 사용으로 이 문제점을 해결할 수 있다. 수출업자는 수입업자에게 출발항에서 인도가 이루어졌다는 사실을 통지할 수 있으며, 터미널 운영자(terminal operator)도 이와 같은 일을 할 수 있다. 그러나 국제상업회의소(ICC)는 받아들일 만한 인도의 증거로서 그러한 통지들(notices)을 나열하고 있지는 않다.

이러한 이유들 때문에 수출업자로부터 수입업자에게 물품의 책임 분기점이 분명한 DAT 조건이 개발되었다.

물품이 컨테이너에 적재되는 경우에는 매도인이 물품을 선측이 아니라 터미널에서 운송인에게 인도하는 것이 전형적이므로, 이러한 경우에는 FAS조건은 부적절하며 FCA조건을 사용해야 한다.

(2) 본선 인도조건[Free On Board: FOB(insert named port of shipment) Incoterms® 2010]

이 조건은 매도인이 지정선적항에서 수출통관을 필한 계약물품을 매수인이 지명·통보한 선박의 본선상(on board the vessel)에서 인도하거나 이미 그렇게 인도된 물품을 조달하는 조건이다. 따라서 이 조건의 경우, 매매당사자간의 비용부담 및 책임부담의 분기점은 계약물품이 본선상에 적재되는 시점이다.

매도인은 물품을 본선상에 적재하여 인도하거나 이미 선적을 위하여 그렇게 인도된 물품을 조달하여야 한다. 여기에 "조달(procure)"을 규정한 것은 특히 일차산품거래(commodity trade)에서 보편적인 복수의 "연속적 매매"에 대응하기 위함이다.

이 조건은 물품이 본선에 적재되기 전에 운송인에게 인도되는 경우(터미널에서 인도되는 컨테이너화물 등)에는 FCA조건을 사용해야 한다.

이 조건에서는 매도인은 합의된 선적기간 내에 매수인이 지정한 운송선박에 계약물품을 선적하게 되면 자신의 책임이 끝나며, 선적 이후의 모든 책임과 비용은 매수인이 부담하게 된다. 한편 매수인은 계약물품을 수입지까지 운송할 선박과 운송계약을 체결하고 선박명,

---

8 Ramberg, Jan, *ICC Guide to Incoterms® 2010*, International Chamber of Commerce Publication No. 720E, ICC 2010.

선박지점 및 인도시기를 매도인에게 통지해야 한다.

Incoterms® 2000의 FOB, CFR, CIF 조건에서 위험의 분기점을 계약물품이 본선의 난간(ship's rail)을 통과 할 때로 규정되어 있었으나 Incoterms® 2010에서는 본선상에 적재되는 시점으로 변경되었다.

(3) 운임포함 인도조건[Cost and Freight: CFR(insert named port of destination) Incoterms® 2010]

이 조건은 상품의 원가(cost)에 지정목적지까지 해상운임(freight)이 포함된 조건이다. 이 조건에서 매매당사자간의 책임한계점은 FOB 조건과 마찬가지로 선적항의 본선이다. 따라서 매도인이 계약물품을 선적항의 본선 상에 적재하여 인도하거나 이미 그렇게 인도된 물품을 조달하면, 물품과 관련된 모든 책임은 매수인에게 이전된다.

매도인은 물품을 본선상에 적재하여 인도하거나 이미 선적을 위하여 그렇게 인도된 물품을 조달하여야 한다. 여기에 "조달(procure)"을 규정한 것은 특히 일차산품거래(commodity trade)에서 보편적인 복수의 "연속적 매매"에 대응하기 위함이다.

이 조건은 물품이 본선에 적재되기 전에 운송인에게 인도되는 경우(터미널에서 인도되는 컨테이너화물 등)에는 CPT 조건을 사용해야 한다.

매도인은 지정된 목적항까지 계약물품의 운송에 적합한 선박과 통상적인 해상운송계약을 체결하고 운임을 지불해야 한다. 그리고 계약물품에 대한 수출통관을 필하여 본선에 인도하고 통상의 운송서류를 지체 없이 매수인에게 전달해야 한다.

매수인은 물품이 선적항의 본선에 인도된 이후 발생하는 모든 위험과 인도 이후 해상운임을 제외한 모든 추가비용을 부담해야 한다.

(4) 운임·보험료포함 인도조건[Cost, Insurance and Freight: CIF(insert named port of destination) Incoterms® 2010]

이 조건은 CFR 조건에 지정된 목적항까지의 보험료가 포함된 조건이다. 이 조건의 경우 매도인은 계약물품의 해상운송계약과 해상보험계약을 체결하고 운임 및 보험료를 지급하고 그 책임은 선적항의 본선상에 계약물품을 적재하여 인도하거나 이미 그렇게 인도된 물품을 조달할 때 완료된다. 따라서 매도인의 책임은 FOB 조건이나 CFR 조건과 마찬가지로 계약물품이 선적항의 본선에 선적될 때 끝나기 때문에 만약 운송 도중 사고가 발생하더라도 이에 대한 책임은 매수인에게 있다.

매도인은 물품을 본선상에 적재하여 인도하거나 이미 선적을 위하여 그렇게 인도된 물품을 조달하여야 한다. 여기에 "조달(procure)"을 규정한 것은 특히 일차산품거래

(commodity trade)에서 보편적인 복수의 "연속적 매매"에 대응하기 위함이다.

이 조건은 물품이 본선에 적재되기 전에 운송인에게 인도되는 경우(터미널에서 인도되는 컨테이너화물 등)에는 CIP 조건을 사용해야 한다.

CIF 조건[9]은 선적항에서 본선에 물품의 선적을 완료할 때까지의 제비용(C)인 FOB 가격에다 목적항까지의 해상보험료(marine insurance premium; I) 및 해상운임(ocean freight; F)의 비용을 가산한 조건이다.

이 조건은 CFR조건에 매도인의 보험의무만 추가한 것으로 다른 모든 것은 CFR과 동일하다. 따라서 CIF조건에서는 매도인이 운송 중에 발생하는 계약물품의 멸실 또는 손상에 대한 위험을 담보하는 해상보험계약을 체결하고 보험료를 부담하고 그 책임은 선적항의 본선상에 계약물품 적재시에 완료된다.

이 조건은 무역상품의 원가(cost), 보험료(insurance) 및 운임(freight) 등 3가지 요소가 하나의 거래조건에 통합된 합리적인 매매형태라고 할 수 있다.

이 조건은 매도인이 계약물품을 선적하고 운송중의 위험에 대하여 부보한 후 선적서류를 구비하여 매수인에게 제공해야 하며, 매수인은 선적 이후의 위험을 부담하고 선적서류와 상환으로 물품의 대금을 지급해야 하는 서류인도 계약조건이다. 그러므로 이 조건은 선적 후 화물이 멸실·손상되어도 매도인은 온전한 선적서류만 갖추면 대금결제를 요구할 수가 있다.

또한 소유권은 선적 후에 일단은 매수인에게 이전되나, 매도인은 선적서류에 의하여 담보권(擔保權)을 유보하여 대금지급을 확보하게 된다. 그리고 매수인에 의한 환어음의 인수·지급에 의하여 선적서류는 매수인에게 인도되고 이때에 소유권도 완전히 이전된다.

CIF조건은 다른 여러 정형거래조건과 상이한 두 가지 특징을 가지는데, 하나는 물품의 위험부담의 한계점과 비용부담의 한계점이 불일치한다는 점이다. 또 하나의 특징은 CIF조건은 물품 자체의 현실적 인도가 아니라, 인도가 운송품을 화체(化體)한 선화증권에 의해서 행하여지는 상징적 인도(symbolical delivery)이다. 즉 매도인은 서류 대신에 물품을 제공할 수는 없고, 매수인도 또한 서류 대신에 물품의 인도를 요구할 수 없다는 것이 본래의 해석이다.

한편 근년에 컴퓨터를 매개로 하여 Paperless B/L에 의한 새로운 CIF계약이 등장하고 있는데 앞으로 주목할 만한 사실이다.

---

[9] 운임, 보험료, 수수료 및 금리 포함인도(CIF & CI): CIF 원가에 중개업자에게 지급하는 수수료(commission)와 환어음의 금리(interest)가 포함된 가격이다.
운임, 보험료 및 양륙비 포함인도(CIF Landed): CIF 원가에 수입항에서의 양륙비가 포함된 가격이다.

| 표 2-5 | FOB, CFR, CIF 조건의 기본특성 비교표

<table>
<tr><th colspan="3"></th><th>FOB
(수출항본선인도)
Free on Board</th><th>CFR
(운임포함인도)
Cost and Freight</th><th>CIF
(운임·보험료 포함인도)
Cost, Insurance and Freight</th></tr>
<tr><td colspan="3" rowspan="2">Terms (조건)의
표시방법 및 예시</td><td>FOB 수출항명</td><td>CFR 수입항명</td><td>CIF 수입항명</td></tr>
<tr><td>FOB Busan</td><td>CFR Los Angeles</td><td>CIF New York</td></tr>
<tr><td rowspan="3">부담의
범위</td><td rowspan="2">①
비용</td><td>운 임</td><td>수입업자 부담</td><td colspan="2">수출업자 부담</td></tr>
<tr><td>보험료</td><td colspan="2">수입업자 부담</td><td>수출업자 부담</td></tr>
<tr><td colspan="2">② 화물의 위험</td><td colspan="3">모든 조건은 수출항에서 선박의 본선상에 화물을 적재한 시점에서 화물의 위험부담이 수출업자로부터 수입업자에 이전</td></tr>
<tr><td colspan="3">선하증권(B/L)이나
항공화물운송장(Air Way-bill)의 운임표시</td><td>FREIGHT
COLLECT
(운임 도착지급)</td><td colspan="2">FREIGHT
PREPAID
(운임 선지급)</td></tr>
<tr><td rowspan="2">서류</td><td colspan="2">운송서류
(B/L, AWB 등)</td><td colspan="3">수출업자 측에서 발행</td></tr>
<tr><td colspan="2">보험증권</td><td colspan="2">수입업자 측에서 발행</td><td>수출업자 측에서 발행</td></tr>
</table>

이 CIF조건은 전술한 FOB조건 및 CFR조건과 함께 무역거래에서 가장 많이 이용되고 있는 거래조건인데 이 세 가지 조건의 기본특성을 비교해 보면 [표 2-5]와 같다.

예를 들어, 만약 FCA exporter's premises(수출업자 부지내 인도) 조건을 사용하면, 수출국내 운송(pre-carriage)은 수입업자의 책임이다. 만약 FCA carriage's premises(운송인 부지내 인도) 조건이 명시되어 있으면, 수출국내 운송(pre-carriage)은 수출업자의 책임이다. 유사하게, DAT 조건에서는 만약 인도가 수입국의 터미널에서 이루어진다면 국제운송(main carriage)은 수출업자의 책임이 되며, 만약 인도가 수출국의 터미널에서 이루어지면 수입업자의 책임이 된다.

CFR과 CIF 조건에서 도착항에서 물품의 하역에 대한 책임은 그 항구의 관습에 따라 결정된다. 만약 해양운송계약에 물품의 하역이 포함되어 있다면, 그 비용은 수출업자의 책임이며, 만약 그렇지 않다면 수입업자가 비용을 지불하여야 한다.

4. 마케팅 도구로서의 인코텀즈 활용

미숙한 수입업자인 경우에는 수출업자가 선적 취급을 도와줌으로써 그 상품의 매매를 용이하게 할 수 있고, 반면에 숙련된 수입업자인 경우에는 수입업자 자신이 선적 관련 업

무의 전부 혹은 대부분을 의도적으로 수행한다. 이렇게 전략적 이점(strategic advantage)을 가지고 마케팅 도구로서 인코텀즈 규칙을 활용할 수 있다.

대부분의 수출업자들은 그들이 열거하는 몇 개의 가능한 인코텀즈에 견적을 제공하여, 수입업자 자신이 선호하는 인코텀즈를 선택·결정하게 하는 유연성을 발휘함으로써 전략적 이점을 얻기도 한다.

FCA, 1475 Folsom ST #183, Boulder, Colorado, USA	$ 723,000
FOB, M/V APL Florence, Sanfrancisco, Losangles, USA	$ 738,000
DAT, Gwangyang Container Terminal, Gwangyang, Korea	$ 773,000

Chapter 3 무역거래의 계약실행

제1장 무역대금 결제방식

1. 송금에 의한 결제

1) 송금방식

(1) 송금수표(D/D; Demand Draft)

송금은행은 수입업자로부터 송금수표의 의뢰를 받으면 환거래은행(Correspondent)인 지급은행(송금수표에 표시된 은행) 앞으로 된 송금수표를 작성하고 송금의뢰자인 수입업자에게 교부한다. 수입업자는 그 수표를 직접 수취인인 수출업자에게 우송하고 수출업자(수취인)는 송금수표에 표시된 지급은행에 제시하고 송금대금을 지급하도록 요청한다. 지급은행은 송금은행(송금수표 발행은행)으로부터 우송되어온 송금수표 발행통지서와 대조한 다음 수출업자(수취인)에게 대금을 지급한다.

(2) 우편송금(M/T; Mail Transfer)

수입업자(송금의뢰인)가 송금해야 될 금액을 송금을 의뢰하는 은행(송금은행)에 지급한다. 송금은행은 지급은행(해외환거래은행, 자기은행 해외지점)에 대하여 소정의 금액을 지급하도록 지급지시서(Payment Order)를 우편으로 송달한다. 지급은행은 그 지급지시서에 의하여 수출업자(수취인)의 예금계정에 송금대금을 입금시키고 수취인에게 지급받도록 통지한다.

우편송금환을 이용하려는 경우 지급은행에 수출업자(수취인)의 예금계정이 개설되어 있어야 한다. 소액송금이나 급하지 않은 송금에 주로 이용된다.

(3) 전신송금(T/T; Telegraphic Transfer)

송금인(수입업자)의 의뢰에 따라 수입지의 은행(송금은행)이 수출지의 지급은행에 지급지시서(Payment Order)를 우편이 아닌 전신(Telegraphic)으로 송달한다는 점에서 우편송금(M/T)과 구별된다. T/T는 M/T보다 송금속도가 빠르다. 은행이 전신환(T/T) 송금대금을 매입할 때 전신환 매입율이 적용된다. T/T의 전신료는 송금자가 부담한다.

2) 상품인도시기별 송금방식

송금방식에 의한 결제는 수입업자가 언제 송금하는가에 따라 상품을 인도받기 전에 송금하는 방식, 상품을 인도받은 후에 송금하는 방식, 상품의 인도와 동시에 송금하는 방식 등이 있다

(1) 사전송금방식(Advance Payment)

수입업자가 주문과 동시에 그 상품의 대금을 지급하는 방법이며, 주문불(cash with order; C.W.O)이라고도 부른다.

수출계약과 동시에 수출업자는 수출대금을 수입업자로부터 T/T 또는 수표 등으로 송금받고 선적하는 결제방법이다. 즉 수입업자가 선적전에 먼저 수출대금의 전액을 T/T 또는 수표 등으로 수출업자에게 미리 송금하여 지급하고 수출업자는 무역계약서에 명시된 선적기간 내에 제품을 제조하여 선적하는 방식이다. 사전송금방식은 수출업자가 수출대금을 미리 받으므로 수출업자에게 유리한 대금결제방식이다. 이 방식은 소액수출입거래에서 주로 이용되고 있다.

(2) 서류인도(상환)결제방식(CAD; Cash against Documents)

수출업자가 선하증권 등의 운송서류, 보험서류, 상업송장 및 기타 부속서류를 수입업자에게 직접 또는 수입업자의 대리점이나 거래은행에 제시하여 서류와 상환으로 현금을 지급받는 방법이다.

수출업자가 수입업자에게 은행을 경유하여 선적서류를 인도할 경우 수입업자가 상품대금을 지급한 후 수입업자에게 선적서류를 인도하도록 은행에 지시해야 한다. 수출업자가 선적서류를 우편으로 수입업자에게 보내는 경우 수입업자가 대금을 지급하지 않을 위험이 있다. 수출지에 수입업자의 대리점이 있는 경우 수출업자가 직접 그 대리점에 선적서류를 인도하면서 대금을 결제 받는다. 이러한 경우 수입업자의 대리인이 상품이 계약내용과 일치하는가를 점검하고 아울러 수입업자에게 보내는 선적서류의 내용을 점검한 다음 이 선적서류를 수입업자에게 보내면 수입업자는 선적서류와 상환으로 수출업자에게 대금을 지급한다. 수입업자의 신용상태가 좋다면 수출업자에게 유리한 대금결제방식이다.

(3) 상품인도(상환)결제방식(COD; Cash on Delivery)

수출물품이 목적지에 도착하면 수입업자가 직접 상품의 품질을 검사한 후 수입대금을 상품과 상환으로 현금으로 지급하는 방식이다. CAD와 COD는 물품의 인도와 동시에 또는 인도 후 수출대금을 외화로 영수하는 조건의 대금교환으로서 조건부 수출방식이며, 송금방식에 의한 수출에 해당한다.

수입지에 수출업자의 대리인이 있는 경우 수출업자가 그 대리인에게 선적서류를 보내고 상품이 목적지에 도착하면 수입업자가 상품을 검사한 후 상품을 인도 받고 대금을 수출업자의 대리인에게 지급하는 방식이다.

(4) 사후송금(선적통지결제)방식(O/A; Open Account)

O/A방식이란 물품을 선적한 수출업체가 선하증권(B/L) 등 선적서류를 직접 수입업체에 보낸 후 은행에 선적서류 사본을 제출하고(B/L 번호를 EDI로 전송하는 것도 포함) 수출대금을 미리 받는 방식이다. 선적서류가 은행을 경유하지 않는 데다 환어음이 발행되지 않는다는 점에서 기존의 D/A(환어음), L/C(신용장)와 다르고 또 수입업자가 송금하지 않았지만 미리 은행에서 수출대금을 받을 수 있다는 점에서 T/T(단순송금)거래와 다르다.

표 3-1 대금결제방식의 비교

	L/C	D/P, D/A	송 금 방 식		
			COD	CAD	T/T in Adance
수출업자에 유리한 점	대금회수가 보장됨	대금회수가 보장안됨	대금회수 보장안됨	대금회수 보장안됨	대금회수 보장됨
수입업자에 유리한 점	상품인수가 보장됨	선적확인 품질 불확인	상품인수가 보장됨	상품인수가 보장됨	상품인수가 보장안됨
대금지급보증	신용장 발행은행	없음	은행, 개인	은행, 개인	은행, 개인
결제용 서류	환어음 선적서류	환어음 선적서류	선적서류	선적서류	선적서류

즉 선적서류 처리 등의 시간과 금융비용을 대폭 줄일 수 있는 것이 O/A거래의 장점이다. O/A거래는 이와 함께 전자무역 을 촉진시킨다. 수출업체가 은행에 선적서류 사본을 제출하지 않고 은행과 관세청을 연결하는 EDI를 통해 관련데이터를 송수신함으로써 은행과 기업간 뱅킹이 촉진될 수 있다. 수출보험공사로 1998년부터 O/A거래를 수출로 인정하여 보험서비스를 해주고 있다.

2. 추심에 의한 결제

화환어음의 담보로 첨부된 선적서류의 인도조건에 따라 인수도조건(documents against acceptance; D/A) 및 지급인도조건(documents against payment; D/P)의 두 가지가 있다.

1) D/P 및 D/A 어음추심

무신용장 수출환어음의 매입도 그 실무요령은 신용장부 수출환어음 매입의 경우와 거의 같다. 다만 신용장이 없는 경우는 신용장처럼 지급확약의 보증이 없으므로 수입업자의 성실한 계약의 이행에 의존하지 않을 수 없다. 동시에 수출업자도 신용장조건과 같은 제약이 없다고 해서 적당히 수출업무를 이행하여서는 안된다. 수출업자, 수입업자 쌍방이 성실한 매매계약의 이행에 의존해야 한다.

은행이 신용장이 없는 어음을 매입하는 데 있어서 수출업자는 수입업자의 신용상태를 정확하게 파악하는 것이 신용장거래 이상으로 요구된다. D/P, D/A 거래에 있어서 수출업자는 수출지에 있는 자기의 거래은행을 통하여 어음을 추심하므로 수출지의 은행이 추심거래에 개입한다. D/P, D/A 거래는 D/P, D/A 어음의 발행자인 수출업자의 요청으로 수출지의 은행이 수입지의 은행에 어음의 추심을 의뢰하여 어음대금이 자행에 입금된 후, 즉 어음대금을 추심한 후 수출업자에게 지급하는 것이 원래의 D/P, D/A 거래방식이다.

그러나 신용장에 의거해 발행한 화환어음처럼 수출지의 은행이 어음대금을 추심하기 전에 D/P, D/A 어음을 매입하여 수출업자에게 어음대금을 지급하는 경우가 많다. D/P, D/A 어음 매입은행으로서는 추심 전 어음의 매입은 수출업자에 대한 대출과 같은 것이다.

은행은 신용장이 없는 D/P, D/A 어음의 매입에 있어서 신용장 조건을 점검하는 대신에 무역계약서의 여러 조항과 선적서류를 점검한다.

① 지급도(D/P) 조건: 화환어음의 송부를 받은 은행이 화물인수에 필요한 선적서류를 어음대금 지급과 상환으로 인도하는 조건을 말한다. 이 조건에 있어서는 수입업자는 신용장을 개설할 필요가 없고, 화물과 함께 송부되어 온 선적서류를 외국환은행에서의 대금지급과 동시에 인수할 수 있다.

② 인수도(D/A) 조건: 화환어음 조건의 하나로서, 수입업자는 은행으로부터 화환어음의 제시를 받았을 때 어음대금을 지급하지 않고 이를 인수함으로써 선적서류의 인도를 받아 상품을 인수할 수 있고 물품을 전매하여 이 판매대금으로 만기일에 어음대

금을 지급한다. 신용장의 보증 없이 화물이 적송되는 점에 있어서는 D/P와 마찬가지이다. D/P 조건에 있어서는 은행이 어음대금의 지급을 받고 선적서류를 수입업자에 인도하는데 반하여 D/A 조건에 있어서는 외상으로 선적서류를 인도하는 점이 다르다.

따라서 수입업자는 자기 자본 없이도 D/A 조건으로 수입하여 먼저 물품을 인수하여 전매함으로써 나중에 그 판매대금으로 수입대금(어음대금)을 지급할 수 있어 수입업자에게 유리한 대금결제 방법이다. D/P 및 D/A 조건은 모두 수입업자가 지급하지 않을 때 수출업자는 대금회수에 어려움이 있다.

2) D/P, D/A 어음추심의 흐름

양자 모두 그 결제의 흐름은 거의 같고 그 흐름을 보면 다음과 같다.

그림 3-1 화환어음 추심의 흐름

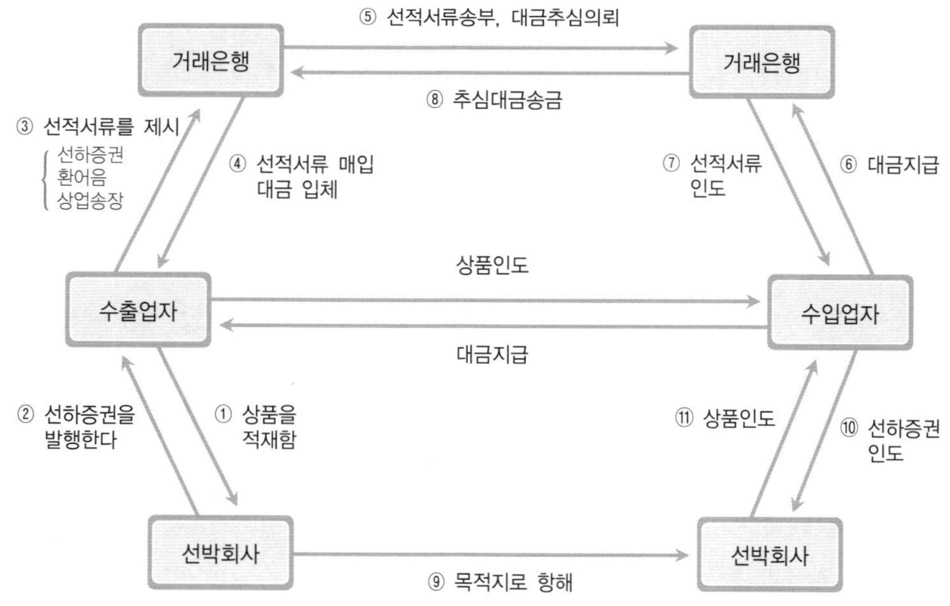

무역대금결제방식을 D/P, D/A 거래로 할 때의 주의사항은 다음과 같다.

① 신뢰할 수 있는 수출업자인가 수입업자인가? 신용장 거래와는 달리 수출업자, 수입업자의 판단만으로 은행의 보증이나 판단은 개입시키지 않고 실행하는 거래이므로 신뢰할 수 있는 상대방과 거래해야 한다.

② 수출어음보험에 부보해야 한다.

③ 충분한 자금계획 및 자금비용을 검토해야 한다.
수입업자에는 후불의 방법이지만 수입서류와 상환으로 결제는 해야 한다.
수출업자에게는 L/C 거래와는 달리 지급까지 상당한 기간이 걸리므로 대금회수까지의 자금부담력이 있어야 한다.

| 표 3-1 | L/C와 D/P, D/A 어음매입의 차이점

거래의 흐름	L/C	D/P, D/A
수입업자의 신용	L/C 개설은행의 신용조사	철저한 신용조사
국가위험	신중한 조사	신중한 조사
계약서의 점검	보통은 불필요	계약서 내용의 엄중한 점검
선적서류의 점검	L/C 조건과 일치하고 있는가 서류 상호간에 모순이 없는가 서류가 정규(正規)의 것인가	계약서 원본과 일치하고 있는가
수출어음 보험의 부보여부	특별한 경우에 부보함	부보가 일반적
서류의 해외송부 화환어음의 추심	L/C의 지시에 따른다.	계약서에 따른다 (이 이외는 매입은행이 판단 결정)
지급방법	지급약속에 의거하여 신용장 발행은행이 지급	D/P 및 D/A에 의해 수입업자가 지급
이용을 위한 주요조건	수입업자의 신용	수출업자가 신용장을 발행하지 않는 조건에 동의할 것
선적서류의 송부방법	은행경유	은행경유
수입업자에게 유리한 점과 불리한 점	신용장 조건과 일치하는 선적서류에 대해 지급해야 한다.	신용장 발행수수료가 없다
수출업자에게 유리한 점과 불리한 점	수출금융을 이용하기 쉽다	D/P 또는 D/A는 수입업자로부터의 대금회수가 문제이고 신용장에 비해 금융은 받기 어렵다

3. 신용장에 의한 결제

신용장부화환어음(Documentary Bill of Exchange with Letter of Credit)을 신용장결제라고 부르고 수출입 거래에서 흔히 이용되고 있다. 신용장결제의 경우에는 매매계약의 성립과 동시에 매수인은 자기회사 거래은행에 신용장의 발행을 의뢰하고 그 거래은행(개설은행; issuing bank)은 신용장을 개설한다. 신용장이란 개설은행이 수입업자(개설의뢰인: applicant)의 의뢰에 의하여 수출업자 앞으로 발행하고 수출업자에 대하여 선적서류를 첨부한 화환어음을 발행하는 권한을 부여하고 그 인수, 지급 및 매입을 보증한 확약서이다. 발행된 신용장은 수출지의 통지은행(advising bank)을 통하여 수출업자에게 통지된다.

4. 기타방식

1) 국제팩토링(Factoring)

국제팩토링이란 신용장 없이 외상으로 무역거래를 하면서도 수출업자는 선적과 동시에 수출채권을 현금화할 수 있고 수입업자는 손쉽고 편리하게 외상으로 상품을 구입할 수 있는 무역거래방식을 말한다. 즉, 팩토링이란 제조업자(supplier; client)가 구매자(debtor; customer)에게 상품 등을 외상판매 한 후 발생한 매출채권을 팩토링회사(factor)가 지속적으로 매입하면서 제조업자(상품 또는 용역의 공급자)에게 대금회수, 매출채권관리, 부실채권보호, 금융제공 등의 혜택을 부여하는 서비스를 말한다.

국제팩토링은 국제간의 무역거래에서 국내거래와 마찬가지로 무역업자간에 서로의 신용을 바탕으로 신용장 개설 없이 이루어지는 거래방식이다. 즉 세계의 팩토링회사가 그룹을 결성하여 수출업자 및 수입업자에 대하여 제공하는 새로운 금융서비스로서 수출국 팩토링회사(수출팩터; export factor)가 수출업자와 거래계약을 체결한 후 금융을 제공하며, 수입국팩토링회사(수입팩터; import factor)는 수입업자에 대한 신용조사 및 신용승인(credit approval)등 팩토링서비스를 제공하는 거래이다.

2) 국제포페이팅(Forfaiting)

포페이팅이란 현금을 대가로 채권을 포기 또는 양도한다는 뜻이다. 무역어음을 판 수출업자는 미리 수출대금을 받은 후 나중에 발생할 수입업자의 대금지급 거절이나 연기에서 오는 손해를 일체 부담하지 않아도 된다.

특히 국가 위험도가 높은 새로운 시장을 개척하려는 수출업자가 널리 활용할 수 있다.

포페이팅을 이용하면 수출품을 선적하자마자 관련서류를 제출하여 현금을 확보할 수 있기 때문이다. 수출업자는 이로 인해 자금을 원활히 회전시켜 새로운 투자를 할 수 있는 여유를 갖게 된다.

포페이팅의 대상이 되는 어음은 통상 양도하기 쉽고 국제무역에서 많이 통용되는 수출환어음이나 약속어음이고 신용장에 의거하여 발행된 기한부어음(Usance Bill)의 기한이 90일 이상에서부터 최장 10년까지 가능하다. 금액은 건당 3만 달러에서 최고 2억 달러까지 매입되고 있다. 포페이팅 요율은 리보금리(Libor·런던은행간 금리)에 국가 및 신용장 발행은행의 신용위험도를 감안한 가산금리가 더해져서 결정된다.

단 포페이팅을 이용하고자 하는 수출업자는 소구권포기 조건으로 어음을 매각하므로 포페이팅과 관련된 모든 서류를 면밀히 점검해야 되며 수입업자에게 포페이터(Forfaiter)가 인정하는 보증서를 제출하도록 요구해야 한다. 그리고 포페이터가 신용장이 아닌 별도의 지급보증서를 요구할 경우 포페이팅 비용이 여타 수출금융 비용보다 높을 수도 있으므로 가격경쟁력을 잘 비교 분석해야 한다.

제2장 신용장

1. 신용장의 의의

1) 무역매매와 신용장제도

무역매매는 언어·문화·법률·상관습 등이 다르고, 정치적·경제적·사회적·역사적인 배경 등을 달리하는 서로 다른 국가에 속하는 매매당사자들 간에 이루어지므로 국내매매와는 달리 매우 복잡한 특성의 위험을 지니고 있다. 그 중에서도 특히 거래 상대방의 신용상태의 변화로 야기되는 위험으로, 수출업자로서는 대금회수불능의 위험(credit risk)과 수입업자로서는 상품입수불능의 위험(mercantile risk) 등을 들 수 있다. 특히 국제거래에서는 무역매매의 이러한 위험 때문에 은행이라는 공정성을 띤 제3자를 중간매개체로 개입시켜 불안을 해소시키려 한다. 그러나 은행에게 상품의 실질적 등급파악이나 당사자의 계약이행과 관련된 법률관계에 대한 판단까지 요구한다면 이러한 업무는 은행의 현실적 여건상 감당할 수 없게 된다. 따라서 신용장은 결국 은행의 이러한 행동제약 요인을 제거하여 은행의 책임과 의무를 최대한 간편화하고 가볍게 하기 위한 제도로서 매매당사자가 자신들의 거래에 은행을 개입시키기 위해 매매계약의 이행을 은행 측 입장에 맞추어 재편성한 것이다.

신용장은 은행이 매매당사자간에 개입하여 신용위험, 즉 대금회수불능 위험과 상품입수불능 위험을 해소하여 무역거래가 원활하게 수행되도록 하는 현재 무역거래에서 가장 많이 사용되는 제도이다.

이러한 신용장의 거래규칙은 이미 오랫동안 국제적인 관습을 바탕으로 국제상업회의소(International Chamber of Commerce: ICC)가 1933년에 제정하여 지금까지 몇 차례의 개정작업을 거쳐 현재에는 2007년에 개정된 ICC Publication No. 600인 제6차 "화환신용장에 관한 통일규칙 및 관례(Uniform Customs and Practice for Documentary Credits: UCP)"이다.

또한 현재 UCP를 보완하고 전자신용장에 관한 통일규칙을 마련하기 위하여 국제상업회의소에서 "전자적 제시를 위한 UCP의 추록(Supplement to UCP for Electronic Presentation version 1.1)"으로 소위 eUCP를 제정하여 2004년 4월 1일부터 적용하고 있다.

2) 신용장의 정의

화환신용장이란 무역거래에서 대금결제의 신속화 및 정확성을 위하여 수입업자의 거래은행(개설은행)이 수입업자(개설의뢰인)의 요청으로 수출업자(수익자)로 하여금 일정기간 및 일정조건하에서 선적서류를 담보로 하여 신용장 개설은행 또는 신용장 개설은행이 지정한 매입은행을 지급인으로 하는 화환어음을 발행하도록 하여, 이 어음이 제시될 때에는 지급, 인수 또는 매입할 것을 수출업자 및 선의의 어음소지인에 대하여 보증하는 증서이다.

이러한 신용장이 개설되고 신용장에 의거하여 화환어음이 발행되면 신용장부 화환어음은 비록 수입상이 지급불능이 된다고 할지라도 개설은행이 책임지기 때문에 부도의 염려가 없다. 즉 신용장의 본질은 신용장 개설은행이 수익자인 수출업자가 발행하는 화환어음의 인수·지급을 확약하고 있는 것이라고 말할 수 있다.

이와 같이 신용장은 불확실할 수도 있는 상업신용을 확실한 은행신용으로 전환함으로써 무역거래에서 대금회수와 상품입수를 원활히 하는 금융수단이다.

3) 신용장의 형태

신용장이란 수입지의 은행이 신용장에 기재된 대로의 무역에 관한 서류와 상환으로 무역대금의 지급을 수출업자 등에 약정하는 서장이다. 무역실무자가 신용장을 이해하는 데는 신용장이 어떠한 형태를 갖고 있는가를 알아야 된다. 은행이 발행하는 신용장을 크게 나누어 지급, 인수, 매입의 3개의 형태로 분류할 수 있다. 신용장에는 일람지급(sight payment), 연지급(deferred payment), 인수(acceptance) 또는 매입(negotiation) 중의 어느 것에 사용되는가가 명시되고 발행은행에서만 사용될 수 있다고 명시되어 있지 않는 한, 신용장이 사용되는 은행을 지정하여야 한다. 다만 매입에 관한 지정은행은 특정의 은행을 지정하지 않는 한, 모든 은행이 지정은행이 된다.

따라서 서류는 발행은행 또는 만약에 있다면 확인은행 또는 지정은행에 제시되어야 한다.

신용장의 형태를 흔히 볼 수 있는 사례로서 설명하면 다음과 같다.

① 매입(Negotiation): 매입이란 어음 및/또는 선적서류(상업송장, 운송서류 등)의 제시를 받은 은행이 그것의 대가(對價)로서 대금을 지급하는 것이다. 이 대금지급은 매입은행(Negotiating Bank)이 입체지급(융자)을 하는 것이므로 그 은행이 수출업자에 대하여 선적후 금융을 한다는 점이 다른 두 가지의 형태(지급, 인수)와 상이한 점이다. 입체 지급한 은행은 매입한 서류를 발행은행에 송부하여 지급을 요구한다(기한부 어음이나 연지급의 경우에는 기일에, 일람지급의 경우에는 즉시 지급된다).

② 지급(Payment): 지급으로 사용되는 신용장은 발행은행이 지정한 은행으로 하여금 수익자에게 지급을 하게 하는 것이다. 미국의 수출업자가 미국 달러화 표시 신용장에 의거하여 수출하는 경우에는 미국의 은행에 발행은행의 미국 달러 계정에 있는 것이 보통이므로 지급의 신용장을 이용하는 것이 적합하다. 이에 대하여 한국에서는 자국통화에 의한 수출(원화표시 수출)이 거의 전무하므로 지급방식의 신용장은 거의 이용되고 있지 않다. 선적후 금융인 수출환의 매입에의 의존도가 높으므로 지급 또는 인수 신용장의 이용이 적다.

③ 연지급(Deferred Payment): 연지급은 독일의 발행은행 등에서 볼 수 있는 바와 같이 환어음의 발행을 요구하지 않는 사례로서 일람지급의 사례는 어음을 발행하는 경우와 마찬가지로 일람지급이라고 부르는데, 기한부의 경우에는 어음 없이는 어음의 인수라는 어음 행위를 할 수 없으므로 인수라고 부르지 않고 연지급이라고 부른다. 종래부터 독일에서 어음을 생략하는 것은 독일의 인지세와 관계가 있지만, 사무절차의 간소화에 그 사용목적이 있다.

④ 인수(Acceptance): 인수는 발행은행이 인수를 지정한 은행에 신용장에 의거하여 수익자가 발행한 어음을 인수시키고 기일에 지급시키거나 수권하는 것이다.

4) 신용장의 기능과 효용

오늘날 무역거래 시 대금결제의 수단으로 화환신용장이 가장 널리 사용되는 데에는 다음의 기능들이 인정되기 때문이다.

첫째의 기능은 대금결제의 가장 확실한 수단으로서 수출입거래 시 매매 당사자들의 일방적인 상품 대금지급의 위험을 제거해 주는 것이다. 둘째의 기능은 매매당사자들의 금융수단으로서 수출업자는 상품을 선적하는 즉시 대금을 받을 수 있으며, 수입업자는 상품의 도착과 더불어 대금을 지급해도 되기 때문에 매매당사자들의 금융상의 부담을 가볍게 해주는 것이다.

(1) 수출업자에게 유리한 점

① 대금회수가 확실하므로 안심하고 거래에 임할 수 있게 된다. 수출업자가 신용장조건에 일치하는 서류를 제시하는 한 개설은행은 무조건 대금을 지급해야 하고 신용장조건은 자신이 동의해 주지 않는 한 변경될 수 없는 것이므로 수출업자는 대금회수에 불안감을 가질 필요가 없게 된다.

② 수출대금의 조기회수가 가능하다. 수표나 어음에 의한 대금결제의 경우에는 추심을 하여야 하고 추심에는 상당한 시일이 걸리지만, 신용장에 의한 수출은 추심에 필요한 시일에 해당하는 이자만 공제하고 매입하여주기 때문에 빠른 시간 내에 대금을 수령할 수 있게 된다.

③ D/A조건이나 D/P조건과 같이 수출대금이 추심결제방식에 의한 수출의 경우에는 은행이 어음매입을 승낙하였을 경우에도 대금회수가 일시에 이루어지지 않는데 비하여, 신용장의 경우에는 담보가 필요 없고 일시에 대금전액을 지급한다.

④ 제조자금을 쉽게 융자받을 수 있다. 수출업자는 생산자금이나 원자재 수입, 구매자금 등 무역금융을 수혜할 수 있도록 제도적으로 보장되어 있으므로 자금부담을 갖지 않아도 된다. 우리나라에서도 수출금융규정에 의거하여 금융상의 지원을 하여 준다.

(2) 수입업자에게 유리한 점

① 유리한 가격으로 매매계약을 체결할 수 있다. 수입업자는 자신의 신용을 은행의 신용으로 대체시켜 대금회수에 대한 수출업자의 불안을 제거해 줌으로써 수출업자와 계약시 물품의 가격·인도 및 기타 모든 계약조건을 유리하게 체결할 수 있다.

② 수입금융을 이용할 수 있다. 수입상품이 수출용 원자재인 경우에는 무역금융을 일으킬 수 있고, 내수용 수입인 경우(일람지급조건) 수입업자가 운송서류 도착시 결제자금을 마련하지 못했을 때는 개설은행으로부터 대도(Trust Receipt: T/R)의 편의로 운

송서류를 인수받아 상품을 수입통관 후 판매하여 그 판매대금으로 수입대금을 결제할 수 있다.

③ 수출업자는 수입업자가 요구한 신용장상의 조건대로 상품을 선적하지 않으면 수출대금을 받지 못하므로 수입업자는 계약조건대로 선적이 이행될 것으로 믿고 안심할 수 있다.

④ 신용장에는 그 유효기일(Expiry Date)과 최종 선적기일(Latest Shipping Date)이 명시되어 있으므로 수입업자는 자신이 원하는 시기에 상품을 입수할 수 있다. 만약 수출업자가 선적기일과 유효기일을 경과하여 선적한 경우에는 수입업자가 대금지급을 거절할 수 있기 때문에 어떠한 일이 있어도 선적기일을 지킬 것이다. 따라서 수입업자로서는 신용장의 효용 중에서 가장 중요하고 유익한 조건이 되는 것이다. 특히 계절상품은 적기(適期)가 있으므로 운송기간을 고려하여 최종선적기일을 정하면 수입업자는 늦어도 언제까지 계약상품이 수입지에 도착하리라는 예측을 할 수 있다.

(3) 신용장의 한계성

신용장은 오늘날 무역거래에서 매매당사자에게 여러 가지 효용을 주고 있는 반면에 몇 가지 효용의 한계성을 가지고 있다.

첫째로, 수출업자의 입장에서 보면 신용장은 현금, 어음과 같은 절대적이고 독립된 지급수단이 될 수 없다는 점이다. 신용장은 지정된 조건에 일치한 서류를 일정한 기일 내에 제시한 경우에만 은행이 지급한다는 제한적인 조건부 약정에 지나지 않는다.

둘째로, 수입업자의 입장에서 보면 신용장을 개설한다고 해도 상업적인 위험을 전적으로 피할 수는 없다. 신용장 거래의 당사자는 서류거래를 하는 것이지 상품의 거래를 하는 것은 아니다. 따라서 상품의 실태와 관계없이 신용장에 의거하여 제시된 서류거래를 하므로 선적품과 다르게 작성된 서류에 대한 위험은 수입업자가 부담하여야 한다.

5) 신용장거래의 흐름

화환신용장거래의 순서는 여러 가지가 있는데, [그림 3-2]에 표시된 거래의 흐름에 따라 화환신용장거래의 순서를 설명하기로 한다.[11]

① 매매계약서에서의 신용장조건 명시: 매도인과 매수인이 대금결제방식을 신용장조건으로 할 경우 쌍방이 체결하는 매매계약서 중의 대금결제조건에 신용장의 종류를 명시한다. 특별한 사정이 없는 한 취소불능신용장이 지정되고 개설은행의 공신력에 문

11 東京銀行編, 「新版 貿易と信用狀」, 1987, pp.25~29.

제가 있는 경우에는 개설은행 이외의 은행에 의한 확인이 부가되는 확인신용장이 지정된다.

② 매수인에 의한 신용장 개설의뢰: 매수인은 매매계약서 중에 명시되어 있는 신용장조건에 따라 자기 거래은행에 신용장의 개설을 의뢰한다.

③ 신용장 개설: 개설의뢰인의 의뢰를 받은 개설은행은 개설의뢰인에 대한 여신한도, 개설신청서에 기재되어 있는 신용장조건 등을 검토하고, 개설의뢰에 응하기로 한 경우에는 신용장개설의 절차를 이행한다.

④ 신용장의 통지: 개설은행으로부터 신용장 통지의 지시를 받은 통지은행은 그 지시나 신용장이 외관상 진정성이 있는가를 점검한 다음 수익자에게 신용장을 통지한다.

⑤ 상품의 선적 및 지정은행(지급·인수·매입은행)에의 서류제시: 신용장의 통지를 받은 매도인인 수익자는 매매계약 및 신용장의 조건에 따라 상품을 선적한다. 동시에 신용장이 요구하고 있는 운송서류를 비롯하여 각종 서류를 갖추어, 이들 서류에 신용장을 첨부하여 거래은행 또는 신용장에 의거하여 지급, 인수 또는 매입하는 은행으로 지정된 은행(지정은행)에 제시한다.

⑥ 지급·인수·매입 및 서류발송: 서류의 제시를 받은 은행이 지급, 인수 또는 매입의 권한을 가진 은행인 경우에는 서류가 신용장조건과 일치하고 또한 지급, 인수, 매입을 거절해야 할 이유가 없으면 지급, 인수 또는 매입을 한다. 서류 및 송부해야 될 어음이 있으면, 어음을 개설은행 또는 신용장에 명시된 은행 앞으로 발송한다.

⑦ 개설은행에의 상환청구: 지급, 인수 또는 매입으로 인하여 발생한 지출에 대하여 개설은행에 직접 상환을 청구하기로 되어 있는 경우에, 앞 항⑥의 서류를 발송할 때에 송부되는 서류 면에 상환에 대한 지시를 기재하는 방법으로 청구한다.

상환을 개설은행이 지정한 상환은행에 청구하기로 되어 있는 경우에는, 신용장에 명시된 시기에 명시된 방법으로 상환은행에 상환을 청구한다.

⑧ 개설의뢰인에의 상환청구 및 서류의 인도: 지급, 인수 또는 매입을 한 은행으로부터 서류 및 어음(필요하면)의 송부를 받은 개설은행은 서류가 신용장조건과 일치하고 있는가를 점검하고 서류를 수리할 것인가의 여부를 결정한다.

⑨ 화물의 인수: 개설은행으로부터 서류를 입수한 개설의뢰인은 선화증권이나 신용장개설은행 발행의 화물인도지시서와 같은 화물인수에 필요한 서류를 운송인에게 제시하고 화물의 인도를 받는다.

또한 서류가 개설은행에 도착하기 전에 화물이 도착한 경우에는 개설은행에 의뢰하여 운송인 앞 수입화물선취보증장(Letter of Guarantee; L/G)에 개설은행의 연대보증을 받든가, 화물대도계약(Trust Receipt; T/R)을 체결하여 운송인 앞 화물인도지시서를 발행 받고 그 화물선취보증장 또는 화물인도지시서를 운송인에게 제시하여, 개설은행에 서류가 도착하는 것을 기다리지 않고 화물을 인수할 수도 있다.

그림 3-2 화환신용장거래의 흐름

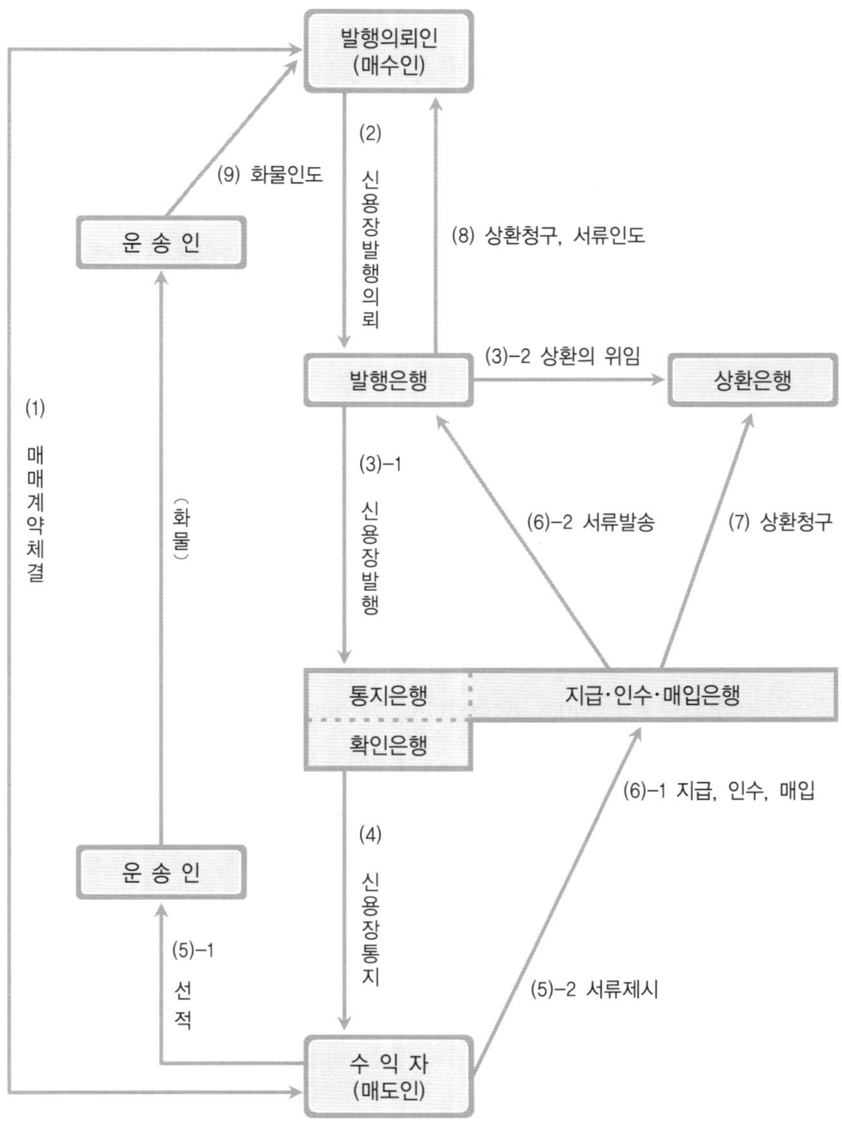

자료: 東京銀行編, *op. cit.*, p.27.

2. 신용장의 당사자

신용장의 개설, 통지, 매입, 지급, 인수, 상환 등과 관련하여 매매당사자 및 은행들은 신용장통일규칙에 의거하여 각자가 맡은 고유업무의 처리방법을 정하게 되는데 이때의 업무담당자를 신용장의 당사자(concerned parties)라고 하며, 그 행하는 기능에 따라 다음과 같이 구별된다.

1) 개설의뢰인(applicant)

물품매매의 당사자인 수입업자가 매매계약에 따라 자기 거래은행에 대해서 수출업자 앞으로 신용장을 개설할 것을 의뢰하게 되므로 수입업자를 신용장개설의뢰인이라고 한다.

2) 개설은행(issuing bank)

수입업자의 거래은행으로부터 수입업자의 요청과 지시에 의하여 수출업자가 발행하는 화환어음을 지급·인수 또는 매입할 것을 확약한다는 신용장을 개설하는 은행인데, Issuing Bank, Opening Bank, Credit Writing Bank, Grantor 등으로 불리운다.

3) 통지은행(advising bank)

수출국에 있는 수입지 개설은행의 본·지점이나 환거래은행으로 개설된 신용장을 단순히 수익자에게 통지해 주는 은행으로서 거래에 관해서 하등의 책임을 지거나 약정을 하는 것은 아니며, Advising, Notifying 또는 Transmitting Bank라고 불리운다. 또한 통상 통지은행이 매입은행이 되는 것이 국제금융업계의 관례이다.

4) 지급·인수·매입은행(paying, accepting or negotiating bank)

수익자가 제시한 환어음에 대해서 직접 지급을 해주는 은행으로 개설은행이나 수익자가 있는 나라의 개설은행의 Corres은행 또는 제3국에 있는 은행이 될 수 있다.

지급통화가 수익자의 통화로 지급되는 신용장일 때는 대개 개설은행이 수익자나라의 통지은행을 지급은행으로 지정하는 지급신용장(straight credit)을 개설하게 되며, 이러한 지급행위를 위탁받은 은행이 지급은행이 된다.

은행에 제시되는 어음이 일람불이 아니고 기한부어음(time bill, usance draft)일 경우, 이러한 기한부어음을 인수하는 은행을 인수은행(accepting bank)이라고 하며, 인수은행은 그 어음의 만기일에 가서 지급은행이 된다.

신용장 대금의 지급을 특정 은행에 국한시키지 않고 있는 신용장에서 개설은행이나 수익자가 있는 나라의 지정은행 앞으로 발행된 환어음에 대해 대금을 결제해 주는 은행을 매입은행(negotiating bank)이라고 한다.

5) 확인은행(confirming bank)

개설은행의 의뢰에 의하여 신용장을 확인해 주는 은행을 확인은행이라고 하며, 이 확인은행은 개설은행의 재력이나 존폐에 관계없이 신용장에 의해 발행되는 화환어음을 지급, 인수 또는 매입해 주어야 한다.

수출업자로서는 이와 같이 자기 지역에 있는 권위 있는 은행의 확인을 받은 신용장이면 원래 개설은행이나 개설의뢰자의 신용 유무에 관계없이 안심하고 생산에 임할 수 있고 선적을 할 수 있다. 원래 외국에 Corres관계가 없거나 널리 알려지지 않은 개설은행은 스스로 확인은행의 확인을 받아 수익자에게 통지해 준다. 그러므로 확인신용장은 별도로 통지은행을 거치지 않고 확인은행 자체가 통지은행의 역할을 겸하게 된다.

6) 수익자(beneficiary)

신용장 개설의뢰인인 수입업자의 지시에 따라 신용장 개설의 혜택을 받는 사람, 즉 신용장을 받는 수출업자를 수익자라고 하며, Accreditee, Addressee 또는 User 라고도 불리운다.

7) 결제은행(settling bank)

신용장의 결제통화가 수입국이나 수출국의 통화가 아닌 제3국의 통화일 때는 이러한 제3국에 있는 개설은행의 예치환거래은행(depositary correspondent bank)이 그 신용장의 결제은행(settling bank)이 되며, 어음을 매입한 은행에 대금을 상환해 주는 은행이라고 해서 상환은행(reimbursing bank)이라고도 한다.

3. 신용장의 종류

1) 취소가능신용장과 취소불능신용장(revocable credit vs irrevocable credit)

신용장이 개설된 후 취소가능 여부에 따라 취소가능신용장과 취소불능신용장으로 구분된다. 신용장통일규칙에서는 신용장은 취소불능 또는 가능의 표시를 분명히 하도록 규정하고 있으며, 만일 취소가능 여부에 대한 아무런 표시가 없으면 취소불능신용장으로 간주되고 있다.[12]

2) 확인신용장과 미확인신용장(confirmed credit vs unconfirmed credit)

확인신용장이란 신용장의 개설은행 이외의 제3의 은행, 특히 국제적으로 신용 있는 은행이 개설은행의 요청에 따라 개설은행과는 별도로 수익자에게 지급, 연지급, 환어음의 인수 또는 매입의 확약을 추가한 신용장을 말하며, 미확인신용장이란 이런 확약이 없는, 즉 제3의 은행이나 통지은행의 추가보증 없이 발행된 신용장을 말한다.

3) 상환청구가능신용장과 상환청구불능신용장 (with recourse credit vs without recourse credit)

화환신용장거래에서 화환어음이 신용장조건과 불일치하게 발행되었을 때는 어음지급인은 지급을 거절할 수 있게 되는데, 이때 선의의 어음소지자가 어음발행인에게 상환청구가능 여부에 따라서 상환청구가능신용장과 상환청구불능신용장으로 구분된다.

상환청구가능신용장이란 신용장에 의하여 발행된 어음이 개설은행의 도산 등에 의하여 인수 또는 지급불능이 되었을 경우에 또는 지급불능은 아니더라도 그 어음이 신용장조건과 일치하지 않을 경우에 지급인은 지급을 거절할 수 있는데, 이 경우에 어음의 소지인인 매입은행이 어음발행인에게 매입대금의 상환을 청구할 수 있는, 즉 소구할 수 있는 신용장을 말한다. 그리고 이러한 경우에도 매입은행이 상환을 청구할 수 없는 신용장을 상환청구불능신용장이라 한다.

4) 매입신용장과 지급신용장(negotiation credit vs straight credit)

매입신용장이란 수익자가 발행한 환어음이 매입될 것을 예상하여 개설은행이 수익자뿐만 아니라 배서인 및 선의의 소지인에게도 지급확약을 하고 있는 신용장을 말한다.

지급신용장이란 환어음의 배서인이나 선의의 소지인에 대한 약정이 없고 단지 수익자가 개설은행이나 그 지정은행에 직접 환어음을 제시하면 지급하겠다는 약정만이 있는 신용장을 말한다.

5) 보통신용장과 특정신용장(general or open credit vs special or restricted credit)

신용장에 의하여 발행되는 어음의 매입을 특정은행에 제한하느냐 제한하지 않느냐에 따라 특정신용장과 보통신용장으로 구분된다.

특정신용장이란 신용장상의 수익자가 선적을 완료한 후 수출대금의 회수를 위하여 발행하는 환어음의 매입은행을 신용장에 금융관계, 자금의 수배 또는 업무상의 연락 등으로

---

12 신용장통일규칙 600 제3조 참조.

특정은행에 한정하고 있는 것을 말한다.

보통신용장이란 신용장에서 어음의 매입을 특정한 은행에 제한하지 않고 아무 은행에서나 매입할 수 있도록 한 것이다.

따라서 수익자의 입장에서 보면 신용장이 보통신용장으로 발행된 경우 자기의 거래은행에 매입시킬 수도 있고, 서비스나 기타 조건이 유리한 은행에서 매입시킬 수 있기 때문에 특정신용장에 비해 훨씬 유리하다고 할 수 있다.

6) 화환신용장과 무담보신용장(documentary credit vs documentary clean credit)

신용장에 의한 지급이나 신용장에 의해 발행되는 환어음의 지급 또는 인수에 선적서류를 요구하느냐 또는 않느냐에 따라서 화환신용장과 무담보신용장으로 구분된다.

화환신용장이란 수출상이 객관적인 위치에 있는 제3자가 발행한 운송서류인 선화증권 및 보험증권 등을 은행에 제시하고, 은행은 이 서류와 상환하여 신용장대금을 지급하는 방식의 신용장을 말한다.

따라서 이러한 신용장은 대금결제의 선행조건으로 물품의 소유권 또는 점유권 이전이라는 대차관계의 존재를 전제하는 한편, 대금청구시의 구비서류로 매매당사자가 아닌 제3자(선박회사 및 보험회사)가 발행한 서류를 제출토록 한다는 데 그 본질이 있는 것이다. 현재 통용되고 있는 대부분의 신용장이 이 범주에 속한다.

무담보신용장이란 거래당사자들이 이미 오랜 기간 동안 거래를 하여 서로 믿을 수 있는 사이거나 수출업자가 수입업자의 지점이나 대리인인 경우에는 담보 없이, 즉 관계 선적서류의 첨부 없이 수익자가 발행한 단순한 어음 하나만으로 그것을 지급, 인수 또는 매입하는 것을 약정하는 신용장을 말한다. 일반적인 무담보신용장은 선적서류가 있을 수 없는 경우의 거래, 즉 운임, 보험료, 수수료 등의 결제 또는 차입금의 변제 등에도 사용된다.

7) 일람출급신용장과 기한부신용장(sight credit vs usance credit)

신용장은 지급기간의 만기일을 정하는 방법에 따라 일람출급신용장과 기한부신용장 및 할부지급신용장으로 나눌 수 있다.

일람출급신용장이란 신용장에서 수익자가 일람출급환어음(sight draft)을 발행하거나 선적서류를 직접 개설은행, 확인은행 또는 지정은행에 제시하면 이를 일람한 즉시 지급한다고 약정된 신용장을 말한다.

기한부신용장이란 신용장에서 수익자가 선적서류와 함께 기한부환어음을 제시하면 이 환어음을 인수하고 그 만기일(at maturity)에 지급한다고 약정된 신용장을 말한다.

따라서 기한부신용장을 이용하는 수익자, 즉 수출업자는 수출화물을 선적하고 기한부어음을 발행하여 소정의 기간이 경과한 후에 어음금액의 지급을 받아야 하지만, 실제로는 환어음을 발행하여 외국환은행에 어음할인 형식으로 매각함으로써 수출대금을 수출선적 즉시 회수할 수 있다.

한편, 수입업자는 기한부신용장을 발행해 줌으로써 화물이 도착하면 유예기간 동안에 수입품을 매각하여 어음의 만기시 상환을 할 수 있다는 편리한 점이 있어 실질적으로 많이 이용되고 있다.

8) 양도가능신용장과 양도불능신용장(transferable credit vs non-transferable credit)

원수익자가 이를 다른 당사자에게 양도할 수 있도록 허용되고 있는지의 여부에 따라 양도가능신용장과 양도불능신용장으로 구분할 수 있다.

양도가능신용장이란 신용장상에 양도가능(transferable)의 명시적인 표기를 두어 원수익자가 지급, 인수, 매입은행에 대하여 신용장의 전부 또는 일부를 제2수익자에게 양도하도록 요청할 수 있는 신용장을 말한다.[13]

반면에 양도불능신용장이란 신용장상에 양도가능(transferable)의 명시적인 문언이 없어 이를 다른 당사자에게 양도할 수 없는 것을 말하며, 오직 신용장상에 지정된 원수익자만이 이를 사용할 수 있다.

9) 회전신용장(revolving credit)

동일거래처로부터 원자재를 고정적으로 공급받기 위하여 일정기간마다 동일한 물품을 계속 반복하여 매입할 필요가 있는 수입업자는 매거래시마다 신용장을 개설하려면, 많은 시간과 노력과 비용이 들게 되며, 또 거래 예상액 전액을 한꺼번에 개설한다면 너무 과중한 자금부담이 생기므로 이런 경우 일정한 기간 동안 일정한 금액의 범위 내에서 자동적으로 갱신되도록 되어 있는 신용장을 회전신용장이라고 한다.

이 회전신용장은 다시 전기의 미사용 잔액을 차기에 이월하여 누적 발생하도록 하느냐에 따라 누적회전신용장(cumulative revolving credit)과 비누적회전신용장(non-cumulative revolving credit)으로 나눌 수 있다. 신용장상에 이에 관한 별도의 지시가 없으면 당연히 비누적회전신용장으로 본다. 그리고 회전신용장을 개설할 때 갱신기간을 정하는 방법은 ① 개설은행으로부터 환어음의 지급통지가 있을 때, ② 환어음의 매입 후 상당한 기간이 경과하여도 부도통지가 없을 때, ③ 월력상의 일정기간, 즉 월별이나 격월 등 기간이 경과

13 신용장통일규칙 600 제38조 (b)항 참조.

하면 자동적으로 갱신되도록 하는 방법 등이 있다.

10) 전대신용장(red clause or packing credit)

전대신용장이란 수출업자의 원료구입비나 물품수집비용으로 신용장 개설의뢰인이 통지은행에게 일정한 조건 하에서 수익자에게 수출대금의 전불(advance payment)을 허용하는 것을 말한다.

이러한 전대신용장은 선적 전에 대금지급을 허용하는 것이므로 특별히 수입업자의 대리인이나 수입업자가 믿을 수 있는 수출업자에게만 개설되며 전대할 때 필요한 서류는 영수증과 선적 후 운송서류를 은행에 제시하겠다는 진술서(statement)이다.

만일 총수출 예상액 중 일부만 전불을 받았으면 나중에 매입시에 전불 금액만큼만 공제하여 잔액에 대해서만 어음을 발행하여 매입은행에 제시하게 된다. 전불금과 이자의 지급은 개설은행이 책임지게 된다.

11) 연장신용장(extended credit)

연장신용장이란 수출업자의 자금조달의 편의를 위하여 개설의뢰인의 요청에 따라 약정물품의 선적 전에 수익자가 개설은행 앞으로 무담보어음(clean draft)을 발행하면 이것을 통지은행이 매입할 것을 허용하고 무담보어음이 발행된 후 일정기간 이내에 약정물품에 관한 일체의 서류를 어음매입은행에 제공할 것을 조건으로 하는 신용장을 말한다. 이는 선적서류의 인도와 동시에 신용장금액이 갱생되는 점에 있어서는 회전신용장과 유사하고, 또 선적 전에 수출대금이 지급되는 점에 있어서는 전대신용장과 유사하다.

12) 현금신용장(cash credit)

현금신용장이란 수입업자의 요청에 따라 수입지의 은행이 수출지에 있는 자신의 지점이나 거래은행 앞으로 자금을 송금하면 이를 예치하고 있다가 수출업자가 이들 은행 앞으로 일정한 선적서류를 첨부한 환어음을 발행할 때 현금으로 지급한다고 확약한 신용장을 말한다.

수입업자는 비록 자금은 화물 인수 전에 자기 구좌에서 지출되어 나가지만 실질적으로는 선적서류와 상환으로 대금 지급이 이루어지므로 상품불입수의 위험은 방지된다.

13) Payment on Receipt Credit

Payment on Receipt Credit이란 현금신용장과 유사하나 환어음 대신 수익자가 서명한 수령증과 상환으로 대금을 지급하도록 명시하고 있는 신용장을 말한다. 이 신용장은 환어음을 사용하지 않기 때문에 어음지급불능에 따른 수익자의 상환의무가 발생하지 않는다.

14) Back to Back Credit

Back to Back 신용장은 원신용장을 견질(backed)로 하여 그 신용장의 수익자가 자신의 거래은행에게 물품공급업자 앞으로 이에 대응하는 제2의 신용장을 개설하여 오는 경우에만 유효하게 되는 조건의 신용장을 말한다.

특히 오늘날 Back to Back 신용장은 무역협정이나 지급협정이 체결되지 않은 국가간에 수출입의 균형을 유지하기 위한 연계무역에서 수출신용장을 견질로 제2의 수입신용장을 개설하도록 전제된 신용장의 의미로 사용되고 있다.

15) Escrow Credit

Escrow Credit은 수출입의 균형을 유지하기 위한 구상무역의 경우 사용되는 신용장으로서 수출업자가 선적 후 수입업자로부터 수출대금을 지급 받는 것이 아니고 이를 기탁계정(Escrow Account)에 기탁하여 두었다가 그 수익자가 원신용장 개설국으로부터 수입하는 상품의 대금결제에만 사용하도록 규정한 신용장을 말한다. 당사자간에 별도의 약정이 없는 한 수입상은 수익자 명의의 기탁계정을 매입은행, 개설은행 또는 제3국에 있는 환거래은행 중 어느 곳이나 설치하여 운용할 수 있다.

16) Tomas Credit

Tomas Credit은 구상무역에 이용되며 수출입 양측이 서로 동액의 신용장을 개설하는데, 한 쪽은 먼저 신용장을 개설하고 상대방측은 동액 만큼의 신용장을 일정기간 후에 개설하겠다고 보증서를 발행하여야 하는 조건으로 개설된 신용장을 말한다. "TOMAS"란 용어는 이 방식을 최초로 사용하여 중국과 거래를 한 일본 수출업자의 전신약호에서 유래한다.

17) 내국신용장

외국의 수입업자로부터 원신용장을 받은 수출업자가 수출상품 생산에 필요한 원료공급업자나 하청업자 앞으로 자기가 받은 신용장을 견질로 하여 자기 거래은행으로 하여금 제2의 신용장을 개설하도록 요청하여 개설된 신용장을 내국신용장이라고 한다.

이 내국신용장에서의 국내원료공급업자는 금융·세제 면에서 원신용장과 똑같은 혜택을 받을 수가 있고 수출업자는 국내공급업자에 대하여 대외거래비밀의 유지가 가능하다는 장점이 있어서 이용도가 날로 늘어나고 있다.

18) 보증신용장(Stand-by Credit)

보증신용장이란 수입물품 대금의 결제를 목적으로 발행되는 신용장이 아니고 금융의 목적으로 발행되는 일종의 무담보신용장(clean credit)을 말한다. 예컨대 국내 상사의 해외 지점이 본사 물품을 수입하기 위하여 신용장을 개설한다든가 또는 현지, 즉 해외지사 소재지의 외국은행으로부터 금융의 편의를 받고자 하는데 담보가 부족한 경우에 국내 본사가 국내 거래은행에 의뢰하여 해외지사의 거래은행을 수익자로 하는 Stand-by Credit을 개설해주면 해외지사의 거래은행은 이것을 담보로 하여 수입신용장을 개설해 주어 금융 혜택을 줄 수 있게 된다.

특히 최근에는 대규모 해외건설공사 입찰보증(bid bond), 이행보증(performance bond) 용으로도 많이 이용되고 있다.

19) Transit Credit

Transit Credit는 직접 무역거래를 한 실적이 적고 화폐가 직접 태환(conversion)되지 않으며, 서로 상대국의 환거래은행을 갖지 않은 두 나라 사이에서 무역거래를 할 때, 두 나라가 거래하고 있는 제3국의 통화로 표시된 신용장을 말한다.

Transit Credit에서의 개설은행이나 제3국은 은행의 편의를 제공하는데 불과하며 실제로 상품의 이동과는 아무런 관계가 없게 된다.

4. 신용장의 양도

1) 신용장 양도의 사유

제1수익자는 신용장을 양도할 때 ① 신용장금액 및 단가를 감액하거나, ② 신용장 유효기한, 서류의 제시기일 및 선적기간을 단축하거나, ③ 양도된 금액에 대한 부보비율은 원신용장 또는 신용장통일규칙에 따른 부보금액까지 증액할 수 있다.[14] 특히 신용장금액 또는 단가를 감액했을 경우 제1수익자는 제2수익자의 송장을 자신의 것으로 대체하고 그 차액에 대하여 환어음을 발행하여 이를 청구할 수 있다. 또한 제1수익자는 신용장을 양도할 때 신용장의 개설의뢰인 대신에 자신의 명의를 기재하여 양도할 수 있다. 이는 제2수익자가 신용장의 개설의뢰인을 알지 못하게 하여 제1수익자의 이익을 보호하기 위함이다.

최초의 수익자가 신용장을 양도하게 되는 데는 다음과 같은 이유가 있다. 즉 ① 제1의

14 신용장통일규칙 600 제38조(g)항 참조.

수익자가 일종의 수수료를 목적으로 하는 경우, ② 최초의 수익자가 자가생산보다도 유리한 하청을 줄 수 있는 경우, ③ 최초의 수익자가 수수료를 받고 명의만을 제2의 수익자에게 대여해 주는 경우, ④ 특정 품목의 수출창구가 일원화되어 있어 최초의 수익자 명의로는 수출이 불가능할 경우 제2의 수익자의 명의를 빌려 대행하는 경우 등이다.

표 3-2 신용장 양도시 변경할 수 있는 점

감액, 단축할 수 있는 점
금액, 단가, 유효기한, 선적일 후의 서류제시의 최종기일, 선적기한
~중의 어느 것 또는 모든 것
증가될 수 있는 점
원 신용장 또는 신용장통일규칙에 명시된 부보금액을 만족시키는 방법으로 부보해야 되는 율
신용장 발행의뢰인명
제1수익자 명으로 대체

2) 신용장의 단순양도와 조건변경부 양도

(1) 단순양도

신용장의 제1수익자가 원신용장의 조건변경 없이 원수익자의 명칭만 변경하여 신용장을 제2수익자에게 양도하는 것을 단순양도라고 하며 국내신용장의 양도는 대부분이 이에 해당된다. 원 신용장에 대한 수출업무는 양수인이 이행하고 양도인에게는 수수료를 지급한다.

(2) 조건변경부 신용장 양도

조건변경부 신용장 양도란 원 신용장의 수익자가 신용장 양도에 따른 양도차익 취득을 목적으로 원 신용장의 금액, 단가, 유효기일, 서류제시기일, 최종선적기일을 감액 또는 단축하여 제2수익자에게 원 신용장을 양도하는 것을 말한다. 조건변경부 신용장 양도는 신용장 수익자나 금융기관 모두에게 유리한 거래이고 세계적으로 많이 이용되고 있다.

제3장 무역운송

1. 무역운송의 주요 방법과 선정

1) 주요한 운송방법

(1) 해상운송

해상운송의 운임은 비교적 저렴하지만 보통 항공운송에 비해 운송시간이 길다. 그러나 최근에는 국제무역에서 고속 컨테이너선이 운항되고 있어 운송시간이 단축되고 있다.

정기선(Liner)에 의한 해상운송에서는 종전에는 화물을 하역노동자가 수작업으로 선적하는 형태이었는데, 최근에는 화물을 컨테이너(Container)에 적입하여 운송하는 컨테이너선이 압도적으로 늘고 있다. 종전의 하역형태에 의존하는 선박을 재래선이라고 부르고 극히 적은 수의 재래선이 운항되고 있다.

(2) 항공운송

항공운송은 운임이 해상운송에 비해 고가이지만 운송시간이 짧은 것이 최대의 장점이다. 따라서 반도체, 전자기기, 생선, 식료품, 의약품 등처럼 운송 중에 부패하기 쉬운 상품이나 고가품의 운송에 이용되고 있다. 항공운송은 직접 항공회사와 운송계약을 체결하는 방법 이외에 항공화물운송주선업자(혼재업자)가 다수의 소량화물 화주와 운송계약을 체결하는 방법도 있다. 이 경우의 운임은 항공회사와의 계약보다 저렴하다.

(3) 복합운송

국제 복합운송(Multimodal Transport)은 한사람의 운송인 즉 복합운송인(Multimodal Transport Operator; MTO)이 선박과 항공기(Sea & Air 복합운송), 또는 선박과 철도(Siberian Land Bridge) 등의 두 가지 이상의 운송수단을 결합하여 일관하여 운송책임을 지는 운송형태로서 컨테이너의 출현으로 발달된 운송형태이다. 컨테이너에 의한 운송에서는 화물의 하역은 기후에 관계없이 또한 컴퓨터에 의한 자동제어로 할 수 있게 되었고 다른 운송수단에 환적도 보다 쉽게 되었다.

또한 수출입업자에 있어서 운송계약의 상대방이 되는 운송인은 선박, 항공기를 소유하고 실제로 운송을 담당하는 선박회사, 항공회사(VOCC: Vessel Operating Common Carrier) 만이 아니고 스스로 운송수단을 소유하고 있지 않으면서 VOCC의 운송수단을 이용하는 운송주선인(Freight Forwarder) 또는 국제복합운송업자(NVOCC; Non-Vessel Operating Common Carrier)도 운송인이 된다.

그림 3-3 무역운송의 종류

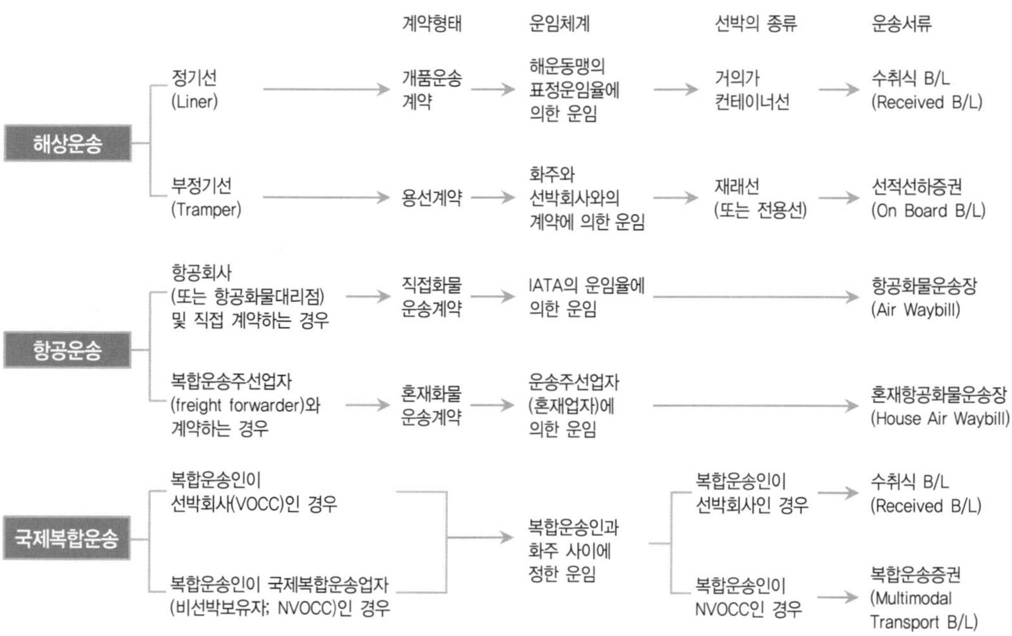

(4) 기타 운송방법

① 국제택배편(International Courier): 국제택배편은 하나의 계약하에서 경량 소형의 서류 또는 물품(통상 20kg 이하, 3면의 합계 300cm 이하)에 대해서 항공운송서비스를 제공한다. 그 특징은 door to door의 일관운송일 것, 소유시간이 항공운송보다 짧고 정확할 것, 수입관세는 매수인인 수입자가 부담하여 통관필 배달일 것 등이다.

On Line Shopping Mall에서 상품을 구입하고 대금결제는 credit card로 하고 발송은 택배편을 이용한다. DHL, UPS 등이 많이 이용된다.

② 국제우편: 서류, 인쇄물, 소량화물도 일반우편으로서의 소포우편으로 발송되고 있다.

2) 운송수단 선정

(1) 운송수단 선정

국제무역에는 여러 가지 운송수단이 이용된다. 외국과 무역을 하는 경우에는 운송수단, 운임, 운송기간, 수출입절차 및 이러한 것들을 누가 해야 되는가 등 많은 고려사항이 있다.

무역에서는 운송수단을 선택하는 것이 대단히 중요하다. 최근에는 컨테이너의 등장으로 선박, 철도, 자동차 등의 운송수단을 결합한 해륙복합운송 또는 선박과 항공기를 결합한 해공복합운송(Sea & Air Multimodal Transport)이 많이 이용되고 있다.

(2) 운송인의 선정

무역업자는 외국의 수입업자와 무역계약을 체결한 후 수출품을 제조·완료하기 전에 이 수출품을 어느 운송인(선박회사, 항공회사, 복합운송인)에게 운송을 의뢰할 것인가를 결정해야 한다. 또한 선박, 즉 운송수단을 갖고 있는 선박회사에 맡길 것인가, 운송수단을 갖고 있지 않는 운송주선인(freight forwarder)에 맡길 것인가를 결정해야 한다.

무역업자가 운송업자를 선정할 때에는 화물의 최종목적지까지 운송서비스를 제공할 수 있는 선박회사, 항공회사, 운송주선인의 운송서비스 수준, 운송기간, 운송경로, 운임, 운항스케줄의 정확도 등을 선정기준으로 삼아야 한다.

2. 해상운송

1) 해상운송의 의의

해상운송, 즉 해운이란 해상에서 선박을 수단으로 하여 상업적 목적 하에 화물 및 여객을 운송하는 것을 말한다.

해상운송은 육상운송이나 항공운송에 비해 다음과 같은 몇 가지 특성을 가지고 있다.

첫째로, 해상운송은 다른 운송에 비해 대량운송이 가능하다. 선박건조기술의 발달로 오늘날의 선박은 다른 운송수단에 비해 일시에 대량의 화물을 수송할 수 있다.

둘째로, 해상운송은 경제성이 있다. 해상운송은 대량운송이 가능하기 때문에 단위당 운송비가 여타 운송수단에 비해 저렴하다.

셋째로, 해상운송은 원거리의 국제운송에 적합하다. 해상운송은 특정 국가에 국한되는 육상운송과는 달리, 공해상에서 국적에 관계없이 상거래활동을 할 수 있기 때문에 원격지간의 무역운송에 적합하다.

이러한 특성으로 인하여 해상운송은 국제무역의 운송수단으로서 막중한 위치를 차지하고 있다. 특히 우리나라의 경우는 육상운송에 의한 국제교역이 불가능하기 때문에 대부분의 수출입물동량은 해상운송에 의존하고 있는 실정이다.[15]

15 원종근 외, 전게서, p.403.

2) 선박의 종류

(1) 컨테이너선(Container Ship)

해상운송에서는 화물을 컨테이너에 적입하여 운송하는 「컨테이너선」을 자주 이용하고 있다. 컨테이너선에 화물을 적재함으로써 컨테이너 내의 각 화물의 포장도 용이하고, 선적 및 하역의 작업효율도 높다.

(2) 재래선(Conventional Ship)

여러 가지 종류의 화물과 항에 적합하고 하역노동자의 수작업으로 화물을 적재하는 형태의 선박을 「재래선」이라 한다. 재래선은 컨테이너 하역설비가 없는 항을 거치는 항로에서 이용되고 있고 차츰 그 모습이 사라지고 있다.

또한 재래선은 필요한 때에 선박을 용선하는 용선계약(charter party)에 주로 이용하고 있었지만 무역량의 증대에 따른 선형(船型)의 대형화에 따라 특정 단일화물을 효율적으로 운송하는데 적합한 선형 및 하역장치를 가진 전용선으로 바뀌었다. 탱커(tanker)나 자동차 전용선이 그 전형적인 예이다.

3) CY 및 CFS

컨테이너선에 화물을 적재, 양하할 때에는 항만에 있는 「컨테이너 터미널」(Container Terminal)이라는 거대한 시설에서 적재, 양하가 이루어진다.

「컨테이너 터미널」은 주로 「컨테이너 야드」(CY; Container Yard) 및 「컨테이너 프레이트 스테이션」(CFS; Container Freight Station)으로 구성되어 있다.

컨테이너선이 접안(接岸)하는 버드(Berth)는 각 구역마다 특정의 선박회사에 대여되어 각 선박회사가 「야드 오퍼레이터」(Yard Operator)로서 「컨테이너 야드」 전체를 관리하고 있다.

(1) 「컨테이너 야드」(CY; Container yard)

CY란 컨테이너를 본선에 적재하거나 양하하는 장소 즉, 해상운송과 육상운송과의 접점의 역할을 담당하는 지역을 말한다. 화주의 화물로서 컨테이너에 만재하는 대량화물 즉 만재화물(FCL; Full Container Load)의 수출의 경우에는 컨테이너는 직접 이 CY에 반입되어 그대로 선적된다. 또한 FCL 화물이 목적항에 도착된 경우에도 목적항의 CY에 양하된 화물은 컨테이너 그대로 CY에서 수입자측에 인도된다.

(2) 「컨테이너 프레이드 스테이션」(CFS; Container Freight Station)

CFS란 화물의 양이 컨테이너 1단위를 채우지 못하는 소량화물 즉 혼재화물(LCL; Less

than Container Load)을 집하하여 컨테이너에 적입하거나 선박에서 양하한 컨테이너에 적입되어 있는 소량(혼재)화물을 끄집어내는(devanning) 장소를 말하고 통상 CY의 일부 또는 CY에 근접한 지역에 설치되어 있다.

(3) 컨테이너화물의 운송형태

Container 화물의 운송형태는 화물의 량, 목적지, 집하방식 및 운송형태의 범위에 따라 다르며 운송형태에 따라 운임구조 및 책임한계 등이 다르다.

① CFS/CFS 운송: 선적항의 CFS로부터 목적항의 CFS까지 Container에 의해서 운송하는 방법으로서, 가장 초보적인 이용방법이다. CFS/CFS 운송은 Pier to Pier 또는 LCL/LCL 운송이라고도 부르며 운송인이 여러 화주로부터 컨테이너에 가득 채울 수 없는 소량화물(LCL 화물)을 인수받아 목적지별로 분류하여 한 컨테이너에 혼재(混載) 운송하고 목적항의 CFS에서 여러 수하인에게 화물을 인도하는 운송방법이다. 따라서 LCL 화물의 수송형태는 송하인과 수하인이 여러 사람으로 구성되며 운송인은 선적항과 목적항 간의 해당 해상운임만을 징수하고 이에 따른 운송책임도 선적항 CFS에서 목적항 CFS까지 이다.

② CFS/CY(LCL/FCL) 운송: 운송인이 지정한 선적항의 CFS로부터 목적지의 CY (Container Yard)까지 컨테이너에 의해서 운송되는 화물운송 형태로서 운송인이 여러 송하인들로부터 화물을 선적항의 CFS에 집하하여 컨테이너에 적입한 후 최종목적지의 수하인의 공장 또는 창고까지 화물을 운송한다. 이 운송형태는 CFS/ CFS에서 한 단계 발전한 운송방법으로서 일반적으로 대규모 수입업자가 여러 송하인들로부터 각 LCL 화물들을 인수하여 일시에 자기 지정창고까지 운송하고자 하는 경우에 이용하기 좋으며, 현재 우리나라에 가장 많이 보급되고 있다.

③ CY/CFS(FCL/LCL) 운송: CY/CFS 운송형태는 선적지의 운송인이 지정한 CY로부터 목적항의 지정 CFS까지 컨테이너에 의한 화물운송방식이며, 한 사람의 송하인과 여러 사람의 수하인으로 구성되어 있다. 즉 선적지에서 수출업자가 FCL화물로서 컨테이너로 운송하여 수입항의 CFS에서 화물을 내려 수하인들에게 인수하도록 하는 운송방법이다. 이 방법은 한 수출업자가 수입국의 여러 수입업자에게 일시에 화물을 운송하고자 할 때에 많이 이용된다.

④ CY/CY(FCL/FCL; Door to Door) 운송: 컨테이너의 장점을 최대한도로 이용한 운송방법으로서 수출업자의 공장 또는 창고에서부터 수입업자의 창고까지 육·해·공을 연결하는 컨테이너에 의한 국제복합일관 운송형태로 수송되는 방법이며, 운송도중 컨테이너의 개폐 없이 수송된다. 이것은 수송의 3대원칙인 신속성, 안전성, 경제성을 최

대한으로 충족시켜 Container의 목적을 완전하게 달성시키는 수송형태로서 수입업자의 창고까지 상품을 수송하는 경우에 이용된다.

4) 해상운송의 형태

(1) 정기선(Liner)

정기선은 화물이 많든 적든 정기적으로 동일 정기항로를 취항하는 선박을 말한다. 정기선은 정해진 운항스케줄에 따라 항해하며 주로 완제품이나 반제품 등의 일반화물을 운송하는 선박이다. 화주는 이 운항스케줄에 따라 화물의 상태에 맞춰 목적항으로 운항하는 가장 적합한 선박을 선정하고 선박회사 또는 선박회사대리점(운송주선인)에 인터넷, 팩스, 전화 등으로 운송계약을 신청한다. 이것을 선복예약(Space Booking)이라고 한다.

일반적인 무역거래에 있어서 화물은 1회의 거래량은 100톤 이하의 소량화물이 대부분이기 때문에 이러한 화물은 통상 전기선에 다른 화물과 함께 선적된다. 국제조약에서 규정한 운송인의 의무를 충족하고 집화능력을 높이기 위해서는 속력, 설비능력 등의 점에서 양질의 서비스를 제공할 수 있는 신예(新銳)의 선박이 이에 충당된다.

(2) 부정기선(Tramper)

정해진 항로를 정기적(규칙적)으로 운항하는 정기선과는 달리 일정한 항로나 하주를 한정하지 않고 화물이 있을 때마다 또는 선복(船腹)의 수요가 있을 때마다 또는 하주가 요구하는 시기와 항로에 따라 화물을 운송하는 선박을 부정기선이라 하고, 이러한 방식으로 선박을 운항하는 해운업자를 부정기선업자라 하며, 하주는 이 업자와 용선계약을 체결한다.

오늘날 부정기선은 곡물, 광석, 원유, 목재를 비롯한 일반 원료 등을 주대상으로 하고 있으며, 운임이 그때 그때의 수요와 공급에 의하여 결정되기 때문에 수시로 변동한다. 그러나 치열한 경쟁을 통하여 운임이 결정되므로 정기선의 경우에 보게 되는 카르텔(cartel)의 형성이 어렵고, 또한 정기선보다 상대적으로 낮은 운임률이 적용된다.

(3) 특수전용선 운항

특수전용선(specialized carrier)은 광의로 말하면 부정기선의 일종이라고 할 수 있으나, 선박의 구조상 일반선박과는 상이하기 때문에 특별히 구별하게 된다. 특수전용선에는 유조선, 냉동선, 광석전용선, 목재전용선, 자동차전용선, 가스전용선 등이 있으며, 운송화물의 성질상 선박에 특수시설이 구비되어 있고, 대개가 용선계약으로 운송된다.

3. 국제복합운송

1) 컨테이너운송

컨테이너는 육로, 해로, 공로상의 모든 과정에서 화물의 수송도중 이적(移籍)없이 일관운송을 실현시키는 규격화된 운송용기이다. 이러한 컨테이너에 화물을 적재하여 목적지까지 흐트러짐 없이 일관되게 운송하는 시스템을 일반적으로 컨테이너운송이라고 한다.

컨테이너운송은 원래 컨테이너를 철도의 Flat Car에 적재하여 일정 역에서 특정 역까지 운송하고서 역에서 그대로 Trailer에 끌려 목적지까지 운송되는, 소위 '문에서 문까지'(door to door service)의 신속하고 편리한 혁신적인 운송방법이다. 이와 같이 당초에는 철도와 자동차의 연결로 시작되었으나 오늘날은 육·해·공(land/sea/air)의 상호이용으로 화물운송의 3대 원칙인 ① 경제성, ② 신속성, ③ 안전성을 최대한으로 충족시키고 화물운송과정에서 화물의 이적없이 일관운송(through transport)을 실현케 하여 복합운송의 발전에 크게 기여하였다.

2) 복합운송의 개념

복합운송(combined transport or multimodal transport)이란 특정화물을 운송인이 전운송구간에 대하여 책임을 지고 최종목적지까지 육·해·공 가운데 두 가지 이상의 운송형태를 결합하여 일관운송하는 방식을 말한다.

복합운송의 경우 반드시 컨테이너를 이용하여야 하는 것은 아니나, 수송의 효율성을 높이기 위해서는 컨테이너를 이용하는 것이 더 유리하다. 복합운송 중에서도 실제로 가장 많이 이용되는 것은 해·육복합운송시스템인데, 이는 단일운임에 의한 유통비용의 절감과 컨테이너에 의한 Door to Door System의 일관운송이라는 두 가지 측면이 결합되어 이루어진 것이다.[16]

이상 복합운송의 개념을 종합하여 볼 때 복합운송은 ① 국제간의 운송(2국간의 운송), ② 운송계약의 단일성, ③ 복합운송인에 의한 전운송구간의 인수, ④ 운송수단의 이종다양성(異種多樣性), ⑤ 단일운임 제시, ⑥ 복합운송증권 발행 등의 제요건을 갖추어야 한다.[17]

---

16 박대위, 「무역개론」, 2012, pp.454~456.

17 전창원, 「신무역실무」, 일신사, 1994, p.672.

3) 복합운송인의 유형과 책임체계

(1) 복합운송인의 유형

복합운송인은 두 가지 유형으로 나눌 수 있다.

① 실제운송인형: 실제운송인은 UNCTAD/ICC 복합운송증권규칙 제2.3조에 규정되어 있는 「운송인」(carrier)을 말한다. 동규칙 제2.3조에서는 「운송인은 복합운송인과 동일인 여부에 상관없이 실제로 운송의 전부 또는 일부를 이행하거나 또는 그 이행을 인수하는 자를 의미한다」고 규정하고 있다. 실제운송인의 대표적인 것으로는 자신이 직접 운송수단을 보유하고 있는 선박회사, 항공회사, 철도회사 등이 있다. 종래의 선박회사는 항구간의 해상운송을 청부하였고 내륙부분의 운송은 전혀 청부하지 않았다. 이전에도 해륙연락운송은 존재하였지만 선박회사가 복합운송인으로서 해륙운송에 대하여 일관하여 책임을 지지는 아니하였다. 컨테이너선의 등장으로 선박회사의 운송책임은 종래의 tackle to tackle(선측에서 선측까지)에서 terminal to terminal로 확대되고 다시 항구를 통과하여 내륙지점까지 확대되고 있다. 선박회사는 해상운송에만 머무르지 않고 국제간의 door to door 운송을 일괄하여 인수하는 종합물류업자로서 급속하게 바뀌고 있다.

② 계약운송인형: 실제운송인은 carrier형 복합운송인인데 비해 계약운송인은 운송수단(선박, 항공기, 화차, 트럭 등)을 보유하지 않으면서도 실제운송인처럼 운송주체자로서의 기능과 책임 즉 운송인에게는 하주입장에서 하주에게는 운송인의 입장에서 책임, 의무 등을 수행한다.

대표적인 것으로 NVOCC, International Freight Forwarder, Ocean Freight Forwarder, Aircargo Freight Forwarder, 통관업자 등이 있다.

(2) 복합운송인의 책임체계

전체운송에 관하여 하나의 계약주체 즉 복합운송인을 주축으로 하는 오늘날의 복합 운송에 있어서 운송인의 책임문제는 복합운송인이 전 운송구간을 단일책임체계 및 책임기준하에 부담할 것인가 그렇지 않으면 각 운송구간마다 적용되어 온 국제협약 및 국내법규에 따라 부담할 것인가 하는 문제이다. 전자는 전 운송구간 단일책임 각 구간 동일책임형(Uniform Liability System)이고 후자는 전운송구간 단일책임 각 구간 이종책임형(Network Liability System)이다. 전기 두 가지형의 절충형이 Modified Uniform System이다. Network Liability System은 선진국에서 많이 채택하고 있으며, 예컨대 복합운송인이 전 운송구간에 대하여 책임을 지지만 해상에 있어서는 Hague Rules, Hague-Visby Rules, Hamburg

Rules, 도로운송의 경우 국제도로화물운송조약(CMR), 철도운송의 경우에는 국제철도화물운송조약(CIM)이 적용된다.

4) 복합운송서류(Multimodal Transport Document)

복합운송은 상이한 운송수단(선박, 트럭, 철도, 항공기등)을 조합하여 출하지에서 목적지까지 단일운송인의 책임하에 복수의 운송인에 의해서 수행되는 화물운송을 말하고 이러한 형태로 운송할 때 발행되는 운송서류를 복합운송서류라고 한다.

UNCTAD/ICC 복합운송증서류규칙 제2.6조는 다음과 같이 정의하고 있다.

「복합운송증서류(MT Document)」는 다음의 형식으로 발행된 복합운송계약을 증명하는 증권을 의미하며, 이는 관련법규가 허용하는 경우 전자자료 교환메시지로서 갈음할 수 있다.

① 유통 가능한 형식으로 발행되는 것

② 또는 특정 수하인이 지정된 유통 불가능한 형식으로 발행되는 것이라고 정의하고 있다. 또는 동규칙 제3조는 복합운송증서류에 기재된 정보의 증거력에 대하여 규정하고 있다.

5) 국제복합운송의 주요 경로

우리나라 무역업자들이 주로 이용하는 국제복합운송의 경로는 한국(극동)-북미간 항로 및 한국(극동)-유럽간 항로이다. 특히 복합운송경로로써 제대로 틀이 갖추어진 대표적인 것으로는 시베리아 랜드 브리지(Siberia Land Bridge: SLB)와 미니 랜드 브리지(Mini Land Bridge; MLB)를 들 수 있다.

(1) 시베리아 랜드 브리지(Siberia Land Bridge; SLB)

이 운송경로는 시베리아대륙을 횡단하는 철도(trans siberian railroad)를 이용하여, 극동/유럽·중동간을 극동-동해-시베리아 철도-유럽·중동 각지의 해운항로 및 철도로 연결되는 대형 컨테이너 복합운송경로이다. 이 운송경로는 극동과 유럽·중동을 연결하는 최단수송거리로서 수송일수도 최대한 줄일 수 있다.

(2) 미니 랜드 브리지(Mini Land Bridge; MLB)

미니 랜드 브리지는 극동과 미국대서양이나 걸프(gulf)연안 혹은 유럽과의 항로에서, 각각 미대륙(美大陸)을 교량으로 하여 태평양과 대서양연안을 연결하는 운송경로이다. 즉 극동에서 북미태평양연안까지는 컨테이너선으로 해상운송을 하고, 여기서 미대륙의 횡단철도를 이용하여 대서양연안 또는 걸프연안에 도착, 철도터미널에서 수화인에게 인도하거나 또는 다시 유럽까지 컨테이너선으로 해상운송을 하는 방식이다. 이 경우 운임은 SLB와 마찬가지로 품목별 무차별운임을 적용한다.

6) Sea & Air 복합운송

(1) Sea & Air 복합운송의 정의

Sea & Air 복합운송이란 해상운송의 저렴성 항공운송의 신속성이라는 장점을 결합한 방식으로서 해상운송에 항공운송을 결합한 복합운송방식이다. 일반적으로 항공운송보다는 급하지 않고 해상운송보다는 급한 화물의 운송에 이용되는 운송형태이다. Sea & Air 복합운송은 출발지로부터 중계지까지는 해상운송되고 거기에서 최종목적지까지는 항공기로 운송되는 복합운송형태이다.

(2) Sea & Air 복합운송의 적합화물

해상운송과 육상운송의 결합에 의한 해륙복합 운송은 컨테이너에 화물을 적입한 상태 그대로 다른 운송기관에 환적되는 것이 원칙이지만 해상운송과 항공운송을 결합한 Sea & Air 복합운송은 해상운송 중에는 무거운 해상운송용 컨테이너를 사용하고 항공운송중에는 해상운송용 컨테이너가 너무 무거워서 가벼운 항공운송용 컨테이너 및 Pallet를 사용한다. 따라서 Sea & Air 복합운송에서는 중계지에서 해상운송용 컨테이너에서 화물을 끄집어내어 항공운송용 컨테이너에 환적하여 운송된다. 따라서 해상운송용 컨테이너에 적입될 수 있는 화물이 Sea & Air 복합운송의 적격화물이 된다. 해상운송용 컨테이너의 최적상품은 값이 비싸고 또한 해상운임이 비싼 공산품 즉 전자제품, 피복류, 시계, 의약품 등이다.

종래에는 고가품이 Sea & Air 복합운송의 서비스를 이용하였으나 최근에는 컴퓨터, 전자·전기제품, 기계부품, 섬유제품, OA기기, 과학기기, 의료기기 등이 Sea & Air 복합운송 서비스를 이용하고 있다.

(3) Sea & Air 복합운송 경로

Sea & Air 복합운송은 대형선사들이 초대형 full container선을 투입하고 있는 북미항로가 항차수, 항해일수, 운임, 선박확보 면에서 유리하고 또한 항공운송 노선이 다양하게 연결되어 세계 어느 지역이든지 쉽게 환적될 수 있기 때문에 Vancouver, Seattle, LA 등을 환적지로 하는 경로를 많이 이용하고 있다. 최근 들어 홍콩, 싱가폴 등 동남아지역이나 두바이를 중계지로 한 경로가 많이 이용되고 있지만, 해상운송구간이 짧고 항공구간이 길어 다른 경로에 비해 빠른 대신 운임은 다른 경로보다 비싼 경우도 있다.

제4장 선적서류

1. 선적서류의 종류

수출화물의 선적과 계약이행의 증명이 되는 선적서류(shipping documents)는 주요서류와 부대서류로 분류된다.[18]

1) 주요서류

(1) 운송서류(transport document)

(2) 보험증권(insurance policy)

(3) 상업송장(commercial invoice)

2) 부대서류

(1) 통상 첨부되는 서류

① 포장명세서(packing list; P/L)

② 용적중량증명서(certificate and list of measurement and/or weight)

(2) 특정 목적국에 한하여 필요한 서류(수입국의 통관용)

① 영사송장(consular invoice)

② 세관송장(customs invoice)

③ 원산지증명서(certificate of origin; C/O)

(3) 특수상품에 한하여 필요한 서류

① 검사증명서(certificate of inspection)

② 분석증명서(certificate of analysis)

③ 검역증명서(certificate of quarantine)

④ 위생증명서(certificate of health)

2. 운송서류

---

18 大崎正瑠,「基本貿易取引」, 白桃書房, 1991, pp.205～206.

운송서류(transport documents)란 국제운송물품의 적재(loading on board), 발송(dispatch) 또는 복합운송의 경우 인수(taking in charge)를 표시하는 서류를 말한다.

주요한 운송서류를 열거하면 다음과 같다.

(1) 선화증권(Bill of Lading; B/L)

이른바 port-to-port B/L이다.

(2) 복합운송증권(Combined Transport Document, Multimodal Transport Document, Intermodal Transport Document)

Document 대신에 Bill of Lading(B/L)이란 말이 사용되기도 한다.

(3) 해상화물운송장(Sea Waybill; SWB)

단순한 화물수령을 표시한 증거증권이다.

(4) 항공화물운송장(Air Waybill; AWB)

(5) 내륙수로운송증권(Inland Waterway Document)

(6) 화물주선업자발행 화물수취증(Forwarder's Cargo Receipt)

(7) 우편소포수령증(Postal Receipt)

(8) 전자정보통신문(EDI message)

3. 선화증권(Bill of Lading)과 해상화물운송장(Sea Waybill)

해상물품운송은 일반적으로 운송기간이 장기간에 걸치기 때문에 운송물품의 수령이나 권리의 양도를 위하여 주로 선화증권이 이용되고 있다.

1) 선화증권의 의의

선화증권이란 화주와 선박회사간의 해상운송계약에 의해 선박회사가 발행하는 유가증권(有價證券)을 말한다. 즉 선화증권은 선박회사가 화주로부터 화물운송을 위탁받은 사실과 화물을 목적지까지 운송하여 이를 선화증권의 소지자에게 인도할 것을 약속하는 증권이다. 통상 송화인이 운송계약을 체결하고 화물을 본선에 선적하여 선장으로부터 본선수취증(M/R)을 발급 받아 이것을 운임과 함께 선박회사에 제출하면 선화증권을 발행 받게 된다.

2) 선화증권의 기능

선화증권은 무역거래에서 필수적인 운송서류로서 다음과 같은 기능을 갖는다.

(1) 선화증권은 선적된 화물의 수취증(receipt of goods)이다. 선화증권은 선박회사가 화주로부터 운송을 위탁받은 화물을 수취하거나, 또는 본선상에 선적할 때에 발급하는 것이므로, 이것은 선박회사가 선화증권상에 표기된 화물을 영수하였음을 인정하는 서류의 구실을 한다.

(2) 선화증권은 운송인과 화주간에 운송계약(contract of carriage)이 체결되었다는 사실을 입증하는 증거서류이다. 해상운송에서 선화증권 그 자체가 운송계약을 뜻하는 것은 아니나, 일반적으로 운송계약이 체결되었다는 가장 믿을 만한 증거로 간주된다.

(3) 선화증권은 증권상에 기재된 물품을 대표하는 권리증권(documents of title)이다. 권리증권의 소지인은 곧 증권 기재물품을 소유할 수 있는 법적 권리를 가지고 이를 자유로이 처분할 수가 있으며, 한편 선박회사는 반드시 선화증권과 상환하여 계약화물을 인도하게 된다.

3) 선화증권의 종류

선화증권은 선적의 기재 유무, 고장적요 유무 및 수화인의 표시방법 등에 따라서 여러 가지 유형으로 구분할 수 있다.

(1) 선적선화증권과 수취선화증권

선적선화증권(shipped or on board B/L)은 운송화물이 본선에 적재된 후에 발행되는 선화증권이며, 증권상에 "Shipped in apparent good order and condition"의 문언이 기재되어 있다. 재래선용화물(在來船用貨物)에 대해서는 통상 선적선화증권이 발행된다.

수취선화증권(received for shipment B/L)은 화물이 본선에 선적되기 전에 발행되는 선화증권으로, 이는 화물을 적재할 선박이 항구에 정박하지 않아서 화물을 선박회사의 부두창고에 보관할 때 발행된다.

수취 후 다시 본선에 적재한 취지를 기재한 본선적재부기(on board notation, on board endorsement)가 있는 것은 선적배서선화증권[on board notation(endorsement) B/L]이라고 한다. 이것은 실질상 선적선화증권과 동등한 취급을 받게 된다. 또한 선적의 형태상 컨테이너화물에 대해서는 수취선화증권이 발행된다.

(2) 무사고선화증권과 사고부선화증권

무사고선화증권(clean B/L)이란 화물이 본선에 양호한 상태로 또는 운송계약의 수량대로 적재되어 선화증권의 비고(remarks)란에 사고문언(事故文言)의 표시가 없는 완전한 선화증권을 말한다.

사고부선화증권(foul or dirty B/L)이란 적재물품의 포장이나 수량 등이 계약과 상이하여, 결함상태를 명시한 사고문언이 비고란에 기재된 선화증권을 말한다.

사고부선화증권은 현행의 화환결제에서는 은행이 수리를 거절하므로 송화인은 파손화물보상장(letter of indemnity; L/I)을 선박회사에 제출하여 무사고선화증권을 발급받게 된다. 이 보상장은 파손된 화물에 대해서 모든 책임을 지겠다고 화주가 선박회사에게 제출하는 일종의 각서이나, 보상장을 허용하지 않는 해운동맹도 있고, 보상장은 무효라는 판례도 있다.

(3) 기명식선화증권과 지시식선화증권

기명식선화증권(straight B/L)이란 화물을 수취하는 특정인의 성명이 수화인란(受貨人欄)에 기재되어 있는 선화증권을 말하며, 화물의 소유권은 특정인에게 귀속된다.

지시식선화증권(order B/L)은 수화인이 특정인으로 지정되어 있지 않고, 단순히 “Order”, “Order of A” 또는 “Order of xx Bank”로 표시되어 있는 선화증권을 말한다. 무역거래에서는 이 지시식선화증권이 원칙이며 수입상의 성명·주소는 수화인란이 아니라 착화통지처(notify party)의 란에 기입된다.

(4) 통과선화증권

통과선화증권(through B/L)은 약정화물을 목적지까지 운송하는데 해상운송과 육상운송 등을 교대로 이용하여 운송할 경우, 최초의 운송업자가 전운송구간에 대하여 모든 책임을 지고 발행하는 선화증권이다. 미국에서는 육상과 해상운송을 겸한 선화증권을 Overland B/L(또는 overland common point B/L)이라고 하여 많이 이용하고 있다.

(5) 환적선화증권

환적선화증권(transshipment B/L)은 화물을 목적지까지 운송하는 도중 중도항에서 다른 선박에 환적하여 최종목적지까지 운송할 때 발행하는 선화증권이다. 이 경우 환적을 하더라도 별도의 선화증권에 각 구간의 선사가 연쇄서명을 하여 공동책임을 진다.

(6) 약식선화증권

약식선화증권(short form B/L)은 원래의 정규선화증권(regular long form B/L)을 간소화시킨 선화증권을 말한다. 약식선화증권의 전면에는 정규선화증권과 마찬가지로 법적 기재사항이 기재되나 그 이면에는 운송약관을 모두 인쇄하지 않고 단지 정규선화증권상의 전약관이 인쇄되어 있는 것과 동일한 효력을 발휘한다는 문언만 인쇄되어 있어 매우 간단하다.

(7) 제시기간경과선화증권

제시기간경과선화증권(stale B/L)은 선화증권의 어느 형태를 말하는 것이 아니라, 선화증권의 제시기간이 필요 이상으로 지연된 선화증권을 말한다. 모든 선화증권은 발행된 일자로부터 21일이 경과되면 Stale B/L이 된다. 그렇게 될 경우 은행은 특별히 신용장상에 "Stale B/L Acceptable"이란 조항이 없는 한 수리를 거절하기 때문에, 화주는 선화증권을 발급 받은 후 21일 이내에 은행에 제시하여야 한다.

4) 해상화물운송장(Sea Waybill; SWB)

보통 무역거래에 있어서는 운송서류를 첨부한 화환어음에 의해서 결제가 이루어진다. 운송서류 중에서 가장 중요한 서류는 선하증권(B/L)이고 특약이 없는 한 전통(full set)을 모두 은행에 제출해야 한다. 은행을 경유하여 운송서류가 수입업자에게 도착하는데 오늘날과 같이 해상운송이 고속화됨에 따라 운송서류보다 화물이 먼저 도착하는 경우가 많아지고 있다.

선하증권은 선적선하증권(on board B/L)이 원칙적으로 사용되고 있다. 수입업자는 운송서류의 도착 전에 도착화물을 인수하려고 할 때에는 화물선취보증장(Letter of Gurantee; L/G)을 선박회사에 제출하고 화물을 인수해야 하므로 그 절차와 지급보증료가 문제가 된다.

이러한 상활에서 나타난 것이 해상화물운송장(sea waybill)이다. 이것은 다음의 특징을 가지고 있다.

첫째, 단순한 화물의 수취증이며 양륙지에 있어서 화물과 상환으로 제출되는 것을 조건으로 하지 아니한다. 둘째, 수하인은 정당하게 신원(身元)을 입증하면 화물을 인수할 수 있다. 셋째, 권리증권이 아니고 또한 기명식이고 비유통증권이므로 결국 선하증권과는 다르다.

근년에 서류작성의 간소화가 뚜렷하게 진전되었다. 선하증권은 가끔 이와 유사한 비유통성 운송증권으로 대체되고 있고 특히 해상 이외의 수송형태에 이용되고 있다. 선하증권이 발행되면 해상화물운송장은 발행되지 않고 해상화물운송장이 발행되면 선하증권은 발행되지 않는다. 화물의 수취증·운송계약의 증거라는 점에서 해상화물운송장과 선하증권은 공통점을 갖고 있지만 양도가능성에서 큰 차이가 있다.

해상화물운송장은 선하증권과는 달리 증권과 상환으로 물품을 인도한다는 취지의 문언 대신에 해상화물운송장에 기재되어 있는 수하인(consignee)에게 본인임이 증명만 되면 물품을 인도한다는 취지의 문언이 있다.

4. 보험서류

1) 해상보험증권(Marine Insurance Policy)

보험증권은 유통성증권이어야 한다. 따라서 그 보험계약에 필요한 적하보험약관의 일체를 그 증권에 첨부하여야 한다. 해상보험증권은 수출화물에 보험계약이 체결되어 있음을 입증하는 일종의 증거서류이다. 법률상으로 보면 선하증권은 유가증권인데 대하여 보험증권은 다만 그 계약을 확인한 증거에 지나지 않는데, 이것을 실무면에서 보면 보험증권을 첨부하지 않은 선하증권은 이것을 담보로 화환어음을 매도하려고 해도 외국환은행의 승인을 받기가 어렵고 또한 배서에 의하여 전매하려고 해도 전매자를 물색하기가 어렵다.

2) 보험증명서(Certificate of Insurance)

이 보험증명서는 보험회사 또는 그 대리인이 자사 발행의 원보험증권(original policy)에 의거하여 그 보험계약의 존재 및 피보험물에 보험이 부보되어 있다는 사실을 증명한 것인데, 평판이 좋고 신용이 있는 보험회사가 발행하는 것이어야 할 것, 선하증권 기재화물에 관한 보험계약의 주요조항을 전제한 것이어야 할 것, 선하증권과 같이 완전한 유통성을 갖고 있을 것, 원보험증권에서 인정되고 있는 일체의 권리를 그 증명서의 정당한 소지인에게 부여하는 것이어야 한다는 것 등이 요건이 된다. 그러나 다만 그 화물에 보험이 부보되어 있다는 것만을 입증하는 보험증명서는 보험서류로서의 보험증권을 대용하는 기능이 없다.

보험증명서는 보험증권의 기재내용을 간략화 한 것이고 보험금을 청구할 때 보험증권과 동일한 효력을 가지는 증거증권이다. 그러나 신용장이 보험증권을 요구하고 있는 경우에 보험증명서를 제시하여도 수리되지 않으므로 CIF 또는 CIP계약처럼 수출업자가 부보하는 경우보다도 FOB나 CFR계약처럼 수입업자가 부보하는 경우에 사용된다.

5. 상업송장(Commercial Invoice)

1) 상업송장의 개념

상업송장은 매매 또는 위탁계약에 의한 물품의 수도(受渡)가 멀리 떨어진 지역 사이에서 행하여지는 경우에 그 물품의 송하인으로부터 그 수하인에게 송화의 특성, 내용 명세 및 계산관계를 상세하고 정확하게 통지하기 위하여 작성되는 상용문서이다.

국내 상거래에서 사용되는 송장은 단순히 적요서나 안내서의 역할만 하지만, 국제무역에서 사용되는 송장은 발송한 거래상품의 중요사항을 상세하게 명시한 송화명세서이고, 그 상품의 대금 및 제비용 등 주요한 가격 구성요소를 구체적으로 명시한 매매계산서이며, 동시에 그 대금청구서이다. 다시 이것을 수입업자인 수하인 입장에서 보면 수입화물의 매입서이다.

송장은 이 기능 때문에 어떤 경우에는 그 거래계약의 존재 및 계약이행의 사실을 입증하는 유력한 자료가 되며, 어떤 경우에는 수입품의 정확성 및 진실성을 입증하기 위한 세관신고의 증명자료가 된다.

2) 상업송장의 종류

송장에는 직접 상거래용으로 작성되는 상업송장(commercial invoice)과 영사관이나 세관용으로 작성되는 공용송장(official invoice)이 있다. 일반적으로 말하는 송장은 상업송장을 의미하며, 공용송장은 적송품이 수입국의 세관을 통과하는데 있어서 상업송장의 진실성을 증명하기 위하여 상업송장의 내용에 관해 관계관청의 증명을 받은 특정서식의 송장이다. 현재 관용되고 있는 공용송장에는 수출국소재의 수입국 영사가 증명하는 영사송장(consular invoice)과 다만 수입국 세관용으로 작성되는 세관송장(customs invoice)이 있다. 상업송장에는 매매계약 또는 위탁계약 성립 후 계약상품의 발송에 있어서 작성하는 선적송장(shipping invoice)과 거래계약을 유발 촉진시키기 위한 수단으로서 그 거래를 예상하여 작성하는 견적송장(proforma invoice)이 있다.

운송서류에 사용되는 송장은 선적송장인데 여기에도 직접적인 매매계약에 의거하여 작성되는 수출송장(export invoice)과 위탁계약에 의거하여 송하인이 작성하는 위탁판매송장(consignment invoice)이 있다.

3) 상업송장의 부속서류

(1) 포장명세서(Packing List)

포장명세서는 상업송장의 보조서류로서 물품의 포장별 중량이나 내용을 기재한 서류이다. 상업송장이나 용량증명서만으로 각 포장별 중량이나 내용을 판별할 수 없으므로 수입업자나 수입세관이 물품과 서류를 대조할 때 상자번호, 각 상자의 내용명세, 각 상자의 순중량(net weight) 및 총중량(gross weight), 각 상자별 포함숫자, 용적 등을 기재한 포장명세서를 요구한다. 포장명세서의 물품의 기술은 신용장이 명시된 상품의 기술과 일치하도록 일반적 용어로 기재하는 것이 좋다. 경우에 따라 상업송장의 중량단위와 포장명세서의 단위가 다른 경우도 있다. 송장에는 ton 단위로 표시하고 포장명세서는 kg으로 표시하는 경우도 있다.

(2) 증명서류

증명서류에는 수출업자가 계약상품의 선적품질을 보증하는 경우, 입증에 필요한 품질증명서(quality certificate)나 분석증명서(certificate of analysis), 농수산물 수출의 경우에 필요로 하는 농산물검사소의 검사증명서나 수산물검사소의 검사증명서(inspection certificate) 등이 있다.

6. 영사송장(Consular Invoice), 세관송장(Customs Invoice) 및 원산지증명서(Certificate of Origin)

1) 영사송장 및 세관송장

(1) 영사송장

선하증권이나 보험증권은 제3자인 선박회사나 보험회사가 발행하는 것이므로 그 자체가 훌륭한 입증력을 가지고 있는데 반하여, 상업송장은 A국의 수출업자가 수출지에서 작성하여 이것을 B국의 수입업자가 수입지에서 사용하는 사문서(私文書)이므로 그 입증력이 문제가 되고 있다. 이 때문에 수출국에 주재하고 있는 수입국의 영사가 자국행 물품의 수출업자에게 상업송장의 제출을 요구하고 화물이나 계산의 기재가 사실과 상위(相違)함이 없음을 선서시키고, 이것을 사정한 다음 그 진실성을 증명하는 관습이 일부 국가에서 생겼는데 이것을 영사송장이라고 한다.

(2) 세관송장

캐나다를 비롯하여 남아, 호주, 뉴질랜드 등으로의 수출에 있어서는 영사송장은 필요없지만 수입품에 대한 과세가격의 결정, 덤핑(dumping)의 방지 등의 목적을 위하여 특별양식에 의한 세관송장이 필요하다. 이 양식은 국가에 따라 다소 다른데 영국연방국 세관송장은 Conference Invoice Form이라고도 부른다.

2) 원산지증명서

원산지증명서는 당해 물품이 확실하게 그 국가에서 생산되거나 제조된 것이라는 것을 증명하는 공문서로서 통상은 수출국에 주재하는 수입국 영사가 발급하거나 수입국 영사가 없는 경우 기타 특별한 경우에는 수출국의 상업회의소에서 발급하는 것을 사용한다. 원산지증명서는 원래는 수입업자가 수입화물의 관세부과에 있어서 국정세률(national or general tariff) 보다 낮은 협정세률(conventional tariff)의 적용을 받기 위하여 수입업자 개인으로서 필요로 하는 것인데, 최근에는 본래의 성질이 변화하여 수입국이 덤핑방지 또는 외환관리를 위해서 필요로 하고 있고, 법규에서 원산지증명서의 제출을 강요하고 있다. 수입국 중에는 원산지증명서만을 요구하는 국가 또는 영사송장과 원산지증명서를 1통의 서식을 결합시킨 국가 등이 있다.

7. 환어음(Bill of Exchange; B/E)

1) 환어음의 개념

수출업자가 수출대금을 회수하기 위해서는 매매계약의 지급조건에 따라 송장금액에 대해 환어음을 발행하는 것이 통례이다. 환어음은 상품대금을 어음으로 지급받는 방법인데, 여기에는 무담보어음(Clean Bill)에 의하는 경우와 화환어음(Documentary Bill)에 의하는 경우의 두 가지가 있다.

(1) 무담보어음

수출업자가 선적서류를 수입업자에게 송부하고 매수인인 수입업자 앞으로 무담보어음을 발행하여 외환은행에 추심(Collection)을 의뢰하면 외환은행은 매수인의 대금지급 통지를 접한 후에 어음대금을 매도인에게 지급하는 방법인데, 후불의 일종이다.

(2) 화환어음

화환어음에 의한 결제는 어음에 상품을 표징(表徵)하는 선적서류 및 기타 필요한 서류를 첨부하여 매각대금을 융자식으로 회수하는 방법이며, 이 경우의 환어음을 화환(貨換)어음이라고 한다. 따라서 화환어음은 발행인(Drawer)이 매도인, 지급인(Drawee)이 매수인, 수취인(Payee)이 외환은행으로 되어 있는 환어음이며, 수송중의 화물을 증권화한 선적서류가 환어음의 담보물이 되어 있는 것이다.

대금결제의 실제에 있어서는 매도인은 매수인 앞으로 발행한 화환어음을 수출지의 외환은행에 매각하여 선적 후에 그 대금을 융자식으로 회수하며, 수출지의 외환은행은 매입한 어음을 수입지의 본·지점 또는 거래은행에 송부하여 지급인인 매수인으로 하여금 수입상품 대금을 어음의 만기일에 지급토록 한다.

또한 이 화환어음은 매수인이 자기의 지급능력을 보증하기 위하여 수입지의 외환은행에 의뢰하여 신용장을 개설함으로써 매도인이 발행한 어음의 인수·지급을 한층 더 보장하게 되는데, 이와 같은 어음을 신용장부화환어음(Documentary Bill under L/C)이라고 한다.

2) 환어음의 작성방법

영문의 환어음을 이용한다. 환어음은 3개권 1조(組)로 되어 있다. 제1권, 제2권 두 권은 매입의뢰를 위하여 외국환은행에 제출한다. 제1권 및 제2권은 동일한 효력이 있고 한쪽의 어음이 결제되면 다른 쪽의 어음은 효력을 상실한다. 제3권은 발행인용으로 비치한다. 환어음 작성시 필수기재사항을 누락하면 환어음의 법적 효력이 발생하지 않는다.

3) 환어음의 검토사항

(1) 회사명은 틀림이 없는가, 정당한 서명(sign)을 하고 있는가.

(2) 발행일, 발행지, 지급인명 등 어음법상의 필수기재사항이 기재되어있는가.

(3) 어음기간(일람출급, 기한부 등)이 신용장조건에 일치하고 있는가.

(4) 어음금액이 신용장잔고의 범위내인가.

(5) 어음금액이 상업송장의 금액과의 관계에 있어서 신용장조건대로인가, 어음금액은 송장금액과 동일금액(100% of invoice value)인 것이 보통이다. 다만 철광석이나 석탄 등과 같은 산적화물(bulk cargo)에서는 처음에는 개산(概算)으로 지급한 다음 잔액은 목적지에서 품질, 수량을 검사한 다음 품질과 수량이 계약조건과 일치하면 지급한다. 즉 양륙품질조건(landed quality terms) 또는 양륙중량조건(landed quantity terms)으로 거래하는 경우이다.

(6) 어음금액의 문자와 숫자가 일치하고 있는가.

(7) 발행일은 신용장 유효기간 내이고 또한 신용장에 명시되어 있는 선적일로부터 매입

일까지의 기간인가.

(8) 어음의 지급인(drawee)은 신용장조건대로 되어 있는가. 신용장 면에 "draw on bank" 처럼 on 다음에 있는 자가 지급인이 된다. 신용장에서의 지급인은 draw on us(발행은행) 또는 draw on issuing bank 처럼, 신용장발행은행을 지급인으로 하는 것이 일반적이다. 또한 상환은행(Reimbursing Bank)을 지급인으로 하며 수출자의 어음을 그대로 결제용으로 사용하는 경우도 있다.

(9) 정정(訂正)한 곳이 있는 경우 그곳에 정정인 또는 initial을 찍었는가.

(10) 수입인지가 첨부되어 있는가.

8. 수입화물 선취보증서(Letter of Guarantee; L/G)

1) 수입화물의 선취보증

수입화물이 도착하면 선박회사는 수화인에게 정식배서(duly endorsed)한 B/L을 제출하고 화물인도지시서(delivery order)를 받아 화물을 찾아가라는 화물도착통지서(Arrival Notice)를 보낸다. 그러나 해당 B/L이 화물보다 늦게 도달하는 경우가 자주 있기 때문에 이런 경우에는 눈앞에 화물을 두고 화물을 인수하지 못하게 된다.

따라서 이러한 불편을 제거하여 B/L이 없이도 수화인으로 하여금 화물을 선취득할 수 있게 하는 편법이 국제적으로 용인되어 있으니, 이것이 바로 수입화물선취보증서에 의한 방법이다. 이는 수입업자인 수화인이 화환 관계은행의 보증을 받아 L/G를 관계 선박회사에 제출하여 일단 화물을 선취득하고, 해당 B/L이 입수되는 대로 선박회사에 동 B/L을 제출한다는 書狀이다.

2) 수입화물 선취보증서(L/G) 신청

(1) 수입보증금 예치

L/G발급은 선적서류의 원본을 인도하는 것과 동일한 효과를 가지므로 수입자는 L/G발급시 수입보증금으로 L/G 금액의 일정비율을 예치해야 한다. L/G가 발행된 후 선적서류가 내도하면 L/G를 회수하기 위하여 B/L의 원본에 발행은행이 배서하고 선박회사에 제출하여 L/G를 회수한다.

(2) D/A 및 D/P 조건에 의한 L/G 발행

① D/A 조건에 의한 L/G 발행: D/A 조건에 의한 L/G를 발행하기 위하여는 (i) 수입화

물이 국내항에 도착하고, (ii) 추심 의뢰은행으로부터 관계선적서류를 발송했다거나 혹은 장차 발송하겠다는 확인 통고를 받은 후에 L/G를 발급하는 것이 원칙이다.

② D/P 조건에 의한 L/G 발행: 수입화물이 도착했으나 관계서류의 원본이 아직 도착하지 않았을 때 또는 이미 선적서류 원본이 도착했으나 분할결제를 하기 위하여 L/G를 발행하는 경우가 있다.

9. 대도(貸渡, Trust Receipt; T/R)

신용장에 의거하여 발행된 화환어음은 수입자가 그 어음의 대금을 지급하지 않고는 그 어음의 담보로 첨부되어 있는 선적서류를 입수할 수 없다. 무신용장의 D/P 어음도 그 어음의 대금을 지급하지 않고서는 선적서류를 입수할 수 없다. 또한 신용장의 유무와 관계없이 결제자금을 은행으로부터 차입하여 수입대금을 결제하는 경우에도 결제전까지는 선적서류는 은행의 담보물이다. 수입자는 선적서류가 없이는 수입통관신고를 할 수가 없고 또한 운송인으로부터 수입화물을 인도받을 수 없어 거래상 불편이 많다. 따라서 선적서류의 소유권은 담보물로서 그것을 보유하고 있는 은행에 있다는 것을 인정하고 그 선적서류를 차수(借受)하기 위하여 은행소정의 수입화물대도(T/R)신청서에 필요사항을 기재하고 은행에 제출한다. 은행은 수입화물대도와 상환으로 선적서류를 수입자에게 대도한다. 즉 수입화물대도는 은행은 담보권을 확보한 채로 수입자에게 담보화물을 대도하고 수입자는 화물매각대금으로 대금결제 또는 차입금을 상환하는 제도이다.

일람출급(at sight) 거래에서는 선적서류가 내도되면 수입대금을 지급하여야만 선적서류를 수령할 수 있으나, 금융이 일어나는 경우 및 기한부거래에 있어서는 수입대금을 일정기간 후에 지급하게 된다.

수입화물의 대도는 신용장 발행은행이 소위 자동결제기능에 따라 수입화물을 담보로 취급하게 되며, 은행은 소유권만 보유하고 수입자가 본래의 목적을 달성할 수 있도록 수입물품을 통관하여 제조, 가공, 판매할 수 있도록 하고 동 물품의 판매대금으로는 우선적으로 수입대금을 결제하도록 하는 대출행위이다. 수입화물대도(T/R)의 유형은 다음과 같다.

① 수출용 원자재 수입에 따른 T/R: 무역금융(원자재 수입자금)을 수혜하고 수입대금을 대응수출 이행시 상환토록 한다.

② 인수금융에 따른 T/R: usance L/C 또는 D/A로 수입하고 연지급기간 만기일에 수입대금을 상환토록 한다(내국수입 usance).

③ 할부지급에 따른 T/R: 외화획득용 시설재 등을 분할지급 수입하고 분할결제방식에

의거 상환토록 한다.

④ 외화대출 및 차관자금에 의한 T/R: 외화대출 또는 차관자금 공여시 당해 대출 또는 차관자금의 상환일정에 의거 상환토록 한다.

⑤ T/R Loan에 의한 T/R

제5장 해상보험

1. 해상보험의 정의

해상보험이란 해상운송 도중에 일어나는 사고에 대해서 보험자가 보험금의 지급을 통해 손해를 보상하여줄 것을 약속하고, 피보험자는 그 대가로서 보험료를 지급할 것을 약속하는 손해보험의 일종이다. 예컨대 선박운송의 경우 침몰, 좌초, 도난, 발하(拔荷), 파도, 누손(漏損), 화재, 전쟁, 동맹파업, 소요, 폭동 등이 있다. 이들 위험에 의하여 물품이 변질, 손상, 불착 등이 발생한 경우에 그 손해를 담보(cover)하는 것이 해상보험이다. 이러한 보험계약에 의하여 보험자가 위험을 인수하는 것을 「위험을 담보한다」(to bear the risk)라고 말하고, 이와 같이 인수한 위험에 기인하여 발생한 손해액을 보상하는 것을 「손해를 보상한다」(to compensate for a damage or loss)라고 한다.

영국해상보험법(Marine Insurance Act, 1906) 제1조에는 "해상보험계약은 보험자가 피보험자에 대하여 그 계약에 의해 합의된 방법과 범위내에서 해상손해, 즉 해상위험에 수반되는 손해를 보상할 것을 약속하는 계약이다"라고 되어 있으며, 제2조에는 "해상보험계약은 그 명시된 특약 또는 상관습에 의해 그 담보의 범위를 확장해서 해상 항해에 수반되는 내륙수로 또는 육상위험의 손해에 대해서도 피보험자를 보호할 수 있다"라고 규정하여 사고가 발생하는 지점이 반드시 해상이 아니라도 됨을 시사하고 있다.

또한 한국 상법은 "해상보험계약의 보험자는 해상사업에 관한 사고로 인하여 생길 손해를 보상할 책임이 있다"고 규정하고 있다.[19] 이 규정은 해상보험자의 책임을 규정함으로써 간접적으로 해상보험의 정의를 규정하고 있다.

국제물품매매의 당사자는 원거리에 있는 매수인의 소재지까지 운송도중에 많은 위험에 직면하게 된다. 이 중에서 중요한 위험은 해상위험이고 해상보험은 피보험자를 이 해상위

19 한국 상법 제693조 참조.

험으로부터 보호하는 것이 목적이다.

해상보험에서 말하는 위험이란 우연한 사고이며 우연이란 그 발생이 가능하지만 불확실한 것을 말한다.

2. 해상보험의 중요용어

1) 해상보험의 당사자

해상보험의 당사자는 이해관계에 따라 다음과 같이 구분된다.

(1) 보험자(insurer)

보험계약을 체결할 때 보험계약자에 대비되는 한쪽의 당사자이고 보험사고가 발생할 때에 보험금지급의 의무를 부담하는 자이다. 보험자는 물품의 해상운송중에 발생하는 위험을 인수하고 이들 위험에 기인한 손해가 발생하였을 경우 피보험자에게 그 손해액을 보상할 것을 계약하고 그 보수로서 보험계약자로부터 보험료를 지급 받는다.

보험자라는 호칭은 법률상 또는 계약상 권리의무의 규정 중에 자주 사용되고 있으며 아울러 보험회사나 보험인수업자의 행위 전체를 추상적으로 말하는 경우에도 많이 사용된다. 이 경우에도 보험료의 대가로서 일정한 위험을 담보하고 그 위험을 원인으로 한 손해에 대하여 금전으로 보상할 것을 약속하는 자가 보험자이다.

(2) 보험계약자(policy holder) 및 피보험자(insured)

보험계약자는 보험회사와 보험계약을 체결하고 보험료를 지급하는 자를 말한다.

피보험자는 피보험목적물에 대하여 경제적 이해관계, 즉 피보험이익을 갖고 이 피보험재산에 손해가 발생하면 보험자로부터 보상을 받는 자를 말한다. 여기서 보험계약자와 피보험자는 매매계약조건에 따라서 동일인이 될 수도 있고 다른 사람이 될 수도 있다.

CIF나 CIP계약에서는 매도인이 보험계약자가 되고 매수인이 피보험자가 된다. 그러나 실제로는 수출업자가 자기를 피보험자로 하여 보험계약을 하여 보험자로부터 보험증권을 입수한 후 배서하여 수입업자에게 양도하는 형식을 취한다.

한편 CFR이나 FOB계약인 경우에는 처음부터 매수인이 자기를 피보험자로 하여 보험자와 보험계약을 한다. 그러므로 수입업자가 보험계약자인 동시에 피보험자가 된다. 그러나 이 경우에도 수입업자가 수출업자에게 해상보험을 위탁하는 수가 있다. 그러면 수출업자가 보험계약자가 되고 수입업자가 피보험자가 되어질 수 있으며, 보험료는 도착지에서 지급된다.

(3) 보험대리점(insurance agent)

보험대리점은 보험계약의 체결을 대행한다. 보험대리점의 자격은 보험업법에 규정되어 있으나 우리나라에서는 해상보험의 대리점제도가 발달되어 있지 않아 피보험자(보험계약자)가 직접 보험회사와 협의하여 보험계약을 체결하고 있다.

(4) 보험중개인(insurance broker)

우리나라에는 보험중개인제도가 없다. 유럽, 특히 영국에서는 보험자 및 보험계약자 또는 피보험자 사이에서 보험계약체결을 매개하는 사람을 보험중개인이라고 부른다.

대리점이 보험회사를 위하여 보험회사의 대리권을 행사하는데 대하여 중개인은 보험계약자측을 위하여 보험자로부터 유리한 보험조건, 보험요율을 취득하기 위하여 활동한다. 우리나라에서는 해상보험회사의 영업담당사원이 직접 계약모집활동을 하고 있다.

2) 피보험목적물(subject-matter insured)

위험에 대하여 멸실·손상(loss or damage)을 받을 우려가 있는 대상물을 피보험목적물 또는 보험목적물이라고 한다. 즉 피보험목적물이란 보험사고가 발생하는 객체를 말하고 해상적화보험에서는 화물이 이에 해당한다. 해상보험에서 말하는 화물의 내용은 다종다양하며 각종의 상품 및 동산 외에 귀금속, 보석, 생동물, 어류, 공사채, 화폐 등의 유가증권류 등이 포함된다. 이와 같이 화물은 상품성을 갖춘 동산 전반을 의미하는데, 선내에서 소모되는 식료품, 저장품 또는 선원의 장식품은 화물의 범주에 포함되지 않는다.

3) 피보험이익(insurable interest)

보험에는 반드시 피보험자가 보험의 목적물과 재산상의 이해관계가 있어야 하며, 이런 재산상의 이해관계를 보호함으로써 특정인이 갖게 되는 이익을 피보험이익이라고 한다.

예컨대 화주(shipper 또는 consignee)에 있어서는 화물의 소유자이익이 피보험이익이고 동시에 그 화물을 수화인(consignee)이 제3자에게 전매하게 되면 전매희망이익도 또한 또 다른 피보험이익이 된다.

화물의 매도인 또는 매수인이 갖고 있는 소유권은 화주로서의 피보험이익으로 보험에 부보되는데, 이 매매계약에 중개인(broker)이 개입하면 그 중개인은 중개수수료의 취득이익을 피보험이익으로서 보험에 부보할 수 있다. 이 밖에 무역거래관계자가 보험의 목적인 화물에 각자의 입장에서 각종의 피보험이익을 갖게 된다. 이러한 동일 화물에 병존하는 피보험이익의 구체적인 예로는 다음과 같은 것이 있다.

(1) **희망이익**(imaginary profit): 희망이익이란 적화품이 수입지에 도착되어 전매되었을 때 얻어질 수 있다고 외국의 매수인이 예상하는 이익을 말한다.

예컨대 CIF계약의 경우에는 CIF송장(invoice)상 가액의 10%를 희망이익으로 하여 통상의 적화보험(화주의 소유자이익을 피보험이익으로 하는 보험)과 함께 부보한다.

(2) **증가**(increased value): 항해 중에 화물의 가액(시가)이 등귀한 경우, 당초의 가액과의 차액을 화물에 대한 보험과는 별개로 증가보험(increased value insurance)으로서 부보한다.

또한 매매가격이 매일 변화하는 국제상품(양모, 대두, 원면, 사탕 등)에 대해서는 "Peak Cover Clause"에 의하여 항해 중 상품가액이 상승한 경우 자동적으로 그 최고가격(peak value or price)을 보험금액으로 한다는 취지의 특약을 체결한다.

(3) **중개수수료**: 화물의 매매계약에 중개인이 개입하는 경우, 중개인은 화물의 멸실에 의하여 수수료의 취득이 불가능하게 된다. 이러한 중개인의 수수료 수익도 피보험이익으로서 부보할 수가 있다.

(4) **수입세**: 화물이 파손상태로 수입되어도 그 손해의 비율에 따라 종량세나 종가세가 감액된다고는 할 수 없다. 따라서 수입세액이 높은 화물에 대해서는 화물의 손상에 의한 수입세의 손실을 부보할 필요가 있다.

(5) **후불운임**(collective freight): 선불운임(prepaid freight)은 송장상 가액에 포함되는데, 후불운임은 전기의 수입세와 마찬가지로 화물이 손상을 입고 도착되어도 정상품과 동액의 운임을 지급하여야 하므로 그 경우에 대비하여 화주는 운임보험(freight contingency insurance)을 부보한다.

4) 보험가액(insurable value)과 보험금액(amount insured)

보험가액이란 피보험이익에 대한 주관적 이해관계를 객관적으로 평가한 금액으로서 구체적으로 적화, 선박, 운임 등 피보험목적물의 경제적 가치, 즉 보험사고가 발생한 경우에 피보험자가 입게 되는 손해액의 최고한도액을 뜻한다.

보험금액이란 보험계약 체결시 피보험자가 실제로 보험에 가입한 금액으로서 보험자의 입장에서는 손해배상의 최고책임한도액이 된다.

보험금액은 보험가액의 범위내에서 자유로이 정할 수 있다. 양자가 동일한 경우를 전부보험(full insurance), 보험금액이 보험가액보다 적은 경우를 일부보험(under insurance),

반대로 보험금액이 보험가액보다 큰 경우를 초과보험(over insurance)이라 한다. 또한 두 번 이상의 별도의 보험계약이 체결되고 그 보험금액의 합계가 보험가액을 초과할 때 이를 중복보험(double insurance)이라고 하는데, 이는 초과보험의 일종이다.

5) 보험금(claim amount)

보험금은 담보위험에 의하여 손해가 발생한 경우 보험자가 피보험자에게 지급하는 금액으로 손해보상액을 말한다. 전부보험인 경우에는 보험사고가 발생한 경우 손해액 전액을 보험금으로 지급하지만, 일부보험의 경우에는 법령이나 보험약관에 따라 보상방법이 달라진다.

보험금이 반드시 실제손실액과 같지 않을 수 있는데, 그것은 해상보험계약은 계약당사자가 상호 합의한 방법과 범위로 손해보상이 이루어지기 때문이다.

6) 보험료(insurance premium)

보험료는 보험자가 담보위험에 의하여 피목적물에 손해가 발생했을 경우 피보험자에게 보험금을 지급하겠다고 확약한 대가로 보험계약자에게서 받는 대금으로서, 보험계약 성립의 기초가 된다. 보험료는 일반적으로 보험계약의 체결시에 확정되지만, 경우에 따라서는 계약체결 후에 협정되기도 한다. 그러나 보험료가 확정된 경우라 하더라도 위험이 개시된 후 계약당시의 위험에 현저한 변동이 있을 경우에는 그에 상당하는 만큼 보험료를 추징하거나 환급할 수 있다.

보험료는 보통 보험가입금액에 대한 백분비로 표시되며 이 비율을 보험요율이라고 하는데 이 비율에 보험가입금액을 곱하여 보험계약자가 부담하여야 하는 보험료를 산출한다. 보험요율은 그 산정방식에 따라 보험자가 경험을 통한 독자적 판단에 의해 산정하여 적용하는 자유요율과 보험자 상호간에 보험요율을 협정하거나 법령에 따른 소정의 방식에 의해 산정하여 공동으로 적용하는 협정요율로 구분할 수 있다.

7) 위험(risk)

위험(perils or risk)이란 재해 또는 사고를 말한다. 우연적으로 발생하는 위험이 보험의 대상이며 필연적으로 발생하는 위험은 보험의 대상이 아니다. 해상위험은 항해에 기인하고 항해에 부수하여 발생하는 사고를 말한다. 해상위험에는 보험자가 담보할 수 있는 위험과 담보할 수 없는 위험이 있다.

영국 해상보험법에서의 해상위험이란 항해에 기인 또는 부수하는 위험, 즉 해상 고유의 위험,[20] 화재, 전쟁위험, 해적, 표도(剽盜), 강도, 포획, 나포, 군주 및 국민의 억지 또는 억류, 투하, 선원의 악행과 그리고 상기의 여러 위험과 동종의 위험 또는 보험증권에 기재되는 기타의 모든 위험을 말한다.

8) 담보와 보상(to cover & to pay)

보험자가 손해발생의 가능성, 즉 위험을 부담하는 것을 일반적으로 담보(cover)한다고 말하며, 위험의 발생에 의해서 생긴 손해를 부담 또는 지급하는 일을 보상(pay or indemnity)한다고 말한다. 그러나 영국 해상보험법상의 담보(warranty)란 특정조건의 준수를 보증하는 보험계약자에 의한 약속이다. 예컨대 '보험계약자는 화물이 전문적으로 포장되는 것을 담보한다'로 기재되어 있는 계약상의 문언은 화물이 그와 같이 포장되는 것을 명시적으로 약속하는 것이다.

명시담보란 계약서에 실제로 기재된 특정의 행위를 이행한다는 약속이다. 이 약속이행을 게을리하는 것은 피보험자에게 중대한 결과를 초래하게 할 것이다.

묵시담보에서 묵시(implied)라는 말은 그 점에 대한 실제의 규정이 계약상에 나타나 있든지 나타나 있지 않든지 불문하고 법이 이들의 담보가 계약에 포함되어 있다고 간주하는 것을 의미한다. 해상보험에서는 내항성 담보(warranty of seaworthiness)와 적법담보(warranty of legality)의 두 가지 묵시담보가 있다.

3 해상손해

해상에서의 화물손해는 적화품이 해상운송중 우연히 일어나는 해상위험(maritime perils)으로 입은 손해의 정도와 그 손해를 누가 부담하느냐에 따라 [그림 3-4]와 같은 종류로 구분할 수 있다.

1) 전손

적화보험에 있어서 전손은 피보험이익을 구성하는 피보험목적물인 화물이 전체로서 물리적 또는 경제적으로 그 가치를 상실한 것을 말하는데, 화재로 인하여 완전소실되어 화물 자체의 형태가 없어져 버린 경우, 경제적으로 원래의 가치를 회복하는 것이 전혀 불가능하게 된 경우 등이다.

---

20 해상 고유의 위험은 그 원인으로서 폭풍우, 농무, 유빙, 조류, 암초 기타 풍파 등을 들 수 있다. 사고의 형태로서는 침수, 파선, 난파, 침몰, 좌초, 충돌 등을 들 수 있다.

그림 3-4 화물손해의 분류

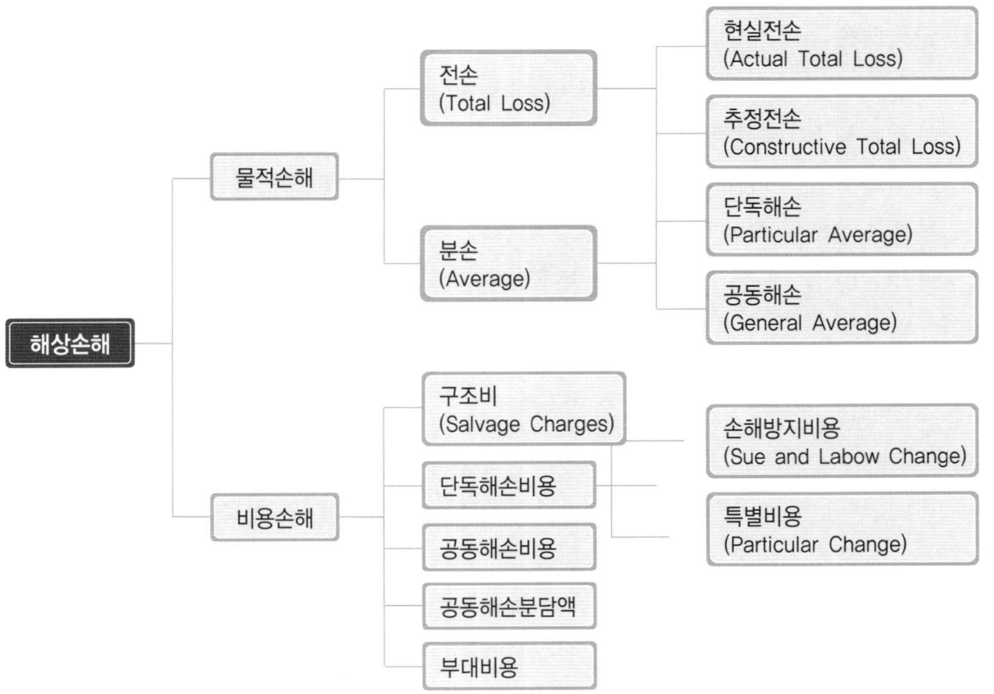

즉, 전손은 피보험이익의 전부에 손해가 발생한 경우를 말하고 피보험자는 보험금액의 전액을 회수할 수가 있다. 전손은 발생형태에 따라 현실전손(actual total loss) 및 추정전손(constructive total loss)으로 나누어진다.

(1) 현실전손

현실전손은 보험의 목적물이 파괴되어 상품가치가 완전히 없어질 정도로 손해를 입었을 때 또는 피보험자가 피보험목적물의 점유권이 박탈되어 이를 회복할 수 없을 때 또는 위험에 당면한 선박이 행방불명되었을 때 또는 상당한 기간이 경과되어도 그 소식을 알 수 없을 때는 현실전손이 있었던 것으로 간주한다.

(2) 추정전손

추정전손은 피보험목적물이 현실적으로 전멸하지 않았으나 그 손해 정도가 심하여 종래 그 목적물이 가진 용도에 사용할 수 없게 되었을 때와 그 수선 및 수리비가 수선 후 그 목적물이 갖는 시가보다 클 때를 말한다. 추정전손이 발생하였을 때 피보험자는 그 피보험물에 대해서 갖는 일체의 권리를 보험자에게 이전하여 보험금의 전액을 청구할 수 있는데 이것을 위부(委付; abandonment)라고 한다.

2) 단독해손

단독해손 또는 단독해손 손해(particular average loss)란 「피보험위험으로 인하여 일어난 피보험목적물의 분손이며 공동해손(손해)이 아닌 것을 말한다」고 정의되어 있다.[21] 분손(partial loss)이란 피보험목적물이 담보위험에 의하여 손해를 입었을 때 그 손해의 정도가 일부분의 손해에 지나지 않는 경우를 말한다. 전부손실의 전손과 대비되며 전손(현실전손, 추정전손) 이외의 손해는 모두 분손에 포함된다. 분손 중 공동해손이 아닌 것을 단독해손이라 한다.

3) 공동해손

공동해손의 본질은 선박, 적화, 운송비가 공동의 위험에 직면하였을 때 이 위험을 면하기 위하여 선장 또는 선장대리인이 피보험목적물에 대하여 고의 또는 합리적으로 가한 이례적인 희생적 조치에 의하여 발생한 손해 또는 피보험목적물에 관하여 정당하게 지출한 이상(異常)비용이 있는 경우에, 이들의 희생 또는 비용이 이것 때문에 구조된 재산(선박, 적화, 운송비)에 의하여 부담되는 것을 말한다.

제6장 클레임과 중재

1. 클레임의 개요

1) 클레임의 의의

국제무역거래에서 클레임(claim)이란 매매계약의 한 당사자가 계약을 위반함으로써 계약의 다른 당사자, 곧 손해를 입은 측(claimant)이 그 손해를 일으키게 한 측(claimee)에게 손해배상을 청구하는 것을 말하며, 단적으로 표현해서 무역에 관한 병(disease in trade)이라고 할 수 있다.

클레임은 계약당사자 중 어느 한편이 상대방에게 제기할 수 있으나, 클레임의 거의 90% 이상은 수입업자가 수출업자에 대하여 제기한다. 가끔 어느 한편이 고의적으로 클레임을

21 영국해상법 제64조 (1).

야기시키는 경우도 있으나 대개는 각국의 언어, 관습, 법률 및 문화배경의 차이에서 야기되는 불명확한 의사소통에 기인하는 것이 많다.

2) 클레임의 청구내용

전술한 바와 같이 클레임은 국제무역거래에서 피해자가 가해자에게 피해의 보상을 요구하는 것으로, 그 청구내용은 금전의 청구, 금전 이외의 방법에 의한 청구 및 양자를 합한 청구 등으로 대별할 수 있다.

첫째, 금전의 청구로는 ① 대금지급의 거절, ② 손해배상금 청구, ③ 해약변상금 청구, ④ 대금감액의 청구 등이 있다.

둘째, 금전 이외의 청구로는 ① 잔여계약의 해제, ② 계약이행의 청구, ③ 물품의 인수거절, ④ 대체품의 청구, ⑤ 부족분의 추가송부 등이 있다.

셋째, 금전의 청구와 금전 이외의 청구를 합하여 청구하는 경우는 예컨대, 대체품을 송부하되 상기(商機)를 놓치거나, 현지의 수요자에 대한 인도의 지연에 따른 과징금으로서의 손해배상금을 함께 청구하는 것 등이다.

3) 클레임의 발생원인

무역클레임의 발생원인을 보면 대략 다음과 같다.

(1) 품질에 관한 것: 품질불량(inferior quality), 품질상위(different quality).

(2) 수량에 관한 것: 출하부족(short shipment), 착하부족(shortage), 감량(diminution).

(3) 인도에 관한 것: 선적불이행(non-delivery), 하역손상(stevedore damage), 선적지연(delayed shipment), 포장불완전(incomplete packing).

(4) 가격·결제에 관한 것: 가격조정(price adjustment), 초과지급(overpayment), 재포장비(repacking charge), 반송비(expense for return).

(5) 서류에 관한 것: 부정송장(incorrect invoice), 기재사항의 상이(misdescription).

(6) 계약에 관한 것: 계약불이행(breach of contract), 계약취소(cancellation).

(7) 기타에 관한 것: 그 밖의 클레임으로는 수출입국법규에 관한 것, 보험에 관한 것 등이 있다.

4) 클레임의 방지대책

국내상거래와 마찬가지로 무역거래는 상호신뢰를 그 바탕으로 삼아야만 한다. 상품의 공급자는 신의성실의 원칙(principle of sincerity and truthfulness)에 입각하여 확신할 수 있는 상품의 공급, 양심적인 검품(檢品), 포장, 선적의 이행에 성실을 다해야 함은 당연하다. 이러한 당연한 행위가 바로 클레임 발생의 근원을 단절하는 데 직결되는 것이다.

클레임의 방지대책으로서는, 우선 철저한 신용조사 내지 시장조사의 이행이 요긴하다. 상대국의 풍속, 상관습, 무역관계법규, 통상정책에 관해서 충분히 연구·숙지해야 한다.

또한 매매계약에 관한 각종 거래조건에 대해서도 정확한 지식과 신중한 배려가 필요하다. 즉 국제매매관습과 국제규칙 등에 대해서 정통·숙지해 두어야 한다.

그리고 계약조건에 「화물의 도착 후 15일 이내에 클레임을 제기해야 한다」라고 하는 등, 클레임제기의 기한을 비롯해서 클레임해결에 관한 조건을 완비하는 것도 유효한 분쟁방지책의 하나이다.

그 밖에 운송화물의 성질에 따라서, 적절한 포장의 검토, 운송경로의 검토 및 화물의 성질이나 운송경로에 적합한 부보조건 등도 검토해야만 한다.

5) 클레임의 해결방법

무역클레임은 법원을 통한 분쟁해결 즉 소송(Litigation)보다 「대체적 분쟁해결방법」(ADR; Alternative Dispute Resolution)인 화해, 알선, 조정, 중재 등으로 해결하는 것이 관례이다.

(1) 클레임의 포기(waiver of claim)

클레임이 액수도 적고 다루기에 미미한 클레임에 대해서는 이를 포기하고 단순경고(warning)함으로써 다음부터는 하지 않도록 주의를 촉구하는 방법이다. 이 경우는 피해자가 일방적으로 가해자에게 클레임제기를 철회(withdrawal)함으로써 일단락되는 것이다.

(2) 타협(compromise)

당사자간의 직접교섭에 의하여 합리적인 타협안을 모색함으로써 제3자의 개입없이 원만하게 해결(amicable settlement)하는 방법이다. 클레임의 해결을 가급적 당사자간의 타협과 화해를 통하여 매듭짓는 것이 응어리를 남기지 않고 가장 바람직한 것이라 할 수 있다.

(3) 알선(intercession; arrangement)

당사자의 일방 또는 쌍방의 의뢰에 의하여 국제상공회의소, 대사관 등 공정한 제3자가 개입하여 클레임의 원만한 해결을 위하여 조정해주는 경우이다. 알선은 강제력은 없지만 알선을 담당하는 제3자가 유력하거나 당사자에게 영향력을 행사할 수 있는 경우에는 성공률이 높다.

(4) 조정(conciliation; mediation)

당사자의 쌍방이 공정한 제3자를 조정인(conciliator)으로 선정하여 이 조정인이 제시하는 조정안에 대하여 합의함으로써 클레임을 해결하는 방법이다. 조정은 중재의 전단계로서 실제로 가장 많이 쓰이며, 현재 대한상사중재원에 접수되는 건들 중에도 이와 같은 중간 조정인(mediator)에 의해 조정되는 예가 가장 많다.

조정인은 대개 해당 분야의 전문적 지식과 경험이 풍부하고 신용이 있는 자들로 선임하며, 조합, 협회, 학회 및 사계(斯界)의 권위자로 구성된다. 이렇게 구성된 조직위원회는 분쟁내용을 판단하기보다는 화해로 해결하도록 조정하는 데 주목적이 있다. 따라서 중재보다는 절차가 간편하나, 조정안의 수락 여부가 당사자의 자유의사에 속하므로 구속력이 없는 것이 단점이라 하겠다.

(5) 중재(arbitration)

중재는 분쟁의 당사자들이 제3자를 중재인(arbitrator)으로 선정하여 중재인의 판정에 복종함으로써 클레임을 해결하는 방법이다. 이에 대해서는 다음에서 자세히 살펴보고자 한다.

(6) 소송(litigation)

앞서 설명한 방법들에 의해 클레임을 해결하지 못하면 최후 단계로 소송을 통하여 클레임을 해결할 수밖에 없다.

소송이란 당사자의 일방이 국가기관인 법원에 제소함으로써 법원의 판결에 의하여 강제적으로 분쟁을 해결하는 방법이다. 소송에 의한 해결방법은 많은 시간과 경비의 부담이 있고, 또 상대방이 타국에 있기 때문에 그 법적 효력이나 강제집행상에 많은 문제점들이 있어 이 최후수단은 많이 이용되지 않고 있다.

따라서 이 강제적 수단이 지니는 부정적 면들을 고려하여 당사자간의 원만한 타협에 의해 해결하든가 아니면 중재로 신속히 해결할 수 있도록 합의하는 것이 바람직하다.

2. 중재제도

1) 중재(arbitration)의 의의

중재는 당사자간의 합의로 사인(私人)인 제3자를 중재인(arbitrator)으로 선정하고 그에게 구속력 있는 판정(award)을 구함으로써 최종적인 해결을 기하는 자주적인 분쟁해결방식이다.

우리나라의 중재법에서는 「이 법은 당사자간의 합의로 사법상의 분쟁을 법원의 판결에 의하지 아니하고 중재인의 판정에 의하여 신속하게 해결함을 목적으로 한다」라고 규정하고 있다.[22]

말하자면 중재란 재판소 이외의 장소에서 재판관 이외의 사인인 중재인이 행하는 합법적인 사적 재판(私的裁判)이다. 판결에 대신하여 판정이 내려지고 이 판정의 집행에 대하여 국가가 강제력을 갖는다.

2) 중재제도의 장점

중재제도는 소송과 비교할 때 다음과 같이 많은 장점을 가지고 있다.

첫째, 중재는 분쟁을 신속히 해결한다.

보통 소송은 3심제의 절차를 밟게 되는 데 반하여, 중재는 단심제이므로[23] 매우 짧은 단계를 거쳐서 최종판정에 도달하게 된다.

또한 중재제도는 당사자들의 합의에 의하여 중재계약에서 그 기간을 명시하여 단축시킬 수 있으며, 그렇지 아니한 경우에는 3개월 이내에 중재판정이 내려지도록 규정되어 있어 분쟁해결의 신속성이 강조되고 있다.

둘째, 중재는 비용이 적게 든다.

중재는 분쟁을 신속하게 해결함으로써 그만큼 비용을 절약하게 된다. 또한 법원에서 소송에 의한 경우에는 위탁변호사보수, 소송기간의 연장에 따라 비용이 많이 소요되나, 중재의 경우에는 이러한 비용이 많이 절약된다. 특히 상설중재기관의 경우에는 미리 합리적으로 책정된 중재요금표가 작성·공표되어 있어 경제적이다.

셋째, 중재는 법관(중재인)을 실정에 맞게 선정할 수 있다.

현재 대한상사중재원의 중재인단은 실업계, 법조계, 학계, 공공단체 및 기타 단체의 조사기구의 대표자, 공인회계사, 주한외국인상사의 대표자들로부터 엄선된 다수의 인사들로 구성되어 있다. 따라서 분쟁 당사자들은 중재인을 이 중재인 명부에서 선정하여 그 전문적 지식을 활용할 수 있다.

넷째, 중재는 비공개리에 진행된다. 법원의 소송절차는 공개주의에 의하여 진행되므로 기업의 사업내용과 경영상의 기밀이 외부에 누설될 위험이 있으나, 중재에 있어서는 심문절차의 비공개를 원칙으로 하기 때문에 모든 사업상의 기밀이나 회사의 대외신용을 계속 유지할 수 있다.

---

22 중재법 제1조.

23 중재법 제12조.

다섯째, 중재는 판정효력을 국제적으로 미칠 수 있다.

재판은 국가공권력의 발동이므로 원칙적으로 재판관할권을 넘어서, 곧 국경을 초월하여 그 효력을 미칠 수 없으나, 중재는 민간인의 자주적인 분쟁해결방법이기 때문에 국제조약이나 상사중재협정에 따라서 국제적으로 그 효력을 미칠 수 있다.

여섯째, 중재는 평화적인 분위기 속에서 진행된다.

법원에서의 소송절차는 제소(提訴; complaint)와 소환(召喚; summons)의 수단에 의하여 위압적인 분위기 속에서 진행되나, 중재는 상호교섭과 평화로운 분위기 속에서 진행된다.[24]

3) 중재의 수속절차

당사자의 자주적인 해결방법으로서의 사적 재판이라는 성격을 지닌 중재는

① 당사자의 합의에 의하여 성립하고,

② 재판을 받을 수 있는 권리를 포기해야 하며,

③ 제3자인 중재인의 판정은 최종적인 것이고 당사자는 그 판정에 복종해야 한다는 것이 그 기반을 이루고 있다.

그리고 이러한 요건들을 터전으로 하여 당사자간의 분쟁 해결을 중재인에 의한 중재판정에 복종함으로써 해결할 것을 목적으로 하는 중재계약(arbitration agreement)이 체결된다.

중재계약에는

① 매매계약서에 미리 중재약관(arbital clause)을 삽입하여 앞으로 만약 거래상의 분쟁이 발생할 경우에는 중재에 회부한다는 취지의 합의를 해두는 방법과

② 실제로 분쟁이 발생한 연후에 당사자가 중재에 위탁한다는 취지의 합의를 보는 부탁계약(submission agreement)이 있다.

한편, 분쟁에 대한 중재의 절차는 아래의 순서에 따라 진행된다.

① 중재계약에 따라 당사자들은 중재기관에 중재신청을 한다.

② 중재신청을 접수한 중재기관은 신청인과 피신청인에게 각각 등록통지를 한다.

③ 중재기관은 먼저 조정의 절차를 거치게 되나, 이의 실패시에는 중재장소에 대한 합의와 중재인의 선정을 한다.

---

[24] C. M. Schmitthoff. *op. cit.*, pp.646~648.

그림 3-5 상사중재절차

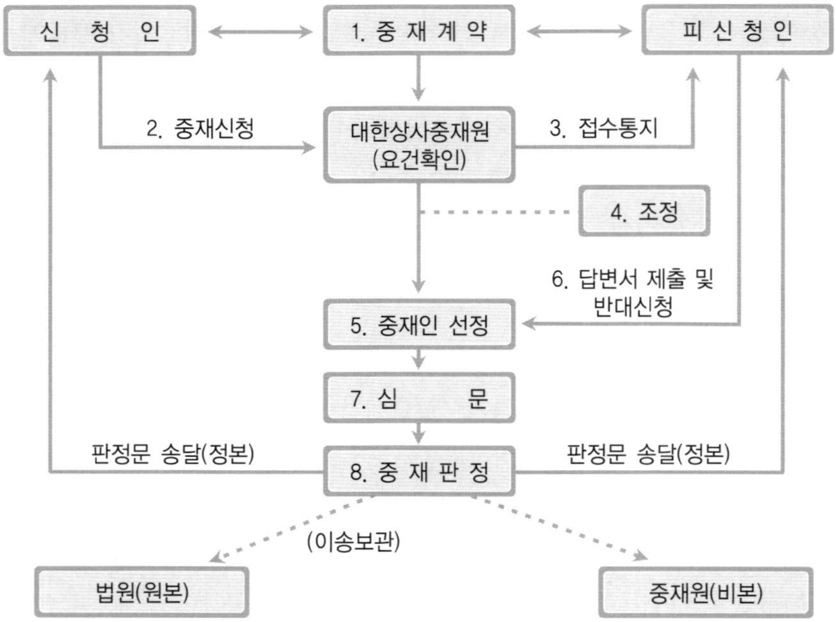

자료: 한국무역협회

④ 선정된 중재인은 당사자들의 주장과 증거에 의거하여 양당사자를 심문·판정한다.

⑤ 중재인은 판정문을 양당사자에게 송부하고 또한 법원에 판정문을 이송·보관한다.

중재인은 심문이 종결되는 대로 판정을 신속히 해야 하며, 중재판정부는 당사자의 합의 또는 별도의 규정이 없는 한, 심문일로부터 30일 이내에 판정을 내려야 한다.

4) 중재의 판정

중재판정이란 중재계약의 당사자가 부탁한 분쟁의 해결을 위하여 중재인이 내리는 최종적인 결정(final decision)을 말한다.[25] 중재판정은 양당사자들을 구속하기 때문에 공평하고 정당하면서 확정적으로 판정이 되어야 한다.

그러나 중재인은 중재계약의 범위 내에서 판정을 내려야하므로 그 범위를 벗어날 때는 효력이 인정되지 아니한다. 따라서 중재인은 그 범위 안에서 계약의 이행은 물론 공정하고 정당한 배상이나 기타의 구제 등에 관하여 명할 수 있다. 또한 중재인은 판정에서 책임

25 고범준, 「국제상사중재법해의」, 대한상사중재원, 1991, p.148.

있는 당사자에게 중재에 필요한 비용의 부담을 명하여야 한다.

한편, 중재판정은 중재계약에 별도의 규정이 있는 경우를 제외하고는 중재인이 여러 명인 경우에는 그 과반수의 찬성으로써 판정하게 되는 것이 통례이다.

5) 중재판정의 효력과 집행

중재판정이 확정되면 당사자간에 있어서는 법원의 확정판결과 동일한 효력을 가진다.[26] 따라서 중재판정이 형식적으로 확정되면 중재인이라 하더라도 자기가 내린 중재판정을 철회하거나 변경할 수 없다. 특히 우리나라의 중재법에서는 중재판정문의 원본을 법원에 이송·보관하도록 함으로써 나중에 중재인 또는 중재기관에 의한 변조(變造)나 수정을 방지하고 있다.

한편, 중재판정이 법원의 확정판결과 동일한 효력을 인정받고 있지만 중재판정의 기판력(旣判力)은 본안(本案)의 종국판정(終局判定)에 대해서만 발생하는 것이므로 강제집행을 위해서는 그 절차의 기본이 되는 채무명의(債務名儀)를 얻어야 하며, 이를 위하여 따로 법원의 집행판결을 받아야 한다.

또한 중재판정은 판정이 내려진 장소가 국내인가 또는 외국인가에 따라서 국내중재판정과 외국중재판정으로 구분할 수 있다. 이처럼 중재판정을 구분하는 이유는 판정의 궁극적인 성질인 집행의 문제 때문이다.

국내중재판정의 집행은 우리나라의 경우 당사자간에서는 법원의 확정판결과 동일한 효력이 있기 때문에 집행도 법으로써 보장하고 있다. 그러나 중재판정은 준사법적(準司法的)인 절차에 의한 결과이고 또한 비법률가인 중재인에 의해 절차가 적용되었다는 점에서 그 절차의 적법성에 대한 법원의 심사를 받도록 하고 있다.

한편, 외국중재판정은 우리나라에서 상호주의원칙(相互主義原則)에 따라 다루어지게 되는데, 외국중재판정이 사법상의 과정을 준수한 것이고 해당국내에서 판정취소의 소송이 계류되어 있지 않을 것을 전제로 그 집행이 허용될 수 있다.

그리고 법원의 확정판결은 여하한 경우에도 취소될 수 없는 데 반하여 중재판정은 일반법원의 판결에 의하여 취소될 수가 있다. 왜냐하면, 법원의 확정판결은 법관에 의하여 엄격한 소송절차를 거쳐 내려진 것이지만, 중재판정은 간이절차(簡易節次)에 따라서 중재인이 내리기 때문에 불공정하게 적용될 가능성이 있기 때문이다.

중재판정이 법원의 판결에 의하여 취소가 될 경우에는, 중재의 결과는 무효가 된다. 즉,

26 중재법 제12조.

중재의 전체 절차상에 하자가 있는 것이기 때문에 선정된 중재인들은 처음 단계부터 중재를 다시 진행하여야 한다.

6) 중재에 관한 국제협약

무역은 국제거래이므로 중재판정의 집행이 타국에 있어서 그 효력을 미칠 수 없다면 의미가 없게 된다. 이러한 점을 감안하여 국제협력을 이룩하기 위한 몇가지 중재에 관한 국제조약이 체결되고 있다.

(1) 제네바의정서

1923년에 체결된 중재에 관한 첫 번째의 다국간조약이며, 정식으로는 「중재조항에 관한 의정서」(Protocol on Arbitration Clauses)라고 한다.

(2) 제네바협약

1927년에 서명된 「외국중재판정의 집행에 관한 협약」(Convention on the Execution of Foreign Arbitration Awards)이며, 자국영내(自國領內)에서 행하여진 중재판정의 집행을 보장한다는 제네바의정서보다 한 걸음 나아가 외국에서 행하여진 중재판정의 승인과 집행을 보증하려고 하는 협약이다.

(3) 뉴욕협약(New York Convention)

1958년에 뉴욕의 UN본부에서 체결된 「외국중재판정의 승인 및 집행에 관한 협약」(Convention on the Recognition and Enforcement of Foreign Arbitral Awards)이며, 제네바협약의 규정이 중재판정의 승인·집행의 요건에 있어서 복잡하고 충분히 실효를 올리지 못했던 것을 수정한 것이다.

이 협약은 뉴욕에서 채택되었기 때문에 뉴욕협약(New York Convention)이라고 약칭하기도 하는데 세계의 주요 국가들이 대부분 회원국으로 가입되어 있다. 우리나라는 1968년 3월 뉴욕협약에 그 가입을 위한 서명을 한 후 1973년 5월 9일자로 42번째의 회원국이 되었다.

뉴욕협약은 전문 16조로 되어 있으며, 중재판정의 승인 및 집행뿐만 아니라 중재계약의 승인 및 집행도 규정하고 있다.

또한 중재판정의 승인 또는 집행의 청구인은 중재합의서와 중재판정문을 해당법원에 제출함으로써 집행청구측의 입증책임이 완료되며, 이를 거부할 수 있는 입증책임은 피청구인측에 있도록 규정함으로써 집행판결 방해요소를 제약하고 있다.

그리고 집행판결 거부에 관하여서도 중재판정의 이유가 없는 것은 거부사유가 되지 못하도록 규정함으로써 판정이유에 관한 각국간의 이의를 배제하였으며, 중재에 관한 준거법(準據法)의 문제에 있어서도 당사자 자치원칙(當事者 自治原則)을 우선하도록 하고 있다.

그 밖에 전술한 국제협약 이외에도 2국간에서 중재협정을 체결하고 있는 경우가 있는데, 이 경우에도 2국간의 당사국끼리는 중재도 효력을 발생하게 된다.

3. 전자무역의 클레임과 대체적 분쟁해결(ADR)

1) 전자무역의 클레임

(1) 전자무역 클레임의 특징

오프라인 무역에서 발생하는 클레임의 경우 주로 상사중재를 통하여 해결하고 있다. 최근 전자무역이 활성화되면서 전자무역 클레임도 증가하고 있다. 이것은 무역거래가 온라인상에서 이루어져서 거래의 속도가 빠르고 거래범위도 전 세계적이며, 법률적 요인 이외에 기술적 요소가 포함되어 거래가 복잡하기 때문이다. 아직 국제적인 상사중재규칙이 제정되지 않아 해결하기 어려운 특징이 있다.

(2) 전자무역 클레임의 종류

전자무역의 클레임에는 매매당사자가 합의하여 체결한 무역계약을 어느 한 쪽이 위반하여 발생하는 경우, 매매당사자간에 어떠한 무역계약도 체결하지 않았음에도 불구하고 어느 한 쪽이 상대방의 권리와 이익을 침해하여 발생하는 경우, 전자무역의 특성상 발생하는 경우 등 세 가지가 있다.

① 무역계약위반에 따라 발생하는 클레임: 오프라인무역의 클레임과 유사하고 주로 계약상품의 미도착, 인도지연, 계약과 다른 물품의 인도, 상품의 품질불량 등으로 발생하는 클레임

② 무역계약의 근거 없이 발생하는 클레임: 컨텐즈 내용, 지적재산권, 이-메일 네임 등 기술적 내용에 의거하여 발생하는 클레임

③ 전자무역의 구조 및 특성으로 발생하는 클레임: 웹사이트 구축에 따른 클레임, 웹사이트 주소, 이-메일 네임, 지적재산권에 관한 클레임, 조작실수 및 전자문서의 인증에 관한 클레임, 전자결제에 관한 클레임

2) 전자무역 클레임의 해결

전자무역의 경우에도 법원을 통하여 클레임을 해결하려는 소송보다 대체적 분쟁해결

(Alternative Dispute Resolution; ADR)로서 인터넷을 통한 이-메일 클레임제기 시스템, 사이버조정 시스템, 사이버중재 시스템 등이 있다.

우리나라에서는 전자거래진흥원의 전자거래분쟁조정위원회에서 온라인에 의한 분쟁 조정서비스를 제공하고 있다. 상품 및 서비스의 온라인과 오프라인에 의한 국내외 거래에서 발생한 클레임을 온·오프라인 방법으로 조정하고 있다.

부록

비즈니스 모범 양식
(Business Model Form)

(Model Form 1) Agreement on General Terms and Conditions
(Model Form 2) Offer Sheet
(Model Form 3) Sales Note
(Model Form 4) Purchase Order
(Model Form 5) Reverse of Purchase Order
(Model Form 6) Irrevocable Letter of Credit
(Model Form 7) Bill of Lading
(Model Form 8) Bill of Lading
(Model Form 9) Letter of Indemnity
(Model Form 10) Commercial Invoice
(Model Form 11) Certificate of Origin
(Model Form 12) Bill of Exchange
(Model Form 13) Letter of Guarantee
(Model Form 14) Certificate of Marine Cargo Insurance

Model Form 1 Agreement on General Terms and Conditions

AGREEMENT

April 8, 2016

BETWEEN

A & Co., Ltd. ······as the seller

B & Co., Ltd, ······as the buyer

1. Business: Business shall be conducted as Principal to Principal, i.e. both Sellers and Buyers shall act one their own account and responsibility.

2. Goods: Goods in business, their unit to be quoted, and their mode of packing shall be stated in the attached list.

3. Prices: Unless otherwise specified in cables or letters, all prices submitted by "A" or "b" shall be understood C.I.F. New York in U.S. Dollars.

4. Offers: All cable offers are to be considered "firm" subject to reply within the period stated in respective cables. When "immediate reply" is used, it shall mean that a reply is to be received within three days from and including the day of the despatch of a firm offer. In either case, however, Sundays and all official bank holidays are excepted.

5. Orders: Except in cases where firm offers are accepted by "B", no orders are binding until acknowledged by "A."

6. Letter of Credit: Banker's Confirmed Letter of Credit shall be opened in favor of "A" immediately upon confirmation of sale; credit shall be made a available twenty one(21) days beyond the contracted time of shipment in order to provide against unavoidable delay in shipment.

7. Payment: Drafts shall be drawn under credits at thirty(30) days after sight, documents attached, for the full invoice amount.

8. Shipment: All goods sold in accordance with this Agreement shall be shipped within the stipulated time. The date of Bill of Lading shall be taken as conclusive proof of the day of shipment. Unless otherwise agreed upon, the port of shipment shall be at "A"s option.

9. Force Majeure: "A" shall not be responsible for the delay in shipment due directly or indirectly to force majeure including mobilization, war, riots, civil commotion, hostilities, blockade, requisition of vessels, prohibition of export, fires, floods, earth- quakes, tempests, strikes, lockouts, and any other contingencies, which prevent shipment within the period stipulated. In the event of any of the aforesaid causes arising, documents proving its occurrence of existence shall be submitted by "A" to "B" without delay.

10. Delayed Shipment: In all cases of force majeure provided in Article 9, the period of shipment stipulated shall be extended for a period of twenty one(21) days. In case shipment within the extended period should still be prevented by a continuance of the causes mentioned in Article 9 or the consequences of any of them, it shall be at "B" s option either to allow the shipment of late goods or to cancel the order by giving "A" a notice of cancellation by cable.

11. Marine Insurance: "A" shall effect insurance on all shipments on W.A. and for a sum equal to the amount of the invoice plus ten(10) percent, if no other conditions are particularly agreed on. War Risk or any other additional insurances, if required, shall be covered for account of "B." All policies shall be made out in U.S. Dollars and claims payable at New York.

12. Claims: Claims, if any, shall be filed by cable within fourteen(14) days from the date of final discharge of the goods at destination. Claims after the elapse of fourteen days shall be considered as null and void. Claims and disputes which can not be amicably settled between "A" and "B" shall be settled by arbitration in Korea by the Korean Commercial Arbitration Board according to the arbitration rules of the said Board.

In witness whereof, A & Co., Ltd. have hereunto set their hand in duplicate on the First Day of……, Twenty Hundred……, in Inchon, Korea, and B & Co., Ltd. have hereunto set their hand in duplicate on the …… Day of ……, Twenty Hundred……, in New York, U.S.A. This Agreement shall be valid on and from the First Day of……, Twenty Hundred…… and any of the Articles in this agreement shall not be changed or modified unless by mutual consent.

(Buyers):	(Sellers) :
B & Co., Ltd.	A & Co., LTD.
(Signature)	(Signature)
General Manager	Export Manager

Model Form 2 Offer Sheet for Canned Top-Shell, Seasoned

OFFER

In accordance with your inquiry No. *OH 135* dated *April 15, 2016* we are pleased to offer you as follows:

Destination: *New York, U.S.A*

Delivery: *May/June*

Terms of Payment: *By irrevocable L/C in our favor*

Offer Period or Subject to: *Our final confirmation*

Brand Origin: *Republic of Korea*

Packing: *Export standard packing*

Remarks: *Partial shipments: allowed*

containing 48/7 oz.
per case

DESCRIPTION	QUANTITY	UNIT PRICE	TOTAL PRICE
Canned Top-Shell, Seasoned 48 tins/7 oz. per case. Remarks. 1. Inspection to be made by Central Fisherise Inspection Station Korea, is final. 2. Label can be designed according to your request. Maker : Daeyang Fisheries Commercial Co., Ltd., Yeosu, Korea.	300 Cases	CIF New York @$ 17.50 per case	US$ 5,250

We are awaiting your orders :

Yours faithfully,

Model Form 3 Sales Note

SALES NOTE NO. GDT-R11-102

We confirm our sale to you of the following goods on the terms and conditions set forth below and on the reverse side hereof :

Description of Goods	Quantity	Unit Price	Amount
"Taylor Made" Brand, Golf river Model R11-S 9* Other details are as per spec. and catalog	1,000 clubs	CPT Gwangyang per club @ $500	US$ 500,000

Terms of Payment: Draft at sight under an irrevocable L/C

Shipment: By June 30, 2016, from New York

Insurance: To be covered by buyer

Packing: Appropriate packing to be done by you for the transportation by a container vessel

Destination: Gwangyang, Korea

Remarks: Please return to us the duplicate signed.

Buyer: Seller:

Model Form 4 Purchase Order

PURCHASE ORDER NO. TMG-DR-1

We purchase from you the following goods on the terms and conditions set forth below and the reverse side hereof :

Description of Goods	Quantity	Unit Price	Amount
"Taylor Made" Brand, Golf river Model R11-S 9* Other details are as per spec. and catalog	1,000 clubs	CPT Gwangyang per club @ $500	US$ 500,000

Terms of Payment: Draft at sight under an irrevocable L/C

Shipment: By June 30, 2016, from New York

Insurance: To be covered by buyer

Packing: Appropriate packing to be done by you for the transportation by a container vessel

Destination: Gwangyang, Korea

Model Form 5 Reverse of Purchase Order

General Terms and Conditions

Intellectual Property

Seller shall be responsible for any infringement with regard to intellectual property rights such as patent, utility model, trademark, design, copyright, technical know-how, and so forth in the merchandise, whether in Buyer's country or any other country or place. In the event of any dispute with regard to the above right and/or rights, Buyer shall have the right to cancel this contract at Buyer's discretion and shall be under no liability arising therefrom. Seller shall be responsible for and shall defend, reimburse, indemnify and hold Buyer harmless of and from any and all liabilities, claims, expenses, losses and/or damages caused thereby.

Claims

Any dispute or difference arising out of or relating to this contract or the breach thereof which cannot be amicably settled without undue delay by the interested parties shall be arbitrated in Seoul, Korea, in accordance with the arbitration rules of The Korea Commercial Arbitration Association. The arbitral award shall be final and binding upon both parties.

Trade Terms

The trade terms to be used in this contract shall be governed and construed by the provisions of INCOTERMS 2010, ICC Publication No. 715, unless otherwise specifically stipulated.

Governing Law

This contract shall be governed by and construed under the laws of Korea.

Model Form 6 Irrevocable Letter of Credit

ABC BANK, New York
Irrevocable Letter of Credit

No. 1000
Date August 10, 2016
U.S.A. $ 9,760,00

HONAM TRADING CO., LTD.
Yeosu, Korea

Gentlemen:

We hereby establish our irrevocable letter of credit in your favor for account of New York Trading Co., Inc., New York for a sum or sums not exceeding U. S. $ 9,760.00 (U.S. Dollars Nine Thousand Seven Hundred and Sixty Only) valid in Yeosu until September 30, 2016 and available by your drafts at sight drawn on us accompanied by

· Commercial Invoices in triplicate
· Negotiable Insurance Policy or Underwriter's Insurance Certificate in duplicate for 10% over the CIF value covering All Risks and War risk from Gwangyang Port to New York U.S.A. payable in U.S. Dollars in New York.
· Full set of clean on board bills of lading made out to order of shipper and blank endorsed, marked notify New York Trading Co., Inc., New York, evidencing shipment of following commodities from Gwangyang port to New York, dated not later than September 15, 2016.
· Commodities: Cotton Undershirts 1,600 doz. at U.S. $ 3.00 per doz. and 1,600 doz. at U.S. $ 3.10 per doz. CIF New York.
· Transshipment is not allowed.
· Partial shipments are permitted.

Draft drawn under this credit must bear the clause "drawn under Letter of Credit ABC Bank, New York, No. 1000 dated August 10, 2016.

The negotiating Bank must forward documents to us in two separate airmail. The amount of any draft drawn under this credit must concurrently with negotiation, be endorsed on the reverse hereof and the presentation of any such draft shall be a Warranty by the negotiating bank that such endorsement has been made and that the documents have been forwarded as herein required.

We hereby agree with the drawers, endorsers and bona fide holders of draft drawn under and in compliance with the terms of the credit that the said drafts will be honored by us on presentation.

Yours faithfully,
ABC Bank, New York

Unless Otherwise stated herein, this credit is "Subject to Uniform Customs and Practice for Documentary Credits 2007 Revision, International Chamber of Commerce, Publication No. 600"

Model Form 7 Bill of Lading

<table>
<tr><td colspan="2">① Shipper</td><td rowspan="4"></td><td>⑩ B/L No.</td></tr>
<tr><td colspan="2">② Consignee</td><td rowspan="3">(회사명)
~(약관)~</td></tr>
<tr><td colspan="2">③ Notify Party</td></tr>
<tr><td>④ Local Vessel</td><td>⑦ From</td></tr>
<tr><td>⑤ Ocean Vessel</td><td>⑧ Voyage No.</td><td>⑪ Flag</td><td>⑫ Final Destination</td></tr>
<tr><td>⑥ Port of Loading</td><td>⑨ Port of Discharge</td><td colspan="2">⑬ For transshipment to</td></tr>
</table>

<table>
<tr><td>⑭ Marks and Numbers</td><td>⑮ No. of Pkgs</td><td>⑯ Kind of Pkgs. Description of Goods.</td><td>⑰ Gross Weight</td><td>⑱ Measurement</td></tr>
<tr><td colspan="5">⑲ Total number of Packages or unites(in words)</td></tr>
</table>

<table>
<tr><td>⑳ Freight & charge</td><td>㉑ Revenue tons</td><td>㉒ Rate</td><td>㉓ Per</td><td>㉔ Prepaid</td><td>㉕ Collect</td></tr>
<tr><td></td><td></td><td></td><td></td><td></td><td></td></tr>
</table>

<table>
<tr><td rowspan="2">㉖ Rate</td><td>㉗ Freight Prepaid at</td><td>㉙ Freight payable at</td><td rowspan="2">㉛ Place and date of issue</td></tr>
<tr><td>㉘ Total Prepaid in</td><td>㉚ No. of original B/L</td></tr>
</table>

<table>
<tr><td colspan="2">Laden on Board the Vessel</td><td rowspan="2">㉞ (회사명)
BY ________</td></tr>
<tr><td>㉜ Date</td><td>㉝ by</td></tr>
</table>

Model Form 8 Bill of Lading

SHIPPED① in apparent good order and condition, unless otherwise stated hereon②, by the shipper hereinafter named, on board the undermentioned vessel, in or off the port of loading mentioned below, with liberty③ to delay sailing, to deviate for the purpose of saving or attempting to save life or property, to call at any ports or places once or often, in or out of the customary advertised route, in any order, forward or backward, for discharging and/or loading goods and/or mails, embarking and disembarking passengers, taking in fuel and other necessary supplies and for any other purpose whatsoever, to dry-dock with or without cargo on board if the COMPANY considers it necessary or convenient, to adjust compasses, to sail without pilots, to tow or be towed, and/or to assist vessels in all situations and circumstances: the following goods or packages said to contain④ goods hereinafter mentioned being marked and numbered as below, and to be delivered over the ship's side, when and where the ship's responsibility shall cease, in like good order and condition⑤ at the port of discharge, hereinafter named, or so near thereto as the ship may⑥ safely get and leave, always afloat at all stages and conditions of water and weather unto party or parties herein named as consignee, or his or their assigns, subject to the conditions and exceptions enumerated hereon and on the back hereof whether written, typed, stamped, or printed. If the goods in whole or in part are shut out⑦ from the ship named herein for any cause, the carrier shall have liberty to forward them under the terms of this bill of lading on the next available ship of this or at carrier's options, of any other line.

Freight for the said goods and primage⑧, if any, to be paid by the shipper in advance, on delivery of this bill of lading, in cash without discount, or at destination by the consignee as may be agreed upon and declared below⑨ and to be considered as earned⑩ whether the ship or the goods be lost or not or the voyage be broken up or abandoned at any stage of the entire transit.

Vessel: "VICTORY" Voy: 19 Master:
Shipper: DONGBANG LUMBER IND. CO., LTD., SEOUL
Port of Loading: INCHEON, KOREA { Destination : If goods to be transshipped }
Port of Discharge: NAGOYA, JAPAN at port of discharge
Consignee: TO ORDER or assigns
Notify Party: YAMAMOTO CO., LTD., NAGOYA

PARTICULARS FURNISHED BY SHIPPER OF GOODS

MARKS AND NUMBERS	NO. OF PIECES OR PACKAGES	DESCRIPTION OF GOODS	VALUE	WEIGHT	MEASUREMENT
VCL 43218 NAGOYA C/NO, 1-67 MADE IN KOREA	67 CRTS. SAY :	SAID TO CONTAIN : PARTICLE BOARD 18MM×4'×6' 2,000 PCS SIXTY(60) CRATEs ONLY "FREIGHT PREPAID"		58,060KGS.	3,764'

OCEAN RATE AND CHARGES RATES, WEIGHTS AND/OR MEASUREMENTS(SUBJECT TO CORRECTION FOR FREIGHT PURPOSE ONLY)				FREIGHT
Value		@	% ad valorem =	
3,764'	feet	@$ 10.90	per 40 cft =	US$ 1,025.69
BUNKER SURCHARGE		@$ 1.50	=	US$ 141.15
	lbs	@	=	
		@	=	

Exchange rate @₩ TOTAL US$ 1,166.84

PREPAID at SEOUL

PAYABLE at

IN WITNESS WHEREOF the agent or master of the said ship has signed THREE(3) Bills of Lading, all of this tenor and date, one of which being accomplished, the others to stand void.

B/L NUMBER
TN-7

Dated at SEOUL, KOREA MAY 1, 2016

Model Form 9 Letter of Indemnity

LETTER OF INDEMNITY

2016

S.S./M.V. " " Voy. No. Sailed

Dear Sirs,

In consideration of your handing us clean Bill of Lading for our shipment by the above vessel as described below, the mate's receipt at which bears the following clause :

We hereby undertake and agree to pay on demand any claim that may thus arise on the said shipment and/or the cost of any consequent reconditioning and generally to indemnify yourselves and/or agents and/or the owners of the said vessel against all consequences that may arise from your action.

Further, should any claim arise in respect of this goods, we hereby authorize you and/or agents and/or owners of the vessel to disclose this Letter of Indemnity to the underwriters concerned.

Your faithfully,

B/L. No.

Marks & Nos.	No. of Pkgs.	Description	Destination

Model Form 10 Commercial Invoice

SINWOO TRADING CO., LTD.

Seoul, Korea

Invoice NO. 102
February 15, 2016
Bank Certificate No. BC-213

INVOICE of Four(4) Cases of Imitation Pearls shipped per S/S "Pacific Bear" from Gwangyang to New York for account and risk of American Trading Co., Inc., New York, N.Y., U.S.A., by the undersigned against Order No. 101 dated December 1, 2013.

Marks & Nos.	Particulars	Unit Price	Amount
			CIF
ATC	Imitation Pearls		New York
	S/No. 441 500 doz.	@ $ 1.50	$ 750
New York	〃 451 500 〃	1.80	900
# No. 1-4	〃 465 700 〃	2.00	1,400
Made in Korea	〃 485 800 〃	2.50	2,000
	4 cases 2,500 doz.		$ 5,050
	Export Licence No. LTB-5-11208		
	Net Weight: 104.5 kgs		
	Gross Weight: 315.8 kgs		
	Measurement: 25.5 cft.		

Insured with The Hyundai Marine & Fire Insurance Co., Ltd. for $ 5,555L/C No. D3104 issued by The National Bank of New York, New York.

Draft drawn through The Bank of Woori, Seoul.

SINWOO TRADING CO., LTD.

Model Form 11 Certificate of Origin

<table>
<tr><td colspan="3">Goods consigned from
(Exporter's business name, address, country)</td><td colspan="3" rowspan="2">CERTIFICATE OF ORIGIN

(Combined Declaration and Certificate)
issued by
KOREA CHAMBER OF COMMERCE
AND INDUSTRY
Seoul, Republic of Korea</td></tr>
<tr><td colspan="3">Goods consigned to
(Consignee's name, address, country)</td></tr>
<tr><td colspan="3">Notify party</td><td colspan="3" rowspan="3">For official use</td></tr>
<tr><td colspan="2">Port of loading</td><td>Port of discharge</td></tr>
<tr><td colspan="2">Carrier</td><td>Date of shipment</td></tr>
<tr><td>BTN</td><td>Marks and number of package</td><td colspan="2">Number and kind of package: description of goods</td><td>Gross weight or other quantity</td><td>Number and date of invoices</td></tr>
<tr><td colspan="3">Invoice price :</td><td colspan="3">No. & date of Export License :</td></tr>
<tr><td colspan="3" rowspan="2">Declaration by the exporter
The undersigned hereby declares that the above details and statement are correct: that all the goods were produced in the Republic of Korea.

Place and Date :

Signature :

Signature of authorized signatory</td><td colspan="3">Certification
We hereby certify that the goods specified above have been duly attested as being of Korean origin.

Signature :

Managing Director
Korea Chamber of Commerce and Industry</td></tr>
<tr><td colspan="2">Date of issue</td><td>Reference No.</td></tr>
</table>

Model Form 12 Bill of Exchange

BILL OF EXCHANGE

No. (1)9406

(3)Yeosu, (4)September 13, 2016

For (2)US $ 125, 400.00

AT (5)--------- **SIGHT OF THIS FIRST BILL OF EXCHANGE (SECOND BEING UNPAID) PAY TO THE GWANGJU BANK, LTD. OR ORDER THE SUM OF** (6)DOLLARS ONE HUNDRED AND TWENTY FIVE THOUSAND FOR HUNDRED ONLY IN THE UNITED STATES CURRENCY *

VALUE RECEIVED AND CHARGE THE SAME TO ACCOUNT OF (7) New Zealand Wire Industries Limited, Private Bag, New Plymouth, New Zealand

DRAWN UNDER (8)Bank of Oceania (N.Z.) Limited, New Plymouth, New Zealand **L/C NO.** (9)640/155 **DATED** (10)April 28, 2016.

To (11)Bank of Oceania (N.Z.) Limited
63 wall street
New York, NY 10005 U.S.A

Revenue Stamp

(12)YEOSU MACHINE SALES, LTD.

(Signed)

Director

Model Form 13 Letter of Guarantee

LETTER OF GUARANTEE

(Bank No.)

Revenue Stamp

To① Korea Marine Transport Co., Ltd.

S/S② "DONG YANG" (Korean flag③) Voy. No.④ 8

Arrived⑤ at Gwangyang, Korea From⑥ Yokohama, Japan

On⑦ August 2016

B/L Nos. & Shipping Marks ⑧	Quantity & Description of Goods ⑨
YOP-103 EMBLEM EX SAMHO GWANGYANG # 1-8 MADE IN JAPAN	8 cases(3,973 lbs. or 1,802 kgs) of ART PAPER(Flying Horse Brand) "SAY: EIGHT(8) CASE ONLY" (Invoice Value⑩ US$ 561-)
Shipper's Name & Address ⑪	Ashai Trading Co., Ltd., Tokyo Office 7th F1., Zuksen Bldg., #1. 2 chome Nihonbashidori, Chuo-ku Tokyo, Japan
Number of Package (in words) ⑫ :	EIGHT(8) CASES ONLY/

In consideration of your granting us delivery of the abovementioned cargo which we declare to have been shipped to our consignment, without production of Bill(s) of Lading ⑬ which has/have not yet come to our hand, we hereby engage to hand you the said Bills of Lading immediately upon receipt and further guarantee to indemnify yourselves and/or the owner(s) of the said vessel against any claims that may be made by other parties on account of the aforesaid cargo⑭ and to pay to you on demand any freight or other charges that may be due here or that may have remained unpaid at the port of shipment in respect to the abovementioned goods⑮.

We hereby certify that the Bill(s) of Lading covering the above consignment is/are not hypothecated to any other Bank, Company, Firm or person⑯. In the event of the said Bill(s) of Lading being hypothecated to any other Bank, Company, Firm or person, we further guarantee to hold you harmless from all consequences whatsoever arising therefrom and furthermore undertake to inform you immediately in the event of Bill(s) of Lading being so hypothecated⑰.

Yours faithfully,

____

Party claiming the right of delivery

We, the undersigned, hereby join in the above indemnity and jointly and severally guarantee due performance of the contract and accept all the liabilities expressed therein⑱.

Executed this day of , 2016

This guarantee shall be deemed null and void upon your receipt of the corresponding Bill(s) of Lading duly endorsed by us to be surrendered for only purpose of redemption of this guarantee.

Authorized Signature
Foreign Department
The Bank of Seoul, Ltd.

Model Form 14 Certificate of Marine Cargo Insurance

<table>
<tr><td colspan="2">Assured(s), etc THE MIRE CORPORATION</td><td></td></tr>
<tr><td colspan="2">Certificate No.
002599A65334</td><td>Ref. No. Invoice No. DS-990228
L/C No.IOMP20748</td></tr>
<tr><td colspan="2">Claim, if any payable at:
GELLATLY HANKEY, MARINE SERVICE
842, Seventh Avenue New York 10018
Tel(201)786-0631
Claims are payable in</td><td>Amount insured
USD 65,120.-
(USD59,200 XC 110%)</td></tr>
<tr><td colspan="2">Survey should be approved by
THE SAME AS ABOVE</td><td rowspan="5">Condition
·INSTITUTE CARGO CLAUSE(A) 1982
·CLAIMS ARE PAYABLE IN AMERICA IN THE CURRENCY OF THE DRAFT.

Subject to the following clauses as per back hereof institute Cargo Clauses
Institute War Clauses(Cargo)
Institute War Cancellation Clauses (Cargo)
Institute Strikes Riot and Civil Commotion Clauses
Institute Air Cargo Clauses(All Risks)
Institute Classification Clauses
Special Replacement Clause(applying to machinery)
Institute Radioactive Contamination Exclusion Clauses
Co-Insurance Clause Marks and Numbers as</td></tr>
<tr><td>Local Vessel or Conveyance</td><td>From(interior port or place of loading)</td></tr>
<tr><td>Ship or Vessel called the Arirang-Ho A-35</td><td>Sailing on or about MARCH 3, 2016</td></tr>
<tr><td>at and from Gwangyang, KOREA</td><td>transshipped at</td></tr>
<tr><td>arrived at NEW YORK</td><td>thence to</td></tr>
<tr><td colspan="3">Goods and Merchandise
12,500 PCS Tennis Racquets</td></tr>
</table>

Place and Date signed in SEOUL, KOREA MARCH 2, 2016 No. of Certificates issued. TWO

This Certificate represents and takes the place of the policy and conveys all rights of original policyholder(for the purpose of collecting any loss or claim) as fully as if property was covered by a Open Policy direct to the holder of this Certificate

This Company agrees losses, if any, shall be payable to the order of Assured on surrender of this Certificate.

Settlement under one copy shall render all other null and void.

Contrary to the wording of this form, this insurance is governed by the standard from of English Marine Insurance Policy.

In the event of los or damage arising under this insurance, no claims will be admitted unless a survey has been held with the approval of this company's office or Agents specified in this Certificate.

SEE IMPORTANT INSTRUCTIONS ON REVERSE
Dongbang Insurance Co., Ltd.

AUTHORIZED SIGNATORY

This Certificate is not valid unless the Declaration be signed by and authorized representative of the Assured

참고문헌

[국내문헌]

강태구·김태기·박복재, 「무역학개론」, 무역경영사, 2012.

고범준, 「국제상사중재법해의」, 대한상사중재원, 1991.

김행권, 「현대무역영어강의」, 법문사, 1997.

박광서 외 1인, 「무역실무」, 한국무역협회, 2012.

박대위, 「무역영어」, 법문사, 2007.

박대위·구종순, 「무역개론」, 유원북스, 2012.

박복재, 「무역영어」, 전남대출판부, 2013.

박복재, 「전자무역」, 무역연구원, 2004.

박복재, 「무역상무론」, 전남대출판부, 2014.

박복재·문영수, 「제4차 산업혁명 시대의 벤처창업 전략」, 전남대출판부, 2017.

오세창·조현정·박성호, 「Incoterms 2010 무역실무적 해설」, 두남, 2013.

전창원, 「도해무역실무」, 무역연구원, 2002.

전창원, 「온·오프라인 무역영어」, 무역연구원, 2007.

기획재정부, 「FTA 이해와 활용」, 2013

중소기업청, 「소규모 무역업 창업가이드」, 2005

중소기업청, 「창업사업계획승인 실무중심 창업·공장 설립 가이드」, 2007

중소기업청, 「창업 및 창업사업계획승인 실무자료집」, 2013

중소기업청, 「창업사업계획승인 가이드북」, 2013.

중소기업청, 「창업 및 창업사업계획 승인 운영지침」, 2015.

창업진흥원, 「주요 업종별 기술창업 가이드」, 2009.

한국창업보육협회, 「창업보육센터 운영가이드」, 2013.

한국창업보육협회, 「기술창업가이드」, 2014.

한국창업보육협회, 「기술창업보육론」, 2014.

한국창업보육협회, 「창업보육센터장 매뉴얼」, 2015.

한국창업보육협회, 「창업보육매니저 매뉴얼」, 2015.

삼성경제연구소, 「기업의 경쟁력 향상을 위한 외부 네트워크 활용 방안」, 2009.

[일본문헌]

朝岡良平, 「國際商務論の諸問題」, 同文舘, 1998.

朝岡良平, 「貿易賣買と商慣習」, 東京布井出版, 1981.

椿弘次, 「貿易實務」, 日本經濟新聞社, 2001.

新堀聰, 「現代貿易賣買」, 同文館, 2001.

新堀總, 「貿易取引の理論と實踐」, 三嶺書房, 1993.

新堀總, 「實踐 貿易取引」, 日本経濟新聞社, 1998.

石田貞夫, 「貿易去來」, 學文社, 1997.

[구미문헌]

Harvey R. Shoemack, *Essentials of Exporting and Importing*, Fairchild Pubns, 2009.

Kenneth D. Weiss, *Building an Import / Export Business*, 4th ed., John Wiley & Sons, Inc., 2007.

Maritza Manresa, *How to Open & Operate a Financially Successful Import Export Business*, Atlantic Publishing Group Inc., 2010.

Pierre A. David, *International Logistics: The Management of International Trade Operations*, 4th ed., Cicero Books, 2013.

Schmittoff, Clive M., *Export Trade*. 10th ed., Stevens & Sons, 2000.

Sandaran P. Premaratne, Entrepreneurial Networks and Small Business Development: The Case of Small Enterprises in Sri Lanka, Library Technische Unversiteit Eindhoven, 2002.

Butler, J., and Hansen, G. S., Network Evolution, Entrepreneurial Success, and Regional Development', Entrepreneurship and Regional Development, Vol.3, 1991.

Thomas A. Cook, *Mastering Import & Export Management*, 2nd edition, AMACOM, 2012.

Thomas E. Johnson, *Export/Import Procedures and Documentation*, AMACOM, 2010.

[국제무역법규]

CMI, *CMI Rules for Electronic Bills of Lading*, 1990.

I.C.C., *Incoterms® 2010*, ICC Publication No. 715E, 2010.

I.C.C., *Uniform Customs and Practice foe Documentary Credit*, No. 600, 2007.

[인터넷 사이트]

국가법령정보센터, http://www.law.go.kr

생활법령정보, http://oneclick.law.go.kr

창업넷, http://www.k-startup.go.kr

창업보육센터네트워크시스템, http://www.bi.go.kr

한국창업보육협회, www.kobia.or.kr

국문색인

ㄱ

가공형태 __116
각서 __143
간접형태 __114
개별계약 __143
개설은행 __182
개설의뢰인 __182
개인 창업 무역업의 특성 __40
개인기업 설립 __17
개인기업과 법인기업 __14
개인기업과 법인기업 비교 __14
개인기업과 법인기업의 세제상 특징 __16
개인기업과 법인기업의 장단점 __15
개인기업의 법인전환 __27
개인사업자 등록 __30
개인사업자 등록 절차 __30
개인의 무역업 창업 __39
개정미국무역정의 __155
거래비용이론 __75
거래처 선정 __122
검사증명서 __201, 208
검역증명서 __201
견본품 매매 __144
견적송장 __207
결제은행 __183
결제조건 __151
경영자의 사업수행능력 및 적합성 평가 __48
공동해손 __220
공용송장 __207
과부족용인조건 __146
관세 __109
관세법 __103
관세지급 인도조건 __161
관세협력이사회품목분류 __111
관세환급 __125
교환형태 __115
구매서 __142
국내 거래와 무역업 __38
국제무역조건 __156
국제복합운송 __197
국제상업회의소 __153
국제택배편 __192
국제팩토링 __174
국제포페이팅 __174
국제표준화기구 __145
권력투쟁 __72
권리증권 __203
규격 매매 __145
글로벌 FTA 네트워크 활용 모델 __96
기명식선화증권 __204
기술성 분석 __49
기술성 분석 주요 검토 내용 __50
기업 단계별 네트워킹 __80
기한부어음 __152

ㄴ

낙관성 __56
낮은 신뢰도 __73
내국신용장 __188
네트워킹 가치 모델 __77
네트워킹 관점 __75

네트워킹 구조 __76
네트워킹 성공 요인 __81
네트워킹 역량 __82
네트워킹 자원 __81
네트워킹 전략 __76
네트워킹 전략 성공요인 __83
네트워킹 전략 통합 단계 __77
네트워킹 전략의 개념 __74
네트워킹 전략의 필요성 __74
네트워킹 전략적 특성 __75
네트워킹 지배 구조 __76
네트워킹의 정의 __74
누적조항을 이용한 국내거점형 모델 __90
누적조항을 이용한 국외수출거점형 모델 __91
뉴욕협약 __228

ㄷ

단독해손 __220
담보와 보상 __218
대금회수불능의 위험 __175
대도 __212
대법원 인터넷 등기소 __26
대외무역법 __103
대체적 분쟁해결 __229
독점계약 __143
독창성 __56
등록면허세 __25

ㄹ

롤업(Roll-Up)원칙 __92
리더십이나 권위의 부재 __73

ㅁ

마케팅 4P요소 작성 방법 __60
마케팅 전략 __60
매매형태 __115
매입 __177
매입신용장과 지급신용장 __184
매출액 추정 __51
명세서(사양서) 매매 __145
모집 설립 __24
목적 사업 __18
목적지 인도조건 __161
무사고선화증권 __203
무역 바이어 발굴 __40
무역거래기반조성에 관한 법률 __104
무역거래의 방법 __37
무역거래의 절차 __122
무역계약 __153
무역관리법규 __102
무역관리제도 __102
무역대금 결제방식 __168
무역대리업 __108
무역대행업체 __37
무역보험법 __104
무역업 __37
무역업 사업자등록 __43
무역업 창업 __37
무역업 창업 아이템 고려사항 __42
무역업 창업 절차 __43
무역업 창업가가 되는 길 __41
무역업 창업의 아이템 선정 __41
무역업 창업의 유형 __39
무역업 창업의 형태 __39
무역업고유번호 신청 __106
무역업고유번호신청서 __107
무역업의 창업 __105
무역운송 __191
무역의 사전준비 __130
무역의 형태 __114
미국관세율표 __113
미니 랜드 브리지 __199

ㅂ

반대오퍼 __141
발기 설립 __23
발기인 __19
발기인 구성 __19
발기인 및 임원구성 __18
발기인의 주식인수 __23, 24
법인 형태 결정 __18
법인기업 설립 전 준비 사항 __18
법인기업 설립절차 __19
법인사업자 등록 __33
법인사업자 등록 절차 __33
법인설립 절차도 __20
법인설립등기 __26
법인의 발기설립과 모집설립의 비교 __21
법인전환 방법 __27
법인전환 절차 __28
법인전환의 요건 __28
보증신용장 __189
보통신용장과 특정신용장 __184
보통품질 __145
보험가액 __216
보험계약자 __214
보험금 __217
보험금액 __216
보험대리점 __215
보험료 __217
보험자 __214
보험중개인 __215
보험증권 __201
보험증명서 __206
복합운송 __191, 197
복합운송서류 __199
복합운송증권 __202
본선 인도조건 __163
본점 소재지 __19
부문별 사업계획서 작성 __57
부정기선 __196
분석증명서 __201, 208
분할선적 __149
불확정오퍼 __140

ㅅ

사고부선화증권 __204
4대 사회보험 가입 __36
4대 사회보험 비교 __36
사업 양도·양수에 의한 법인전환 __29
사업계획서 __54
사업계획서 작성 절차 __56
사업계획서의 작성 원칙 __55
사업아이디어 정보수집 방법 __47
사업자 등록 __30
사업자 등록시 유의사항 __17
사업자등록 신청서(개인사업자용) __31
사업자등록 신청서(법인사업자용) __34
사업타당성 분석 __37, 46
사업타당성 분석시 필수 고려사항 __47
사업타당성 분석절차 __46
사업타당성 분석절차 및 평가요소 __48
사업타당성 평가요소 __48
사전송금방식 __169
사후송금(선적통지결제)방식 __170
상대국의 FTA를 활용한 무관세 수출 __98
상대국의 FTA를 활용한 무관세 수출 모델 __87
상업송장 __201, 207
상표 및 브랜드 매매 __145
상품인도(상환)결제방식 __170
상품입수불능의 위험 __175
상호 결정 __21
상호결정 __19
상환청구가능신용장과 상환청구불능신용장 __184
서류인도(상환)결제방식 __169

선적선화증권 __203
선적중량조건 __146
선적품질조건 __145
선측인도조건 __162
선화증권 __202
선화증권의 기능 __202
선화증권의 의의 __202
설립 절차 __17
세관송장 __201, 207, 208
세트물품의 원산지기준을 활용한 모델 __93
소송 __223
손익분기점 분석 __52
송금 __168
송금결제 __151
송금방식 __168
송금수표 __168
수익성 분석 __51
수익자 __183
수입거래의 절차 __126
수입세 __216
수입화물 선취보증서 __211
수출계약 __122
수출송장 __207
수출업체 세율적용 컨설팅 시스템과의 연계 모델 __94
수출입공고 __110
수출입관리 __109
수출입승인 __109
수출입제한 __110
수출입지역 __108
순중량 __146
시베리아 랜드 브리지 __199
시장성 분석 __50
시장세분화 __59
시장세분화 방법 __59
신규 무역업 창업자의 바이어 발굴 방법 __41
신뢰성 __55
신용장 __175
신용장거래의 흐름 __179
신용장의 양도 __189
신용장의 정의 __176
신용장의 통지 __122
신용장의 형태 __176
신용조사 __136
신용조사 방법 __137
신의성실의 원칙 __221

ㅇ

알선 __222
약식선화증권 __204
양도가능신용장과 양도불능신용장 __186
양륙중량조건 __146
양륙품질조건 __145
FTA Hub & Spoke 활용 모델 __95
FTA 관세인하를 활용한 완제품 수입전환 모델 __88
FTA 보세가공지역을 활용한 무관세 무역가능 모델 __97
FTA 상대국 관세율 인하를 활용한 수출 확대 __97
FTA 상대국 관세인하를 활용한 수출확대 모델 __86
FTA 원산지결정기준 활용 모델 __90
FTA 체결국으로 완제품 수입선 전환 __98
FTA 체결국으로 해외직접투자처 이전 모델 __89
FTA 특혜관세 혜택 활용 모델 __86
FTA 활용 무역 비즈니스 __97
FTA와 무역업의 기회 __85
FTA와 무역업의 비즈니스 모델 __85
연장신용장 __187
연지급 __177
영국해상보험법 __213

영사송장 __201, 207, 208
오퍼의 발행 __139
오퍼의 승낙 __141
오퍼의 종류 __140
오프라인무역 __118
외국기업의 국내직접투자 유치 (합작생산투자) 모델 __89
외국중재판정의 집행에 관한 협약 __228
외국환거래법 __103
용도별 사업계획서 작성 __62
용적중량증명서 __201
우편송금 __168
운송비 지급 인도조건 __158
운송비·보험료 지급 인도조건 __159
운송서류 __201
운송인 인도조건 __158
운송주선인 __193
운임포함 인도조건 __164
운임·보험료포함 인도조건 __164
원보험증권 __206
원산지 기준 충족을 위한 부품·소재 수입선 전환 __99
원산지기준 충족을 위한 국내 조달, 생산 전환 __99
원산지증명서 __201, 208
위생증명서 __201
위탁판매송장 __207
위탁형태 __115
위험 __217
위험요소 및 성장성 분석 __53
이사 및 감사선임 __23
이해가능성 __56
인수 __177
인수도(D/A) 조건 __171
인수도조건 __171
인코텀즈 __153
일관성 __55
일람출급신용장과 기한부신용장 __185
일람출급어음 __152
일반거래조건 협정서 __138
일반수입절차 __129
일반수출절차 __126

ㅈ

자금조달 및 운용 __61
자본금 규모 __18
자원의존이론 __75
자유무역지역의 지정 및 운영에 관한 법률 __104
작업장 인도조건 __157
재고잔유조건오퍼 또는 선착순판매조건오퍼 __140
재래선 __194
재택창업시스템 __27
적격품질 __145
전대신용장 __187
전손 __218
전신송금 __168
전자무역 __117
전자무역 촉진에 관한 법률 __104
전자무역의 클레임 __229
정관 작성 __21
정관의 인증 __23
정기선 __196
정형거래조건 __156
제네바의정서 __228
제네바협약 __228
제시기간경과선화증권 __205
조정 __223
조회 __138
주문 __142
주문의 승낙 __142
주식대금의 납입 __24
주식발행 사항의 결정 __22
주식의 배정과 인수 __24

주주의 모집 및 주식의 청약 __24
중간재료 기준과 Roll-Up원칙을 활용한 모델 __92
중개수수료 __216
중계형태 __116
중소기업창업 지원법 __10, 11
중재 __223
중재법 __104
중재의 수속절차 __225
중재의 판정 __226
중재제도의 장점 __224
증가 __216
지급 __177
지급도(D/P) 조건 __171
지급인도조건 __171
지급·인수·매입은행 __182
지시식선화증권 __204
지연된 선적 __150
직접형태 __114

ㅊ

창립총회 __25
창업 네트워킹 전략 성공요인 __80
창업 네트워킹 전략 프로세스 __77
창업 단계별 네트워킹 전략 프로세스 __79
창업 중소기업과 창업일 __11
창업 해당여부 확인 요령 __12
창업기업의 파트너십 __63
창업기업의 협력관계 __74
창업여부 확인 참고사례 __13
창업의 정의 __10
창업자가 갖추어야 할 능력 및 적합성 __49
창업자와 사업개시일 __11
총중량 __146
최소허용치 기준을 활용한 모델 __93
추심결제 __151
추정재무제표 작성 __61
추정전손 __219
출자의 이행 __23
취소가능신용장과 취소불능신용장 __183

ㅋ

컨테이너 야드 __194
컨테이너 프레이드 스테이션 __194
컨테이너선 __194
컨테이너운송 __197
클레임 __220
클레임의 방지대책 __221
클레임의 포기 __222

ㅌ

타협 __222
터미널 인도조건 __160
통과선화증권 __204
통지은행 __182
통합공고 __111
투자수익률 분석 __51
특수전용선 __196
특정공정기준 충족을 위한 국내조달/생산 전환 모델 __93

ㅍ

파손화물보상장 __204
파트너를 잘못 뽑았을 때 __73
파트너십 갈등 관리 __72
파트너십 개념 __63
파트너십 구축 __66
파트너십 구축 과정 __68
파트너십 장점 __63
파트너십 전략 __63
파트너십 진단 __66
파트너십의 중요성 __64
판매서 __142
평균중등품질 __144

포괄계약 __143
포장명세서 __201, 208
표준국제무역상품분류 __111
표준품 매매 __144
품목분류 __111
품목분류 컨설팅을 통한 수출 지원형 모델 __94
품목분류 활용 모델 __94
품질증명서 __208
피보험목적물 __215
피보험이익 __215
피보험자 __214

ㅎ

한국표준규격(KS) __145
항공운송 __191
해상보험 __213
해상보험증권 __206
해상손해 __218
해상운송 __191, 193
해상화물운송장 __202, 205
해외시장조사 __136
현금신용장 __187
현물 출자에 의한 법인전환 __29
현실전손 __219
화물손해의 분류 __219
화환신용장거래의 흐름 __181
화환신용장과 무담보신용장 __185
화환어음 __209
확인신용장과 미확인신용장 __184
확인은행 __183
확정오퍼 __140
환어음 __209
환적 __149
환적선화증권 __204
회사 설립 __14
회전신용장 __186
후불운임 __216
희망이익 __216

영문색인

A

Acceptance __141, 177
Acknowledgment of Order __142
ADR __229
Advance Payment __169
advising bank __182
Alternative Dispute Resolution; ADR __230
amount insured __216
applicant __182
arbitration __223

B

Back to Back Credit __188
beneficiary __183
Bill of Exchange; B/E __209
Bill of Lading __202
Bill of Lading; B/L __202

C

CAD; Cash against Documents __169
Capacity __137
Capital __137
Carriage and Insurance Paid to: CIP __159
Carriage Paid to: CPT __158
case by case contract __143
cash credit __187
CCC __111
CCCN __112
certificate and list of measurement and/or weight __201
certificate of analysis __201, 208
certificate of health __201
certificate of inspection __201
Certificate of Insurance __206
Certificate of Origin __208
certificate of origin; C/O __201
certificate of quarantine __201
CFS __194
CFS/CFS __195
CFS/CY __195
CFS; Container Freight Station __194
Character __137
claim amount __217
clean B/L __203
COD; Cash on Delivery __170
collective freight __216
Combined Transport Document __202
combined transport or multimodal transport __197
Commercial Invoice __207
commercial invoice __201
compromise __222
conciliation; mediation __223
confirmed credit vs unconfirmed credit __184
confirming bank __183
consignment invoice __207
Consular Invoice __208
consular invoice __201, 207
Container Ship __194
Convention on the Execution of Foreign Arbitration Awards __228
Conventional Ship __194

Cost and Freight: CFR __164
Cost, Insurance and Freight: CIF __164
counter offer __141
Customs Invoice __208
customs invoice __201, 207
CY __194
CY/CFS __195
CY/CY __195
CY; Container yard __194

D

D/D; Demand Draft __168
Deferred Payment __177
delayed shipment __150
Delivered At Place: DAP __161
Delivered At Terminal: DAT __160
Delivered Duty paid: DDP __161
Documentary Bill __209
documentary credit vs documentary clean credit __185
documents against acceptance; D/A __171
documents against payment; D/P __171
documents of title __203

E

EDI __120
Escrow Credit __188
Ex Works: EXW __157
exclusive contract __143
export invoice __207
extended credit __187

F

Factoring __174
FAQ __144
firm offer __140
Forfaiting __174
foul or dirty B/L __204
Free Alongside Ship: FAS __162
Free Carrier: FCA __158
free offer __140
Free On Board: FOB __163
freight forwarder __193

G

general or open credit vs special or restricted credit __184
general terms and conditions __138
GMQ __145
gross weight __146

H

Harmonized System __113
HS __113

I

imaginary profit __216
Incoterms __153
Incoterms® 2010 __154, 156
increased value __216
inspection certificate __208
insurable interest __215
insurable value __216
insurance agent __215
insurance broker __215
insurance policy __201
insurance premium __217
insured __214
intercession; arrangement __222
Intermodal Transport Document __202
International Courier __192
International Terms of Trade __156

ISO __145
issuing bank __182

L

Landed Quality Terms __145
landed weight terms __146
Letter of Guarantee; L/G __211
letter of indemnity; L/I __204
Liner __196
litigation __223

M

M/T; Mail Transfer __168
Marine Insurance Act __213
Marine Insurance Policy __206
master contract __143
memorandum __143
Mini Land Bridge; MLB __199
MTO __191
Multimodal Transport __191
Multimodal Transport Document __199, 202

N

Negative List System __113
Negotiation __177
negotiation credit vs straight credit __184
net weight __146
New York Convention __228

O

O/A; Open Account __170
official invoice __207
Order __142
order B/L __204
original policy __206

P

Packing List __208
packing list; P/L __201
Partial Shipments __149
paying, accepting or negotiating bank __182
Payment __177
Payment on Receipt Credit __187
policy holder __214
principle of sincerity and truthfulness __221
proforma invoice __207
purchase note __142

Q

quality certificate __208

R

red clause or packing credit __187
revocable credit vs irrevocable credit __183
revolving credit __186
risk __217

S

Sales by Grade or Type __145
Sales by Sample __144
Sales by Specifications __145
Sales by Standard Quality __144
Sales by Trademark or Brand __145
sales note __142
Sea Waybill __202
Sea Waybill; SWB __205
settling bank __183
shipped or on board B/L __203
Shipped Quality Terms __145

shipped weight terms __146
short form B/L __204
Siberia Land Bridge; SLB __199
sight credit vs usance credit __185
SITC __111, 112
specialized carrier __196
stale B/L __205
Stand-by Credit __189
straight B/L __204
subject-matter insured __215

T

T/T; Telegraphic Transfer __168
through B/L __204
to cover & to pay __218
Tomas Credit __188
Tramper __196
transferable credit vs non-transferable credit __186
Transhipment __149
Transit Credit __189
transport document __201
transshipment B/L __204
Trust Receipt; T/R __212
TSUSA __113

U

USQ __145

W

waiver of claim __222
with recourse credit vs without recourse credit __184

무역창업경영론

인 쇄 | 2019년 2월 23일
발 행 | 2019년 2월 27일

저 자 | 박복재·문영수
발행인 | 정병석
발행처 | 전남대학교출판문화원

등록 | 1981. 5. 21. 제53호
주소 | 61186 광주광역시 북구 용봉로 77
전화 | (062) 530-0571~2 마케팅 530-0573
팩스 | (062) 530-0579
홈페이지 | http://www.cnup.co.kr
이메일 | cnup0571@hanmail.net

값 18,000원

ISBN 978-89-6849-618-9 (93320)

이 도서의 국립중앙도서관 출판예정도서목록(CIP)은
서지정보유통지원시스템 홈페이지(http://seoji.nl.go.kr)와
국가자료공동목록시스템(http://www.nl.go.kr/kolisnet)에서 이용하실 수 있습니다.
(CIP제어번호 : CIP2019007066)